LA
POLITIQUE IMPÉRIALE

PARIS. TYPOGRAPHIE DE HENRI PLON
IMPRIMEUR DE L'EMPEREUR
RUE GARANCIÈRE, 8.

LA
POLITIQUE IMPÉRIALE

EXPOSÉE PAR LES DISCOURS ET PROCLAMATIONS

DE L'EMPEREUR NAPOLÉON III

DEPUIS LE 10 DÉCEMBRE 1848

JUSQU'EN FÉVRIER 1868

PARIS

HENRI PLON, IMPRIMEUR-ÉDITEUR

RUE GARANCIÈRE, 10

—

1868

ANNÉE 1848.

DISCOURS,
MESSAGES ET PROCLAMATIONS.

ANNÉE 1848.

MANIFESTE DU PRINCE LOUIS-NAPOLÉON BONAPARTE
AVANT LE 10 DÉCEMBRE.

LOUIS-NAPOLÉON BONAPARTE

A SES CONCITOYENS.

Pour me rappeler de l'exil, vous m'avez nommé représentant du peuple. A la veille d'élire le premier magistrat de la République, mon nom se présente à vous comme symbole d'ordre et de sécurité.

Ces témoignages d'une confiance si honorable s'adressent, je le sais, bien plus à mon nom qu'à moi-même, qui n'ai rien fait encore pour mon pays; mais plus la mémoire de l'Empereur me protége et inspire vos suffrages, plus je me sens obligé de vous faire connaître mes sentiments et mes principes. Il ne faut pas qu'il y ait d'équivoque entre vous et moi.

Je ne suis pas un ambitieux qui rêve tantôt

l'Empire et la guerre, tantôt l'application de théories subversives. Élevé dans les pays libres, à l'école du malheur, je resterai toujours fidèle aux devoirs que m'imposeront vos suffrages et les volontés de l'Assemblée.

Si j'étais nommé Président, je ne reculerais devant aucun danger, devant aucun sacrifice, pour défendre la société si audacieusement attaquée; je me dévouerais tout entier, sans arrière-pensée, à l'affermissement d'une république sage par ses lois, honnête par ses intentions, grande et forte par ses actes.

Je mettrais mon honneur à laisser, au bout de quatre ans, à mon successeur, le pouvoir affermi, la liberté intacte, un progrès réel accompli.

Quel que soit le résultat de l'élection, je m'inclinerai devant la volonté du peuple, et mon concours est acquis d'avance à tout gouvernement juste et ferme, qui rétablisse l'ordre dans les esprits comme dans les choses; qui protége efficacement la religion, la famille, la propriété, bases éternelles de tout état social; qui provoque les réformes possibles, calme les haines, réconcilie les partis, et permette ainsi à la patrie inquiète de compter sur un lendemain.

Rétablir l'ordre, c'est ramener la confiance, pourvoir par le crédit à l'insuffisance passagère des ressources, restaurer les finances.

Protéger la religion et la famille, c'est assurer la liberté des cultes et la liberté de l'enseignement.

Protéger la propriété, c'est maintenir l'inviolabilité des produits de tous les travaux; c'est garantir l'indépendance et la sécurité de la possession, fondements indispensables de la liberté civile.

Quant aux réformes possibles, voici celles qui me paraissent les plus urgentes :

Admettre toutes les économies qui, sans désorganiser les services publics, permettent la diminution des impôts les plus onéreux au peuple; encourager les entreprises qui, en développant les richesses de l'agriculture, peuvent en France et en Algérie donner du travail aux bras inoccupés; pourvoir à la vieillesse des travailleurs par des institutions de prévoyance; introduire dans nos lois industrielles les améliorations qui tendent, non à ruiner le riche au profit du pauvre, mais à fonder le bien-être de chacun sur la prospérité de tous;

Restreindre dans de justes limites le nombre des emplois qui dépendent du pouvoir, et qui souvent font d'un peuple libre un peuple de solliciteurs;

Éviter cette tendance funeste, qui entraîne l'État à exécuter lui-même ce que les particuliers peuvent faire aussi bien et mieux que lui. La centralisation des intérêts et des entreprises est dans la nature du despotisme. La nature de la République repousse le monopole;

Enfin, préserver la liberté de la presse des deux excès qui la compromettent toujours : l'arbitraire et sa propre licence.

Avec la guerre, point de soulagement à nos maux. La paix serait donc le plus cher de mes désirs. La France, lors de sa première révolution, a été guerrière parce qu'on l'avait forcée de l'être. A l'invasion elle répondit par la conquête. Aujourd'hui qu'elle n'est pas provoquée, elle peut consacrer ses ressources aux améliorations pacifiques, sans renoncer à une politique loyale et résolue. Une grande nation doit se taire, ou ne jamais parler en vain.

Songer à la dignité nationale, c'est songer à l'armée, dont le patriotisme si noble et si désintéressé a été souvent méconnu. Il faut, tout en maintenant les lois fondamentales qui font la force de notre organisation militaire, alléger et non aggraver le fardeau de la conscription. Il faut veiller au présent et à l'avenir, non-seulement des officiers, mais aussi des sous-officiers et des soldats, et préparer aux hommes qui ont servi longtemps sous les drapeaux une existence assurée.

La République doit être généreuse et avoir foi dans son avenir; aussi moi qui ai connu l'exil et la captivité, j'appelle de tous mes vœux le jour où la patrie pourra sans danger faire cesser toutes les proscriptions et effacer les dernières traces de nos discordes civiles.

Telles sont, mes chers concitoyens, les idées que j'apporterais dans l'exercice du pouvoir, si vous m'appeliez à la présidence de la République.

La tâche est difficile, la mission immense, je le sais! Mais je ne désespérerais pas de l'accomplir en conviant à l'œuvre, sans distinction de parti, les hommes que recommandent à l'opinion publique leur haute intelligence et leur probité.

D'ailleurs, quand on a l'honneur d'être à la tête du peuple français, il y a un moyen infaillible de faire le bien : c'est de le vouloir.

Louis-Napoléon Bonaparte.

Discours de Louis-Napoléon Bonaparte, proclamé par l'Assemblée Nationale président de la République.

Paris, 20 décembre 1848.

Citoyens Représentants,

Les suffrages de la nation et le serment que je viens de prêter commandent ma conduite future. Mon devoir est tracé; je le remplirai en homme d'honneur.

Je verrai des ennemis de la patrie dans tous ceux qui tenteraient de changer, par des voies illégales, ce que la France entière a établi.

Entre vous et moi, citoyens Représentants, il ne saurait y avoir de véritables dissentiments. Nos volontés, nos désirs, sont les mêmes.

Je veux, comme vous, rasseoir la société sur ses bases, affermir les institutions démocratiques, et rechercher tous les moyens propres à soulager les maux de ce peuple généreux et intelligent, qui vient de me donner un témoignage si éclatant de sa confiance.

La majorité que j'ai obtenue non-seulement me pénètre de reconnaissance, mais elle donnera au Gouvernement nouveau la force morale sans laquelle il n'y a pas d'autorité.

Avec la paix et l'ordre, notre pays peut se relever, guérir ses plaies, ramener les hommes égarés, et calmer les passions.

Animé de cet esprit de conciliation, j'ai appelé près de moi des hommes honnêtes, capables et dévoués au pays, assuré que, malgré les diversités d'origine politique, ils sont d'accord pour concourir avec vous à l'application de la Constitution, au perfectionnement des lois, à la gloire de la République.

La nouvelle administration, en entrant aux affaires, doit remercier celle qui la précède des efforts qu'elle a faits pour transmettre le pouvoir intact, pour maintenir la tranquillité publique.

La conduite de l'honorable général Cavaignac a été digne de la loyauté de son caractère et de ce sentiment du devoir qui est la première qualité du chef d'un État.

Nous avons, citoyens Représentants, une grande mission à remplir : c'est de fonder une République dans l'intérêt de tous, et un Gouvernement juste, ferme, qui soit animé d'un sincère amour du progrès, sans être réactionnaire ou utopiste.

Soyons les hommes du pays, non les hommes d'un parti, et, Dieu aidant, nous ferons du moins le bien, si nous ne pouvons faire de grandes choses.

ANNÉE 1849.

DISCOURS,
MESSAGES ET PROCLAMATIONS.

ANNÉE 1849.

LETTRE DU PRÉSIDENT DE LA RÉPUBLIQUE AU GÉNÉRAL OUDINOT, COMMANDANT EN CHEF DE L'ARMÉE EXPÉDITIONNAIRE D'ITALIE.

Élysée, le 8 mai 1849.

Mon cher général,

La nouvelle télégraphique qui annonce la résistance imprévue que vous avez rencontrée sous les murs de Rome m'a vivement peiné. J'espérais, vous le savez, que les habitants de Rome, ouvrant les yeux à l'évidence, recevraient avec empressement une armée qui venait accomplir chez eux une mission bienveillante et désintéressée.

Il en a été autrement; nos soldats ont été reçus en ennemis : notre honneur militaire est engagé; je ne souffrirai pas qu'il reçoive aucune atteinte. Les renforts ne vous manqueront pas. Dites à vos soldats que j'apprécie leur bravoure, que je partage leurs peines, et qu'ils pourront toujours compter sur mon appui et sur ma reconnaissance.

Recevez, mon cher général, l'assurance de ma haute estime.

LOUIS-NAPOLÉON BONAPARTE.

EXTRAIT DU MESSAGE DU PRÉSIDENT DE LA RÉPUBLIQUE
A L'ASSEMBLÉE NATIONALE.

Élysée, le 6 juin 1849.

Messieurs les Représentants,

La Constitution prescrit au Président de la République de vous présenter, chaque année, l'exposé de l'état général des affaires du pays.

Je me conforme à cette obligation qui me permet, en vous soumettant la vérité dans toute sa simplicité, les faits dans ce qu'ils ont d'instructif, de vous parler aussi de ma conduite passée et de mes intentions pour l'avenir.

Mon élection à la première magistrature de la République avait fait naître des espérances, qui n'ont point encore pu toutes se réaliser.

Jusqu'au jour où vous vous êtes réunis dans cette enceinte, le pouvoir exécutif ne jouissait pas de la plénitude de ses prérogatives constitutionnelles. Dans une telle position, il lui était difficile d'avoir une marche bien assurée.

Néanmoins, je suis resté fidèle à mon manifeste.

A quoi, en effet, me suis-je engagé, en acceptant les suffrages de la nation ?

A défendre la société audacieusement attaquée ;

A affermir une République sage, grande, honnête ;

A protéger la famille, la religion, la propriété ;

A provoquer toutes les améliorations et toutes les économies possibles ;

A protéger la presse contre l'arbitraire et la licence ;

A diminuer les abus de la centralisation ;

A effacer les traces de nos discordes civiles ;

Enfin, à adopter à l'extérieur une politique sans arrogance comme sans faiblesse.

Le temps et les circonstances ne m'ont point encore permis d'accomplir tous ces engagements, cependant de grands pas ont été faits dans cette voie.

Le premier devoir du Gouvernement était de consacrer tous ses efforts au rétablissement de la confiance, qui ne pouvait être complète que sous un pouvoir définitif. Le défaut de sécurité dans le présent, de foi dans l'avenir, détruit le crédit, arrête le travail, diminue les revenus publics et privés, rend les emprunts impossibles et tarit les sources de la richesse.

Avant d'avoir ramené la confiance, on aurait beau recourir à tous les systèmes de crédit, comme aux expédients les plus révolutionnaires, on ne ferait pas renaître l'abondance là où la crainte et la défiance du lendemain ont produit la stérilité.

Notre politique étrangère elle-même ne pouvait être à la hauteur de notre puissance passée qu'autant que nous aurions reconstitué à l'intérieur ce qui fait la force des nations : l'union des citoyens, la prospérité des finances.

Pour atteindre ce but, le Gouvernement n'a eu qu'à suivre une marche ferme et résolue, en montrant à tous que, sans sortir de la légalité, il emploierait les moyens les plus énergiques pour rassurer la société.

Partout aussi il s'est efforcé de rétablir le prestige de l'autorité, en mettant tous ses soins à appeler aux fonctions publiques les hommes qu'il jugeait les plus honnêtes et les plus capables, sans s'arrêter à leurs antécédents politiques.

C'est encore afin de ne pas inquiéter les esprits, que le Gouvernement a dû ajourner le projet de rendre la liberté aux victimes de nos discordes civiles. Au seul mot d'amnistie, l'opinion publique s'est émue en sens divers; on a craint le retour de nouveaux troubles; néanmoins, j'ai usé d'indulgence partout où elle n'a pas eu d'inconvénient.

Les prisons se sont déjà ouvertes à 1,570 transportés de juin, et bientôt les autres seront mis en liberté sans que la société ait rien à en redouter. Quant à ceux qui, en vertu des décisions des conseils de guerre, subissent leur peine aux bagnes, quelques-uns d'entre eux, pouvant être assimilés aux condamnés politiques, seront placés dans des maisons de détention.

La marche suivie avait en assez peu de temps rétabli la confiance, les affaires avaient repris un grand essor, les caisses d'épargne se remplissaient. Depuis la fin de janvier le produit des contributions indirectes et des douanes n'avait pas cessé de s'accroître et s'était rapproché, en avril, des temps les plus prospères. Le Trésor avait retrouvé le crédit dont il a besoin, et la ville de Paris avait pu contracter un emprunt dont le taux avoisine le pair, négociation qui rappelait l'époque où la confiance était le mieux affermie. Les demandes en autorisation de sociétés anonymes se multipliaient, le nombre des brevets d'invention augmentait de jour en jour; le prix des offices, le taux de toutes les valeurs, qui avaient subi une dépréciation si grande, se relevait graduellement; enfin, dans toutes les villes manufacturières le travail avait recommencé, et les étrangers affluaient de nouveau à Paris; ce mouvement heureux, arrêté un moment par l'agitation électorale, reprendra son cours à l'aide de l'appui que vous prêterez au Gouvernement.

. . . .
. . . .

AFFAIRES ÉTRANGÈRES.

Il est dans la destinée de la France d'ébranler le monde lorsqu'elle se remue, de le calmer lorsqu'elle se modère. Aussi l'Europe nous rend-elle responsables de son repos ou de son agitation. Cette responsabilité nous impose de grands devoirs : elle domine notre situation.

Après février, le contre-coup de notre révolution se fit sentir depuis la Baltique jusqu'à la Méditerranée, et les hommes qui me précédèrent à la tête des affaires ne voulurent pas lancer la France dans une guerre dont on ne pouvait prévoir le terme : ils eurent raison.

L'état de la civilisation en Europe ne permet de livrer son pays aux hasards d'une collision générale qu'autant qu'on a pour soi, d'une manière évidente, le droit et la nécessité. Un intérêt secondaire, une raison plus ou moins spécieuse d'influence politique, ne suffisent pas; il faut qu'une nation comme la nôtre, si elle s'engage dans une lutte colossale, puisse justifier, à la face du monde, ou la grandeur de ses succès, ou la grandeur de ses revers.

Lorsque je parvins au pouvoir, de graves questions s'agitaient sur divers points de l'Europe. Au delà du Rhin comme au delà des Alpes, depuis le Danemark jusqu'en Sicile, il y avait pour nous un intérêt à sauvegarder, une influence à exercer. Mais cet intérêt et cette influence méritaient-ils, pour être énergiquement soutenus, qu'on courût les chances d'une conflagration européenne? voilà la question : ainsi posée, elle est facile à résoudre.

Sous ce point de vue, dans toutes les affaires extérieures qui ont été le sujet des négociations que nous allons passer en revue, la France a fait ce qu'il était possible de faire pour l'intérêt de ses alliés, sans cependant recourir aux armes, cette dernière raison des gouvernements.

La Sicile, il y a près d'un an, s'était insurgée contre le roi de Naples. L'Angleterre et la France intervinrent avec leur flotte pour arrêter les hostilités, qui prenaient le caractère du plus cruel acharnement, et, il faut le dire, quoique l'Angleterre eût plus d'intérêt dans cette question que la France elle-même, les deux amiraux s'unirent d'un commun accord pour obtenir du roi Ferdinand en faveur des Siciliens une amnistie complète et une constitution qui garantissait leur indépendance législative et administrative. Ils refusèrent. Les amiraux quittèrent la Sicile, forcés d'abandonner le rôle de médiateurs, et bientôt la guerre recommença. Un peu plus tard, ce même peuple, qui avait repoussé des conditions favorables, était obligé de se rendre à discrétion.

Au nord de l'Italie, une guerre sérieuse avait éclaté, et un moment, lorsque l'armée piémontaise poussa ses succès jusqu'au Mincio, l'on avait pu croire que la Lombardie recouvrerait son indépendance. La désunion fit promptement évanouir cet espoir, et le Roi de Piémont fut obligé de se retirer dans ses États.

A l'époque de mon élection, la médiation de la France et de l'Angleterre avait été acceptée par les parties belligérantes. Il ne s'agissait plus que d'obtenir pour le Piémont les conditions les moins désavantageuses. Notre rôle était indiqué, commandé même. S'y refuser, c'était allumer une guerre européenne. Quoique l'Autriche n'eût envoyé aucun négociateur à Bruxelles, lieu indiqué de la conférence, le Gouvernement français conseilla au Piémont de résister au mouvement qui l'entraînait à la guerre et de ne pas recommencer une lutte trop inégale.

Ce conseil ne fut pas suivi, vous le savez. Et

après une nouvelle défaite, le Roi de Sardaigne conclut directement avec l'Autriche un nouvel armistice.

Quoique la France ne soit pas responsable de cette conduite, elle ne pouvait pas permettre que le Piémont fût écrasé, et du haut de la tribune, le Gouvernement déclara qu'il maintiendrait l'intégrité du territoire d'un pays qui couvre une partie de nos frontières. D'un côté, il s'est efforcé de modérer les exigences de l'Autriche, demandant une indemnité de guerre qui parut exorbitante; de l'autre, il a engagé le Piémont à faire de justes sacrifices pour obtenir une paix honorable. Nous avons tout lieu de croire que nous réussirons dans cette œuvre de conciliation.

Tandis qu'au nord de l'Italie se passaient ces événements, de nouvelles commotions venaient au centre de la Péninsule compliquer la question.

En Toscane, le Grand-Duc avait quitté ses États. A Rome s'était accomplie une révolution qui avait vivement ému le monde catholique et libéral : en effet, depuis deux ans on était habitué à voir sur le Saint-Siége un Pontife qui prenait l'initiative des réformes utiles, et dont le nom, répété dans des hymnes de reconnaissance, d'un bout de l'Italie à l'autre, était le symbole de la liberté et le gage de toutes les espérances, lorsque tout à coup l'on apprit avec étonnement que ce souverain, naguère l'idole de son peuple, avait été contraint de s'enfuir furtivement de sa capitale.

Aussi, les actes d'agression qui obligèrent

Pie IX à quitter Rome parurent-ils aux yeux de l'Europe être l'œuvre d'une conjuration, bien plus que le mouvement spontané d'un peuple qui ne pouvait être passé en un instant de l'enthousiasme le plus vif à l'ingratitude la plus affligeante.

Les puissances catholiques envoyèrent des ambassadeurs à Gaëte pour s'occuper des graves intérêts de la papauté. La France devait y être représentée ; elle écouta tout sans engager son action, mais, après la défaite de Novare, les affaires prirent une tournure plus décidée : l'Autriche, de concert avec Naples, répondant à l'appel du Saint-Père, notifia au Gouvernement français qu'il eût à prendre un parti, car ces puissances étaient décidées à marcher sur Rome pour y rétablir purement et simplement l'autorité du pape.

Mis en demeure de nous expliquer, nous n'avions que trois moyens à adopter :

Ou nous opposer par les armes à toute espèce d'intervention, et, en ce cas, nous rompions avec toute l'Europe catholique pour le seul intérêt de la république romaine, que nous n'avions pas reconnue ;

Ou laisser les trois puissances coalisées rétablir à leur gré et sans ménagement l'autorité papale ;

Ou bien, enfin, exercer de notre propre mouvement une action directe et indépendante.

Le Gouvernement de la République adopta ce dernier moyen.

Il nous semblait facile de faire comprendre aux

Romains que, pressés de toutes parts, ils n'avaient de chances de salut qu'en nous; que si notre présence avait pour résultat le retour de Pie IX, ce souverain, fidèle à lui-même, ramènerait avec lui la réconciliation et la liberté; qu'une fois à Rome, nous garantissions l'intégrité du territoire, en ôtant tout prétexte à l'Autriche d'entrer en Romagne. Nous pouvions même espérer que notre drapeau, arboré sans contestation au centre de l'Italie, aurait étendu son influence protectrice sur la Péninsule tout entière, dont aucune des douleurs ne peut nous trouver indifférents.

L'expédition de Civita-Vecchia fut donc résolue de concert avec l'Assemblée nationale, qui vota les crédits nécessaires. Elle avait toutes les chances de succès : les renseignements reçus s'accordaient à dire qu'à Rome, excepté un petit nombre d'hommes qui s'étaient emparés du pouvoir, la majorité de la population attendait notre arrivée avec impatience; la simple raison devait faire croire qu'il en était ainsi, car, entre notre intervention et celle des autres puissances, le choix ne pouvait pas être douteux.

Un concours de circonstances malheureuses en décida autrement : notre corps expéditionnaire, peu nombreux, car une résistance sérieuse n'était pas prévue, débarque à Civita-Vecchia, et le Gouvernement est instruit que s'il eût pu arriver à Rome le même jour on lui en aurait ouvert les portes avec joie. Mais, pendant que le général Oudinot notifiait son arrivée au gouvernement de Rome, Garibaldi y entrait à la tête d'une troupe formée des réfugiés de toutes les parties de l'Italie, et même du reste de l'Europe, et sa présence, on le conçoit, accrut subitement la force du parti de la résistance.

Le 30 avril, six mille de nos soldats se présentèrent sous les murs de Rome. Ils furent reçus à coups de fusil; quelques-uns même, attirés dans un piége, furent faits prisonniers. Nous devons tous gémir du sang répandu dans cette triste journée. Cette lutte inattendue, sans rien changer au but final de notre entreprise, a paralysé nos intentions bienfaisantes et rendu vains les efforts de nos négociateurs.

Au nord de l'Allemagne, l'insurrection avait compromis l'indépendance d'un État, l'un des plus anciens et des plus fidèles alliés de la France. Le Danemark avait vu les populations des duchés de Holstein et Schleswig se révolter contre lui, tout en reconnaissant cependant la souveraineté du prince qui règne en ce moment. Le gouvernement central de l'Allemagne crut devoir décréter l'incorporation du Schleswig à la confédération, parce qu'une grande partie du peuple était de race allemande.

Cette mesure est devenue la cause d'une guerre acharnée.

L'Angleterre a offert sa médiation, qui a été acceptée. La France, la Russie, la Suède, se sont montrées disposées à appuyer le Danemark.

Des négociations ouvertes depuis plusieurs mois ont amené à cette conclusion, que le Schleswig formerait, sous la souveraineté du roi de Danemark, un Etat particulier. Mais, ce principe admis, on n'a pu s'entendre sur les conséquences qu'il fallait en tirer, et les hostilités ont recommencé. Les efforts des puissances que je viens de nommer tendent en ce moment à la conclusion d'un nouvel armistice, préliminaire d'un arrangement définitif.

Le reste de l'Allemagne est agité par de graves perturbations. Les efforts faits par l'Assemblée de Francfort en faveur de l'unité allemande ont provoqué la résistance de plusieurs des États fédérés, et amené un conflit qui, se rapprochant de nos frontières, doit attirer notre surveillance. L'empire d'Autriche, engagé dans une lutte acharnée avec la Hongrie, s'est cru autorisé à appeler le secours de la Russie. L'intervention de cette puissance, la marche de ses armées vers l'Occident, ne pouvaient qu'exciter à un haut degré la sollicitude du Gouvernement, qui a déjà échangé à ce sujet des notes diplomatiques.

Ainsi, partout en Europe il y a des causes de collision que nous avons cherché à apaiser, tout en conservant notre indépendance d'action et notre caractère propre.

Dans toutes ces questions, nous avons toujours été d'accord avec l'Angleterre, qui nous a offert un concours auquel nous devons être sensibles.

La Russie a reconnu la République.

Le Gouvernement a conclu avec l'Espagne et la Belgique des traités de poste qui facilitent les communications internationales.

En Amérique, l'État de Montevideo s'est singulièrement modifié : d'après les renseignements de l'amiral qui commande dans ces parages nos forces navales, la population française a émigré d'une des rives du Rio de la Plata à l'autre. Ce déplacement de la population française doit nécessairement à l'avenir être pris en considération.

Enfin, messieurs les Représentants, si toutes nos négociations n'ont pas obtenu le succès que nous devions en attendre, soyez persuadés que le seul mobile qui anime le Gouvernement de la République, c'est le sentiment de l'honneur et de l'intérêt de la France.

RÉSUMÉ.

Tel est, Messieurs, l'exposé sommaire de l'état actuel des affaires de la République. Vous voyez que nos préoccupations sont graves, nos difficultés grandes, et qu'il nous reste aujourd'hui, au dedans comme au dehors, bien des questions importantes à résoudre. Fort de votre appui et de celui de la nation, j'espère, néanmoins, m'élever à la hauteur de ma tâche, en suivant une marche nette et précise.

Cette marche consiste, d'un côté, à prendre hardiment l'initiative de toutes les améliorations, de toutes les réformes qui peuvent contribuer au bien-être de tous, et, de l'autre, à réprimer, par la sévérité des lois devenues nécessaires, les tentatives de désordre et d'anarchie qui prolongent le malaise général. Je ne bercerai pas le peuple d'illusions et d'utopies qui n'exaltent les imaginations que pour aboutir à la déception et à la misère. Partout où j'apercevrai une idée féconde en résultats pratiques, je la ferai étudier, et si elle est applicable, je vous proposerai de l'appliquer.

La principale mission du Gouvernement républicain, surtout, c'est d'éclairer le peuple par la manifestation de la vérité, de dissiper l'éclat trompeur que l'intérêt personnel des partis fait briller à ses yeux. Un fait malheureux se retrouve à chaque page de l'histoire : c'est que plus les maux d'une société sont réels et patents, plus une minorité aveugle se lance dans le mysticisme des théories.

Au commencement du xviie siècle, ce n'était pas pour le triomphe des idées insensées de quelques fanatiques, prenant la Bible pour texte et pour excuse de leurs folies, que le peuple anglais lutta pendant quarante ans, mais pour la suprématie de sa religion et le triomphe de sa liberté.

De même, après 89, ce n'était pas pour les idées de Babeuf ou de tel autre sectaire que la société fut bouleversée, mais pour l'abolition des priviléges, pour la division de la propriété, pour l'égalité devant la loi, pour l'admission de tous aux emplois.

Eh bien! encore aujourd'hui ce n'est pas pour l'application de théories inapplicables ou d'avantages imaginaires que la révolution s'est accomplie, mais pour avoir un gouvernement qui, résultat de la volonté de tous, soit plus intelligent des besoins du peuple et puisse conduire, sans préoccupations dynastiques, les destinées du pays.

Notre devoir est donc de faire la part entre les idées vraies et les idées fausses qui jaillissent d'une révolution; puis cette séparation faite, il faut se mettre à la tête des unes et combattre courageusement les autres. La vérité se trouvera en faisant appel à toutes les intelligences, en ne repoussant rien avant de l'avoir approfondi, en adoptant tout ce qui aura été soumis à l'examen des hommes compétents et aura subi l'épreuve de la discussion.

D'après ce que je viens d'exposer, deux sortes de lois seront présentées à votre approbation, les unes pour rassurer la société et réprimer les excès, les autres pour introduire partout des améliorations réelles; parmi celles-ci j'indiquerai les suivantes :

Loi sur les institutions de secours et de prévoyance afin d'assurer aux classes laborieuses un refuge contre les conséquences de la suspension des travaux, des infirmités et de la vieillesse;

Loi sur la réforme du régime hypothécaire : il faut qu'une institution nouvelle vienne féconder l'agriculture, en lui apportant d'utiles ressources, en facilitant ses emprunts; elle préludera à la formation d'établissements de crédit à l'instar de ceux qui existent dans les divers États de l'Europe;

Loi sur l'abolition de la prestation en nature;

Loi sur la subvention en faveur des associations ouvrières et des comices agricoles;

Loi sur la défense gratuite des indigents, encore trop peu assurée dans notre législation. La justice, cette dette de l'État, gratuite par conséquent, se trouve environnée de formalités onéreuses qui en rendent l'accès difficile aux citoyens pauvres et ignorants. Leurs droits et leurs intérêts ne sont pas assez protégés; sous l'empire de notre Constitution démocratique, cette anomalie doit disparaître;

Enfin, une loi est préparée ayant pour but d'améliorer la pension de retraite des sous-officiers et soldats, et d'introduire dans la loi sur le recrutement de l'armée les modifications dont l'expérience a démontré l'utilité.

Indépendamment de ces projets, vous aurez à vous occuper des lois organiques que la dernière Assemblée n'a pas eu le temps d'élaborer et qui sont le complément nécessaire de la Constitution.

Ce qui précède, suffit, Messieurs, je l'espère, pour vous prouver que mes intentions sont conformes aux vôtres. Vous voulez, comme moi, travailler au bien-être de ce peuple qui nous a élus, à la gloire, à la prospérité de la Patrie; comme moi, vous pensez que les meilleurs moyens d'y parvenir ne sont pas la violence et la ruse, mais la fermeté et la justice. La France se confie au patriotisme des membres de l'Assemblée; elle espère que la vérité, dévoilée au grand jour de la tribune, confondra le mensonge et désarmera l'erreur. De son côté, le Pouvoir exécutif fera son devoir.

J'appelle sous le drapeau de la République et sur le terrain de la Constitution tous les hommes dévoués au salut du pays; je compte sur leur concours et sur leurs lumières pour m'éclairer, sur ma conscience pour me conduire, sur la protection de Dieu pour accomplir ma mission.

Recevez, Messieurs, l'assurance de ma haute estime.

Louis-Napoléon Bonaparte.

PROCLAMATION DU PRÉSIDENT DE LA RÉPUBLIQUE AU PEUPLE.

Élysée, le 13 juin 1849.

Quelques factieux osent encore lever l'étendard de la révolte contre un Gouvernement légitime, puisqu'il est le produit du suffrage universel. Ils m'accusent d'avoir violé la Constitution, moi qui ai supporté depuis six mois, sans en être ému, leurs injures, leurs calomnies, leurs provocations. La majorité de l'Assemblée est le but de leurs outrages. L'accusation dont je suis l'objet n'est qu'un prétexte : et la preuve, c'est que ceux qui m'attaquent me poursuivaient déjà avec la même haine, la même injustice, alors que le peuple de Paris me nommait Représentant et le peuple de la France Président de la République.

Ce système d'agitation entretient dans le pays le malaise et la défiance, qui engendrent la misère; il faut qu'il cesse. Il est temps que les bons se rassurent et que les méchants tremblent. La République n'a pas d'ennemis plus implacables que ces hommes qui, perpétuant le désordre, nous forcent de changer la France en un vaste camp, nos projets d'amélioration et de progrès, en des préparatifs de lutte et de défense.

Élu par la nation, la cause que je défends est la vôtre, c'est celle de vos familles comme celle de vos propriétés, celle du pauvre comme du riche, celle de la civilisation tout entière. Je ne reculerai devant rien pour la faire triompher.

Louis-Napoléon Bonaparte.

RÉPONSE DU PRÉSIDENT DE LA RÉPUBLIQUE AU TOAST DU MAIRE DE LA VILLE DE CHARTRES.

Chartres, le 6 juillet 1849.

Je remercie M. le maire des paroles qu'il vient de prononcer, et je porte un toast à la ville de Chartres, où je reçois un accueil si bienveillant et si empressé.

Je suis heureux de visiter cette ville, qui rappelle deux grandes époques, deux grands souvenirs de notre histoire.

C'est à Chartres que saint Bernard vint prêcher la deuxième croisade, magnifique idée du moyen âge, qui arracha la France aux luttes intestines et éleva le culte de la foi au-dessus du culte des intérêts matériels.

C'est aussi à Chartres que fut sacré Henri IV; c'est ici qu'il marqua le terme de dix années de guerres civiles en venant demander à la religion de bénir le retour à la paix et à la concorde.

Eh bien! aujourd'hui c'est encore à la foi et à la conciliation qu'il faut faire appel : à la foi, qui nous soutient et nous permet de supporter toutes les difficultés du jour; à la conciliation, qui augmente nos forces et nous fait espérer un meilleur avenir.

Ainsi donc : *A la foi! à la conciliation! à la ville de Chartres!*

DISCOURS DU PRÉSIDENT DE LA RÉPUBLIQUE A AMIENS.

Amiens, le 16 juillet 1849.

Messieurs,

L'accueil flatteur et enthousiaste que je reçois aujourd'hui me touche profondément. J'ai fait si peu encore pour mon pays, que je suis à la fois fier et confus de cette ovation. Aussi je l'attribue bien plus à mon nom qu'à moi-même. Ce nom, la France le savait en me donnant ses suffrages, représentait non-seulement la conquête et la guerre, mais encore l'ordre et la paix. La ville d'Amiens, surtout, en était convaincue, elle qui, au milieu d'une conflagration européenne, avait vu dans ses murs, et dans la salle même où nous sommes se signer ce fameux traité qui devait, en 1802, concilier les intérêts des deux nations les plus civilisées du monde.

La seule idée de paix de l'Empire passera à la postérité sous le nom de la ville d'Amiens.

C'est donc à ce souvenir que je reporte une réception vraiment triomphale.

Vous voulez la paix, mais une paix glorieuse, fertile en bienfaits au dedans, en influences au dehors.

A la paix! à la ville d'Amiens!

RÉPONSE DU PRÉSIDENT DE LA RÉPUBLIQUE AU TOAST DU MAIRE DE LA VILLE DE HAM.

Ham, le 22 juillet 1849.

Monsieur le maire,

Je suis profondément ému de la réception affectueuse que je reçois de vos concitoyens. Mais, croyez-le, si je suis venu à Ham, ce n'est pas par orgueil, c'est par reconnaissance. J'avais à cœur de remercier les habitants de cette ville et des environs de toutes les marques de sympathie qu'ils n'ont cessé de me donner pendant mes malheurs.

Aujourd'hui, qu'élu par la France entière, je suis devenu le chef légitime de cette grande nation, je ne saurais me glorifier d'une captivité qui avait pour cause l'attaque contre un gouvernement régulier. Quand on a vu combien les révolutions les plus justes entraînent de maux après elles, on comprend à peine l'audace d'avoir voulu assumer sur soi la terrible responsabilité d'un changement. Je ne me plains donc pas d'avoir expié ici, par un emprisonnement de six années, ma témérité contre les lois de ma patrie, et c'est avec bonheur que, dans les lieux mêmes où j'ai souffert, je vous propose un toast en l'honneur des hommes qui sont déterminés, malgré leurs convictions, à respecter les institutions de leur pays.

DISCOURS DU PRÉSIDENT DE LA RÉPUBLIQUE A ANGERS.

Angers, le 22 juillet 1849.

Messieurs,

En parcourant votre ville au milieu des acclamations du peuple, je me demandais ce que je puis avoir fait pour mériter un accueil si flatteur, si enthousiaste.

Ce n'est pas seulement parce que je suis le neveu de l'homme qui fit cesser toutes nos dissensions civiles que vous me recevez avec tant de bienveillance; car je ne puis faire pour vous ce que l'Empereur a fait; je n'ai ni son génie ni sa puissance; mais vos acclamations s'expliquent parce que je représente le système de modération et de conciliation inauguré par la République; ce système, qui consiste à implanter en France, non cette liberté sauvage permettant à chacun de faire ce qu'il veut, mais la liberté des peuples civilisés, permettant à chacun de faire ce qui ne peut pas nuire à la communauté.

Sous tous les régimes, il y aura, je le sais, des oppresseurs et des opprimés; mais tant que je serai Président de la République, il n'y aura pas de parti opprimé.

Aucune ville mieux qu'Angers ne comprend et ne défendra avec plus de dévouement cette sage politique que nous voulons tous faire triompher.

A la ville d'Angers!

DISCOURS DU PRÉSIDENT DE LA RÉPUBLIQUE A NANTES.

Nantes, le 30 juillet 1849.

Le voyage que j'ai fait pour venir ici auprès de vous restera profondément gravé dans mon cœur, car il a été fertile en souvenirs et en espoir. Ce n'est pas sans émotion que j'ai vu ce grand fleuve derrière lequel se sont réfugiés les derniers glorieux bataillons de notre grande armée; ce n'est pas sans émotion que je me suis arrêté avec respect devant le tombeau de Bonchamp; ce n'est pas sans émotion qu'aujourd'hui, assis au milieu de vous, je me trouve en face de la statue de Cambronne. Tous ces souvenirs, si noblement appréciés par vous, me prouvent que, si le sort le voulait, nous serions encore la grande nation par les armes. Mais il y a une gloire tout aussi grande aujourd'hui : c'est de nous opposer à toute guerre civile et à toute guerre étrangère, et de grandir par le développement progressif de notre industrie et de notre commerce. Voyez cette forêt de mâts qui languit ici dans votre port, elle n'attend qu'un aide pour porter au bout du monde les produits de notre civilisation. Soyons unis, oublions toute cause de dissension. soyons dévoués à l'ordre et aux grands intérêts de notre pays, et bientôt nous serons encore la grande nation par les arts, par l'industrie, par le commerce. La ville de Nantes, qui me reçoit si bien aujourd'hui, est vivement intéressée dans cette question, car elle est destinée par sa position à atteindre le plus haut degré de prospérité commerciale. Je porte donc un toast à l'avenir de la ville de Nantes et à sa prospérité.

DISCOURS DU PRÉSIDENT DE LA RÉPUBLIQUE A SAUMUR.

Saumur, le 31 juillet 1849.

De toutes les villes que j'ai traversées depuis mon départ de Paris, Saumur n'est point la plus grande, mais elle n'est pas la moins importante; car ce n'est pas seulement par son admirable position, par son commerce qu'elle se distingue, mais c'est encore par son patriotisme. Ce sentiment est entretenu par la célèbre école établie dans ses murs; car dans cet établissement, où se forment de si bons officiers, on n'apprend pas seulement à monter à cheval, mais on acquiert ces habitudes de discipline, d'ordre et de hiérarchie qui constituent le bon soldat et aussi le bon citoyen. Ici l'esprit militaire est encore dans toute sa force, et, Dieu en soit loué! il n'est pas près de s'éteindre. N'oublions pas que cet esprit militaire est, dans les temps de crise, la sauve-garde de la patrie.

Dans la première révolution, l'Empereur l'a dit, tandis qu'à l'intérieur tous les partis se décimaient et se déshonoraient réciproquement par leurs excès, l'honneur national s'était réfugié dans nos armées.

Faisons donc tous nos efforts pour garder intact, pour développer encore, cet esprit militaire; car, croyez-le, si les produits des arts et des sciences méritent toute notre admiration, il y a quelque chose qui la mérite encore davantage, c'est la religion du devoir, c'est la fidélité du drapeau.

A la ville de Saumur et à son école militaire!

DISCOURS DU PRÉSIDENT DE LA RÉPUBLIQUE A TOURS.

Tours, le 1er août 1849.

Je dois remercier d'abord la ville de Tours de l'aimable accueil qu'elle m'a fait; mais, je dois le dire aussi, les acclamations dont je suis l'objet me touchent bien plus qu'elles ne m'enorgueillissent. J'ai trop bien connu le malheur pour ne pas être à l'abri des entraînements de la prospérité. Je ne suis pas venu au milieu de vous avec une arrière-pensée, mais pour me montrer tel que je suis, et non tel que la calomnie veut me faire. On a prétendu, on prétend encore aujourd'hui à Paris que le Gouvernement médite quelque entreprise semblable au 18 brumaire. Mais sommes-nous donc dans les mêmes circonstances? Les armées étrangères ont-elles envahi notre territoire? La France est-elle déchirée par la guerre civile? Y a-t-il 80,000 familles en émigration? Y a-t-il 100,000 familles mises hors la loi par la loi des suspects? Enfin la loi est-elle sans vigueur et l'autorité sans force? Non, nous ne sommes pas dans des conditions qui nécessitent de si héroïques remèdes. A mes yeux, la France peut être comparée à un vaisseau qui, après avoir été ballotté par les tempêtes, a trouvé enfin une rade plus ou moins bonne, mais où il a jeté l'ancre. Eh bien! dans ce cas, il faut radouber le navire, refaire son lest, rétablir ses mâts et sa voilure avant de se hasarder encore dans la pleine mer. Nos lois peuvent être plus ou moins défectueuses; mais elles sont susceptibles de perfectionnement. Confiez-vous donc à l'avenir, sans songer ni aux coups d'État ni aux insurrections. Les coups d'État n'ont aucun prétexte, les insurrections n'ont aucune chance de succès; à peine commencées, elles seraient immédiatement réprimées. Ayez confiance dans l'Assemblée nationale et dans vos premiers magistrats, les élus de la nation, surtout comptez sur la protection de l'Être suprême, qui encore aujourd'hui protége la France.

Je termine en portant un toast à la prospérité de la ville de Tours!

DISCOURS DU PRÉSIDENT DE LA RÉPUBLIQUE A ROUEN.

Rouen, le 11 août 1849.

Messieurs,

Plus je visite les villes principales de la France, et plus forte est ma conviction que tous les éléments de la prospérité publique sont renfermés dans ce pays.

Qui est-ce qui empêche donc aujourd'hui notre prospérité de se développer et de porter ses fruits? Permettez-moi de vous le dire : c'est que le propre de notre époque est de nous laisser séduire par des chimères, au lieu de nous attacher à la réalité.

Messieurs, je l'ai dit dans mon *Message* : « Plus » les maux de la société sont patents, et plus cer- » tains esprits sont enclins à se jeter dans le mysti- » cisme des théories. »

Mais, en réalité, de quoi s'agit-il? Il ne s'agit pas de dire : Adorez ce que vous avez brûlé, et brûlez ce que vous avez adoré pendant tant de siècles; il s'agit de donner à la société plus de calme et plus de stabilité; et, comme l'a dit un homme que la France estime et que vous aimez tous ici, M. Thiers : « Le véritable génie de notre époque consiste dans » le simple bon sens. »

C'est surtout dans cette belle ville de Rouen que règne le bon sens; je lui dois l'unanimité des suffrages du 10 décembre; car, Messieurs, vous m'avez bien jugé, en pensant que le neveu de l'homme qui a tant fait pour asseoir la société sur ses bases naturelles, ne pouvait pas avoir la pensée de jeter cette société dans le vague des théories.

Aussi, Messieurs, je suis heureux de pouvoir vous remercier des 180,000 votes que vous m'avez donnés. Je suis heureux de me trouver au milieu de cette belle ville de Rouen, qui renferme en elle les germes de tant de richesses!... Et j'ai admiré ces collines parées des trésors de l'agriculture; j'ai admiré cette rivière qui porte au loin tous les produits de votre industrie.

Enfin je n'ai pas été moins frappé à l'aspect de la statue du grand Corneille. Savez-vous ce qu'elle me prouve? C'est que vous n'êtes pas seulement dévoués aux grands intérêts du commerce, mais que vous avez aussi de l'admiration pour tout ce qu'il y a de noble dans les lettres, les arts et les sciences.

Messieurs, je bois à la ville de Rouen, et suis profondément reconnaissant de l'accueil que j'ai reçu aujourd'hui de vous.

LETTRE DU PRÉSIDENT DE LA RÉPUBLIQUE A M. EDGARD NEY, SON OFFICIER D'ORDONNANCE, A ROME.

Élysée, le 18 août 1849.

Mon cher Ney,

La République française n'a pas envoyé une armée à Rome pour y étouffer la liberté italienne, mais, au contraire, pour la régler, en la préservant contre ses propres excès, et pour lui donner une base solide, en remettant sur le trône pontifical le prince qui, le premier, s'était placé hardiment à la tête de toutes les réformes utiles.

J'apprends avec peine que les intentions bienveillantes du Saint-Père, comme notre propre action, restent stériles, en présence de passions et d'influences hostiles. On voudrait donner comme base à la rentrée du pape la proscription et la tyrannie. Dites de ma part au général Rostolan qu'il ne doit pas permettre qu'à l'ombre du drapeau tricolore on commette aucun acte qui puisse dénaturer le caractère de notre intervention.

Je résume ainsi le rétablissement du pouvoir temporel du pape : *Amnistie générale, sécularisation de l'administration, Code Napoléon* et *gouvernement libéral.*

J'ai été personnellement blessé, en lisant la proclamation des trois cardinaux, de voir qu'il n'était pas même fait mention du nom de la France, ni des souffrances de nos braves soldats.

Toute insulte faite à notre drapeau ou à notre uniforme me va droit au cœur, et je vous prie de bien faire savoir que si la France ne vend pas ses services, elle exige au moins qu'on lui sache gré de ses sacrifices et de son abnégation.

Lorsque nos armées firent le tour de l'Europe, elles laissèrent partout, comme trace de leur passage, la destruction des abus de la féodalité et les germes de la liberté : il ne sera pas dit qu'en 1849 une armée française ait pu agir dans un autre sens et amener d'autres résultats.

Dites au général de remercier, en mon nom, l'armée de sa noble conduite. J'ai appris avec peine que, physiquement même, elle n'était pas traitée comme elle devrait l'être; rien ne doit être négligé pour établir convenablement nos troupes.

Recevez, mon cher Ney, l'assurance de ma sincère amitié.

LOUIS-NAPOLÉON BONAPARTE.

DISCOURS DU PRÉSIDENT DE LA RÉPUBLIQUE AU BANQUET DONNÉ PAR LES EXPOSANTS DE L'INDUSTRIE NATIONALE.

Paris, Jardin d'hiver, le 31 août 1849.

Messieurs,

Le véritable congrès de la paix n'était pas dans la salle Sainte-Cécile. Il est ici, c'est vous qui le composez, vous, l'élite de l'industrie française. Ailleurs on se bornait à faire des vœux, ici sont représentés tous les grands intérêts que la paix seule développe. Lorsqu'on a admiré comme moi tous ces prodiges de l'industrie étalés aux regards de la France entière, lorsqu'on pense combien de bras ont concouru à la production de ces objets, et combien d'existences dépendent de leur vente, on se console d'être arrivé à une époque à laquelle est réservée une autre gloire que celle des armes. En effet, aujourd'hui, c'est par le perfectionnement de l'industrie, par les conquêtes du commerce, qu'il faut lutter avec le monde entier; et dans cette lutte, vous m'en avez donné la conviction, nous ne succomberons pas. Mais aussi n'oubliez pas de répandre parmi les ouvriers les saines doctrines de l'économie politique; en leur faisant une juste part dans la rétribution du travail, prouvez-leur que l'intérêt du riche n'est pas opposé à l'intérêt du pauvre.

Je vous remercie de la manière flatteuse dont vous appréciez mes efforts pour le bien public, et je porte un toast :

A la prospérité de l'industrie française!

A ses honorables représentants!

DISCOURS DU PRÉSIDENT DE LA RÉPUBLIQUE A L'INAUGURATION DU CHEMIN DE FER DE PARIS A ÉPERNAY.

Épernay, le 3 septembre 1849.

Messieurs,

L'inauguration d'un chemin de fer est toujours une fête nationale à laquelle je suis heureux de m'associer; mais l'inauguration du chemin de fer de Paris à Strasbourg est à mes yeux un événement important à cause des lieux qu'il traverse.

En effet, en voyant Château-Thierry, la Ferté, Épernay, on se retrace les dernières et héroïques luttes de l'Empire contre l'Europe coalisée; et je me suis dit que si ce chemin de fer eût existé à cette époque, si l'Empereur Napoléon eût connu la vapeur, jamais nous n'aurions vu les étrangers envahir la capitale de la France.

Honneur donc aux chemins de fer! puisque dans la paix ils développent la prospérité commerciale, et que pendant la guerre ils concourent à fortifier l'indépendance de la patrie. Honneur aussi à la ville d'Épernay, qui a conservé intacts les sentiments de patriotisme et de nationalité!

A Épernay!

DISCOURS DU PRÉSIDENT DE LA RÉPUBLIQUE A L'INAUGURATION DU CHEMIN DE FER DE PARIS A SENS.

Sens, le 9 septembre 1849.

Messieurs,

Il y a un an, à pareille époque, j'étais exilé, proscrit; si j'eusse voulu mettre le pied sur le territoire français, on m'en eût interdit l'entrée. Aujourd'hui je suis le chef reconnu de la grande nation.

Qui a produit ce changement dans ma destinée? C'est vous, c'est le département de l'Yonne tout entier, qui, en m'élisant représentant du peuple, m'a rappelé dans mon pays.

Vous avez pensé, Messieurs, que mon nom serait utile à la France; vous vous êtes dit qu'étranger à tous les partis, je n'étais hostile à aucun, et qu'en réunissant sous le même drapeau tous les hommes dévoués à notre patrie, je pourrais servir de point de ralliement dans un moment où les partis semblaient acharnés les uns contre les autres.

Le département de l'Yonne a donné l'exemple, exemple qui a été suivi, qui a été contagieux, puisque plus tard la France m'a donné six millions de suffrages.

Depuis longtemps je désirais me trouver au milieu de vous. Je désirais voir de mes yeux ceux dont les suffrages sont venus les premiers me chercher sur la terre étrangère.

Je ne vous remercie pas de m'avoir donné le pouvoir. Le pouvoir est un lourd fardeau. Ce dont je vous remercie, c'est de m'avoir ouvert les portes de ma patrie.

Messieurs, j'aurais voulu aller jusqu'à Tonnerre ; là, au centre du département, il m'eût été plus facile de lui témoigner toute ma reconnaissance ; mais le temps m'a manqué. Je le regrette vivement.

Permettez-moi donc, Messieurs, de porter un toast non-seulement à la ville de Sens, mais au département de l'Yonne tout entier.

Croyez que je serai toujours digne de la confiance que vous m'avez témoignée d'une manière si touchante.

A la ville de Sens ! au département de l'Yonne tout entier !

MESSAGE DU PRÉSIDENT DE LA RÉPUBLIQUE AU PRÉSIDENT DE L'ASSEMBLÉE NATIONALE.

Élysée, le 31 octobre 1849.

Monsieur le Président,

Dans les circonstances graves où nous nous trouvons, l'accord qui doit régner entre les différents pouvoirs de l'État ne peut se maintenir que si, animés d'une confiance mutuelle, ils s'expliquent franchement l'un vis-à-vis de l'autre. Afin de donner l'exemple de cette sincérité, je viens faire connaître a l'Assemblée quelles sont les raisons qui m'ont déterminé à changer le ministère, et à me séparer d'hommes dont je me plais à proclamer les services éminents, et auxquels j'ai voué amitié et reconnaissance.

Pour raffermir la République menacée de tant de côtés par l'anarchie; pour assurer l'ordre plus efficacement qu'il ne l'a été jusqu'à ce jour; pour maintenir à l'extérieur le nom de la France à la hauteur de sa renommée, il faut des hommes qui, animés d'un dévouement patriotique, comprennent la nécessité d'une direction unique et ferme, et d'une politique nettement formulée; qui ne compromettent le pouvoir par aucune irrésolution, qui soient aussi préoccupés de ma propre responsabilité que de la leur, et de l'action que de la parole.

Depuis bientôt un an, j'ai donné assez de preuves d'abnégation pour qu'on ne se méprenne pas sur mes véritables intentions. Sans rancune contre aucune individualité, comme contre aucun parti, j'ai laissé arriver aux affaires les hommes d'opinions les plus diverses, mais sans obtenir les heureux résultats que j'attendais de ce rapprochement. Au lieu d'opérer une fusion de nuances, je n'ai obtenu qu'une neutralisation de forces. L'unité de vues et d'intentions a été entravée, l'esprit de conciliation pris pour de la faiblesse. A peine les dangers de la rue étaient-ils passés, qu'on a vu les anciens partis relever leurs drapeaux, réveiller leurs rivalités, et alarmer le pays en semant l'inquiétude.

Au milieu de cette confusion, la France, inquiète parce qu'elle ne voit pas de direction, cherche la main, la volonté de l'Élu du 10 décembre. Or cette volonté ne peut être sentie que s'il y a communauté entière d'idées, de vues, de convictions entre le Président et ses ministres, et si l'Assemblée elle-même s'associe à la pensée nationale, dont l'élection du Pouvoir exécutif a été l'expression.

Tout un système a triomphé au 10 décembre.

Car le nom de Napoléon est à lui seul tout un programme. Il veut dire : à l'intérieur, ordre, autorité, religion, bien-être du peuple; à l'extérieur, dignité nationale. C'est cette politique, inaugurée par mon élection, que je veux faire triompher avec l'appui de l'Assemblée et celui du peuple. Je veux être digne de la confiance de la nation en maintenant la Constitution que j'ai jurée. Je veux inspirer au pays, par ma loyauté, ma persévérance et ma fermeté, une confiance telle, que les affaires reprennent et qu'on ait foi dans l'avenir. La lettre d'une constitution a sans doute une grande influence sur les destinées d'un pays; mais la manière dont elle est exécutée en exerce peut-être une plus grande encore. Le plus ou moins de durée du Pouvoir contribue puissamment à la stabilité des choses, mais c'est aussi par les idées et les principes, que le Gouvernement sait faire prévaloir, que la société se rassure.

Relevons donc l'autorité sans inquiéter la vraie liberté. Calmons les craintes en domptant hardiment les mauvaises passions et en donnant à tous les nobles instincts une direction utile. Affermissons le principe religieux sans rien abandonner des conquêtes de la révolution, et nous sauverons le pays malgré les partis, les ambitions et même les imperfections que nos institutions pourraient renfermer.

Louis-Napoléon Bonaparte.

DISCOURS DU PRÉSIDENT DE LA RÉPUBLIQUE A LA CÉRÉMONIE D'INSTITUTION DE LA MAGISTRATURE.

Paris, Palais de Justice, 3 novembre 1849.

Messieurs,

Je suis heureux de me trouver aujourd'hui au milieu de vous et de présider une cérémonie solennelle qui, en reconstituant la magistrature, rétablit un principe qu'un égarement momentané a pu seul faire méconnaître. Aux époques agitées, dans les temps où les notions du juste et de l'injuste semblent confondues, il est utile de relever le prestige des grandes institutions et de prouver que certains principes renferment en eux une force indestructible. On aime à pouvoir dire : Les lois fondamentales du pays ont été renouvelées, tous les pouvoirs de l'État sont passés en d'autres mains, et cependant, au milieu de ces bouleversements et de ces naufrages, le principe de l'inamovibilité de la magistrature est resté debout. En effet, les sociétés ne se transforment pas au gré des ambitions humaines; les formes changent; la chose reste. Malgré les tempêtes politiques survenues depuis 1815, nous ne vivons encore que grâce aux larges institutions fondées par le Consulat et l'Empire; les dynasties et les chartes ont passé, mais ce qui a survécu et ce qui nous sauve, c'est la religion, c'est l'organisation de la justice, de l'armée, de l'administration.

Honorons donc ce qui est immuable, mais honorons aussi ce qu'il peut y avoir de bon dans les changements introduits. Aujourd'hui, par exemple, qu'accourus de tous les points de la France, vous venez devant le Premier Magistrat de la République prêter un serment, ce n'est pas à un homme que vous jurez fidélité, mais à la loi. Vous venez ici, en présence de Dieu et des grands pouvoirs de l'État, jurer de remplir religieusement un mandat dont l'accomplissement austère a toujours distingué la magistrature française. Il est consolant de songer qu'en dehors des passions politiques et des agitations de la société, il existe un corps d'hommes n'ayant d'autre guide que leur conscience, d'autre passion que le bien, d'autre but que de faire régner la justice.

Vous allez, Messieurs, retourner dans vos départements, reportez-y la conviction que nous sommes sortis de l'ère des révolutions, et que nous sommes entrés dans l'ère des améliorations qui préviennent les catastrophes. Appliquez avec fermeté, mais aussi avec l'impartialité la plus grande, les dispositions tutélaires de nos Codes. Qu'il n'y ait jamais de coupables impunis, ni d'innocents persécutés. Il est temps, comme je l'ai dit naguère, que ceux qui veulent le bien se rassurent, et que ceux-là se résignent qui tentent de mettre leurs opinions et leurs passions à la place de la volonté nationale.

En appliquant la justice dans la plus noble et la plus large acception de ce grand mot, vous aurez, Messieurs, beaucoup fait pour la consolidation de la République, car vous aurez fortifié dans le pays le respect de la loi, ce premier devoir, cette première qualité d'un peuple libre.

DISCOURS DU PRÉSIDENT DE LA RÉPUBLIQUE DISTRIBUANT DES RÉCOMPENSES A L'INDUSTRIE NATIONALE.

Paris, Palais de Justice, 11 novembre 1849.

Messieurs,

En vous voyant recevoir le juste prix de ces travaux qui maintiennent la réputation industrielle de la France à la hauteur qui lui est due, je me disais : Elle n'a pas perdu le sentiment de l'honneur, cette nation, où une simple distinction devient pour tous les mérites une ample récompense; elle n'est pas dégénérée, cette nation, qui, malgré ses bouleversements, alors qu'on croyait les ateliers déserts et le travail paralysé, est venue faire luire à nos yeux, comme une consolation et un espoir, les merveilles de ses produits.

Le degré de civilisation d'un pays se révèle par

les progrès de l'industrie comme par ceux des sciences et des arts. L'exposition dernière doit nous rendre fiers; elle constate à la fois l'état de nos connaissances et l'état de notre société. Plus nous avançons, plus, ainsi que l'annonçait l'Empereur, les métiers deviennent des arts, et plus le luxe lui-même devient un objet d'utilité, une condition première de notre existence. Mais ce luxe, qui, par l'attrait de séduisants produits, attire le superflu du riche pour rémunérer le travail du pauvre, prospère à une seule condition, c'est que l'agriculture, développée dans les mêmes proportions, augmente les richesses premières du pays et multiplie les consommateurs.

Aussi le soin principal d'une administration éclairée, et préoccupée surtout des intérêts généraux, est de diminuer le plus possible les charges qui pèsent sur la terre. Malgré les sophismes répandus tous les jours pour égarer le peuple, il est un principe incontestable qui, en Suisse, en Amérique, en Angleterre, a donné les résultats les plus avantageux : c'est d'affranchir la production et de n'imposer que la consommation. La richesse d'un pays est comme un fleuve; si l'on prend les eaux à sa source, on le tarit; si on les prend, au contraire, lorsque le fleuve a grandi, on peut en détourner une large masse sans altérer son cours.

Au Gouvernement appartient d'établir et de propager les bons principes d'économie politique, d'encourager, de protéger, d'honorer le travail national. Il doit être l'instigateur de tout ce qui tend à élever la condition de l'homme; mais le plus grand bienfait qu'il puisse donner, celui d'où découlent tous les autres, c'est d'établir une bonne administration qui crée la confiance et assure un lendemain. Le plus grand danger peut-être des temps modernes vient de cette fausse opinion, inculquée dans les esprits, qu'un gouvernement peut tout, et qu'il est de l'essence d'un système quelconque de répondre à toutes les exigences, de remédier à tous les maux. Les améliorations ne s'improvisent pas, elles naissent de celles qui les précèdent : comme l'espèce humaine, elles ont une filiation qui nous permet de mesurer l'étendue du progrès possible et de le séparer des utopies. Ne faisons donc pas naître de vaines espérances, mais tâchons d'accomplir toutes celles qu'il est raisonnable d'accepter; manifestons par nos actes une constante sollicitude pour les intérêts du peuple; réalisons, au profit de ceux qui travaillent, ce vœu philanthropique d'une part meilleure dans les bénéfices et d'un avenir plus assuré.

Lorsque, de retour dans vos départements, vous serez au milieu de vos ouvriers, affermissez-les dans les bons sentiments, dans les saines maximes, et, par la pratique de cette justice qui récompense chacun selon ses œuvres, apaisez leurs souffrances, rendez leur condition meilleure. Dites-leur que le Pouvoir est animé de deux passions également vives: l'amour du bien et la volonté de combattre l'erreur et le mensonge. Pendant que vous ferez ainsi votre devoir de citoyens, moi, n'en doutez pas, je ferai mon devoir de Premier Magistrat de la République. Impassible devant les calomnies comme devant les séductions, sans faiblesse comme sans jactance, je veillerai à vos intérêts, qui sont les miens, je maintiendrai mes droits, qui sont les vôtres.

DISCOURS DU PRÉSIDENT DE LA RÉPUBLIQUE A L'OCCASION DE L'ANNIVERSAIRE DU 10 DÉCEMBRE.

Paris, Hôtel de Ville, 10 décembre 1849.

Messieurs,

Je remercie le corps municipal de m'avoir invité à l'hôtel de ville et d'avoir fait distribuer aujourd'hui même de nombreux secours aux indigents. Soulager l'infortune était à mes yeux la meilleure manière de célébrer le 10 décembre.

Je ne viens pas récapituler ici ce que nous avons fait depuis un an. Mais la seule chose dont je m'enorgueillisse, c'est d'avoir, grâce aux hommes qui m'ont entouré et qui m'entourent encore, maintenu la légalité intacte et la tranquillité sans collision.

L'année qui commence sera, je l'espère, plus fertile encore en heureux résultats, surtout si, comme l'a dit M. le Préfet de la Seine, tous les grands pouvoirs restent intimement unis. J'appelle grands pouvoirs ceux élus par le peuple : l'Assemblée et le Président. Oui, j'ai foi dans leur union féconde; nous marcherons au lieu de rester immobiles: car ce qui donne une force irrésistible, même au mortel le plus humble, c'est d'avoir devant lui un grand but à atteindre et derrière une grande cause à défendre.

Pour nous, cette cause, c'est celle de la civilisation tout entière.

C'est la cause de cette sage et sainte liberté chaque jour menacée davantage par les excès qui la profanent.

C'est la cause des classes laborieuses, dont le bien-être est sans cesse compromis par ces théories insensées qui, soulevant les passions les plus brutales et les craintes les plus légitimes, feraient haïr jusqu'à la pensée même des améliorations.

C'est la cause du Gouvernement représentatif, qui perd son prestige salutaire par l'acrimonie du langage et les lenteurs apportées à l'adoption des mesures les plus utiles.

C'est la cause de la grandeur et de l'indépendance de la France, car, si les idées qui nous combattent pouvaient triompher, elles détruiraient nos finances, notre armée, notre crédit, notre prépondérance, tout en nous forçant à déclarer la guerre à l'Europe entière.

Aussi, jamais cause n'a été plus juste, plus patriotique, plus sacrée que la nôtre.

Quant au but que nous avons à atteindre, il est tout aussi noble que la cause. Ce n'est pas la copie mesquine d'un passé quelconque qu'il s'agit de refaire, il faut convier tous les hommes de cœur et d'intelligence à consolider quelque chose de plus grand qu'une charte, de plus durable qu'une dynastie: les principes éternels de religion et de morale en même temps que les règles nouvelles d'une saine politique.

La ville de Paris, si intelligente, et qui ne veut se souvenir des agitations révolutionnaires que pour les conjurer, comprendra une marche qui, en suivant le sentier étroit tracé par la Constitution, permette d'envisager un vaste horizon d'espérance et de sécurité.

On a dit souvent que, lorsqu'on parle honneur, il y avait écho en France. Espérons que, lorsqu'on y parle raison, on trouvera un retentissement égal dans les esprits comme dans les cœurs des hommes dévoués avant tout à leur pays.

Je propose un toast à la ville de Paris et au corps municipal.

ANNÉE 1850.

DISCOURS,
MESSAGES ET PROCLAMATIONS.

ANNÉE 1850.

DISCOURS DU PRÉSIDENT DE LA RÉPUBLIQUE PRONONCÉ A L'OUVERTURE DE LA SESSION DU CONSEIL GÉNÉRAL DE L'AGRICULTURE, DU COMMERCE ET DES MANUFACTURES.

Palais du Luxembourg, 7 avril 1850.

Messieurs,

Jamais le concours de toutes les intelligences n'a été plus nécessaire que dans les circonstances actuelles. Il y a quatre ans, époque de votre dernière réunion, vous jouissiez d'une sécurité complète, qui vous donnait le temps d'étudier à loisir les améliorations destinées à faciliter le jeu régulier des institutions. Aujourd'hui, la tâche est plus difficile : un bouleversement imprévu a fait trembler le sol sous vos pas ; tout a été remis en question. Il faut, d'un côté, raffermir les choses ébranlées ; de l'autre, adopter avec résolution les mesures propres à venir en aide aux intérêts en souffrance. Le meilleur moyen de réduire à l'impuissance ce qui est dangereux et faux, c'est d'accepter ce qui est vraiment bon et utile.

La position embarrassée de l'agriculture appelle avant tout les conseils de votre expérience. Déjà le Gouvernement lui a porté les premiers secours par le dégrèvement de 27 millions sur la propriété foncière, annoncé à l'Assemblée législative, et par la présentation du projet de loi sur la réforme hypothécaire. De plus, pour faciliter les emprunts, il a renoncé à une partie du droit d'enregistrement des créances hypothécaires, et bientôt il vous consultera sur un projet de crédit foncier qui offrira, je l'espère, des avantages réels à la propriété, et n'exposera pas le pays aux dangers du papier-monnaie.

On attend avec impatience votre avis au sujet du dégrèvement successif de l'impôt du sucre. Sans nuire à l'industrie importante du sucre indigène ni à la production coloniale, nous voudrions, dans l'intérêt des consommateurs, diminuer le prix d'une denrée devenue de première nécessité.

Bien des industries languissent; elles ne se relèveront, comme l'agriculture et le commerce, que lorsque le crédit public lui-même sera rétabli. Le crédit, ne l'oublions pas, c'est le côté moral des intérêts matériels : c'est l'esprit qui anime le corps. Il décuple, par la confiance, la valeur de tous les produits, tandis que la défiance les réduit à néant. La France, par exemple, ne possède pas aujourd'hui trop de blé, mais le manque de foi dans l'avenir paralyse les transactions, maintient le bas prix des denrées premières, et cause à l'agriculture une perte immense hors de toute proportion avec certains remèdes indiqués.

Ainsi, au lieu de se lancer dans de vaines abstractions, les hommes sensés doivent unir leurs efforts aux nôtres afin de relever le crédit, en donnant au Gouvernement la force indispensable au maintien de l'ordre et du respect de la loi.

Tout en prenant les mesures générales qui doivent concourir à la prospérité du pays, le Gouvernement s'est occupé du sort des classes laborieuses. Les caisses d'épargne, les caisses de retraite, les caisses de secours mutuels, la salubrité des logements d'ouvriers, tels sont les objets sur lesquels, en attendant la décision de l'Assemblée, le Gouvernement appellera votre attention.

Une réunion comme la vôtre, composée d'hommes spéciaux aussi éclairés, aussi compétents, sera fertile, j'aime à le croire, en heureux résultats. Exempts de cet esprit de parti qui paralyse aujourd'hui les meilleures intentions et prolonge le malaise, vous n'avez qu'un mobile, l'intérêt du pays. Examinez donc, avec le soin consciencieux dont vous êtes capables, les questions les plus pratiques, celles d'une application immédiate. De mon côté, ce qui sera possible, je le ferai avec l'appui de l'Assemblée; mais, je ne saurais trop le répéter, hâtons-nous, le temps presse : que la marche des mauvaises passions ne devance pas la nôtre.

ALLOCUTION DU PRÉSIDENT DE LA RÉPUBLIQUE
AUX EXPOSANTS DE SAINT-QUENTIN.

Saint-Quentin, le 9 juin 1850.

Je suis heureux de me trouver parmi vous, et je recherche avec plaisir les occasions qui me mettent en contact avec ce grand et généreux peuple qui m'a élu; car, chaque jour me le prouve, mes amis les plus sincères, les plus dévoués ne sont pas dans les palais, ils sont sous le chaume; ils ne sont pas sous les lambris dorés, ils sont dans les ateliers, dans les campagnes.

Je sens, comme disait l'Empereur, que ma fibre répond à la vôtre, que nous avons les mêmes intérêts et les mêmes instincts. Persévérez dans cette voie honnête et laborieuse qui conduit à l'aisance, et que ces livrets, que je me plais à vous offrir, comme une faible marque de ma sympathie, vous rappellent le trop court séjour que je fais parmi vous.

DISCOURS DU PRÉSIDENT DE LA RÉPUBLIQUE
A SAINT-QUENTIN.

Saint-Quentin, le 9 juin 1850.

Messieurs,

Si j'étais toujours libre d'accomplir ma volonté, je viendrais parmi vous sans faste, sans cérémonie. Je voudrais, inconnu, me mêler à vos travaux comme à vos fêtes, pour mieux juger par moi-même de vos désirs et de vos sentiments. Mais il semble que le sort mette sans cesse une barrière entre vous et moi, et j'ai le regret de n'avoir jamais pu être simple citoyen de mon pays.

J'ai passé, vous le savez, six ans à quelques lieues de cette ville; mais des murs et des fossés me séparaient de vous. Aujourd'hui encore, les devoirs d'une position officielle m'en éloignent. Aussi est-ce à peine si vous me connaissez, et sans cesse on cherche à dénaturer à vos yeux mes actes comme mes sentiments. Par bonheur, le nom que je porte vous rassure, et vous savez à quels hauts enseignements j'ai puisé mes convictions.

La mission que j'ai à remplir aujourd'hui n'est pas nouvelle; on sait son origine et son but. Lorsque, il y a quarante-huit ans, le premier consul vint en ces lieux inaugurer le canal de Saint-Quentin, comme aujourd'hui je viens inaugurer le chemin de fer, il vous disait :

« Tranquillisez-vous, les orages sont passés. Les
» grandes vérités de notre révolution, je les ferai
» triompher; mais je réprimerai avec une égale force
» les erreurs nouvelles et les préjugés anciens en
» ramenant la sécurité, en encourageant toutes les
» entreprises utiles. Je ferai naître de nouvelles
» industries pour enrichir nos champs et améliorer
» le sort du peuple. »

Il n'y a qu'à regarder autour de vous pour voir s'il a tenu parole.

Eh bien! encore aujourd'hui, ma tâche est la même, quoique plus facile. De la révolution, il faut prendre les bons instincts et combattre hardiment les mauvais.

Il faut enrichir le peuple par toutes les institutions de prévoyance et d'assistance que la raison approuve, et le bien convaincre que l'ordre est la source première de toute prospérité.

Mais l'ordre, pour moi, n'est pas un mot vide de sens, que tout le monde interprète à sa façon. Pour moi l'ordre, c'est le maintien de ce qui a été librement élu et consenti par le peuple, c'est la volonté nationale triomphant de toutes les factions.

Courage donc, habitants de Saint-Quentin! Continuez à faire honneur à notre nation par vos produits industriels. Croyez à mes efforts et à ceux du Gouvernement pour protéger vos entreprises et pour améliorer le sort des travailleurs.

DISCOURS DU PRÉSIDENT DE LA RÉPUBLIQUE A LA FÈRE.

La Fère, le 10 juin 1850.

Messieurs,

C'est avec bonheur qu'avant de quitter le département de l'Aisne, où j'ai passé avec vous de si heureux instants, je viens encore vous remercier de l'accueil empressé que j'y ai reçu. Je m'efforcerai de le reconnaître en travaillant à féconder les sources de sa richesse.

Cette tâche me sera facile. Ce département, en effet, renferme tous les éléments de prospérité qu'un cœur français peut désirer. Ces éléments, j'en ai la conviction, ne cesseront de s'accroître.

J'ai visité hier une ville illustre par son industrie et par son commerce; aujourd'hui je visite une autre ville qui s'est toujours distinguée par son excellent esprit militaire.

La religion cherche à propager la foi en honorant ses martyrs. Eh bien! nous aussi, nous propagerons les traditions de patriotisme et de gloire dans les villes qui comme celle-ci gardent comme un dépôt sacré l'esprit militaire.

C'est pour cela que je porte un toast à la ville de la Fère, où sont toujours restés en honneur les souvenirs de ceux qui sont morts pour la patrie et qui servent d'exemple aux vivants; à la ville de la Fère, où se forment ce sentiment national et cet esprit militaire, toujours chers aux cœurs vraiment patriotiques.

A la ville de la Fère!

RÉPONSE DU PRÉSIDENT DE LA RÉPUBLIQUE A M. NOISOT, ANCIEN OFFICIER DE L'EMPIRE, QUI AVAIT FAIT ÉLEVER, A FIXIN, UN MONUMENT A LA MÉMOIRE DE L'EMPEREUR.

Fixin, le 13 août 1850.

Quand je suis venu, guidé par un sentiment pieux, visiter le monument érigé au martyr de

Sainte-Hélène, je voulais rendre hommage au dévouement respectueux qui en avait conçu le projet et surtout à la pensée qui l'avait placé au sein de cette Bourgogne qui a montré tant d'héroïsme, en 1814, pour la défense de l'Empereur, ou plutôt pour la défense des droits du peuple français, des droits de tous les peuples dont il fut jusqu'au bout le champion fidèle.

Je ne m'attendais pas, je l'avoue, qu'en un tel lieu, qu'en un tel moment, il me serait adressé un reproche, et lequel! un reproche au sujet d'un acte qu'on me demande, sans songer qu'il m'est interdit par la Constitution de l'accomplir. On ne le sait donc pas : les prisonniers qu'un arrêt de la haute cour a envoyés à Doullens n'en peuvent sortir que par une décision de l'Assemblée ; et moi, à leur égard comme à l'égard de tous, petits et grands, innocents ou coupables, je n'ai qu'un rôle à remplir : c'est d'assurer, dans l'intérêt de la société, l'exécution de la loi envers ceux qu'elle condamne, comme j'ai juré d'assurer sa protection à tous les membres de la nation. N'ai-je pas tenu fidèlement mon serment? La loi n'est-elle pas souveraine et respectée? Ne venez donc pas me demander pourquoi je n'ai pas fait ce que je ne pouvais faire sans la violer. Que l'Assemblée prononce, et je saurai faire exécuter et respecter sa décision.

RÉPONSE DU PRÉSIDENT DE LA RÉPUBLIQUE AU TOAST PORTÉ
EN SON HONNEUR PAR LE MAIRE DE DIJON.

Dijon, le 13 août 1850.

Je remercie monsieur le maire de la ville de Dijon des paroles qu'il m'a adressées et de l'accueil bienveillant que j'ai reçu. Les acclamations dont j'ai été l'objet me le prouvent. Le fleuve révolutionnaire tend à rentrer dans son lit, et la population de cette contrée, naguère si agitée, apprécie nos communs efforts pour rétablir l'ordre. Les gouvernements qui succèdent à des révolutions ont une tâche ingrate : celle de réprimer d'abord pour améliorer plus tard, de faire tomber des illusions et de remplacer par le langage d'une raison froide les accents désordonnés de la passion. Aussi bien des popularités se sont usées dans cette grande et difficile entreprise, et, lorsque je vois mon nom conserver encore de l'influence sur les masses, influence due au chef glorieux de ma famille, je m'en félicite, non pour moi, mais pour vous, pour la France, pour l'Europe.

Je porte un toast à la ville de Dijon.

DISCOURS DU PRÉSIDENT DE LA RÉPUBLIQUE AU BANQUET
DE L'HOTEL DE VILLE, A LYON.

Lyon, le 15 août 1850.

Monsieur le maire,

Que la ville de Lyon, dont vous êtes le digne interprète, reçoive l'expression sincère de ma reconnaissance pour l'accueil sympathique qu'elle m'a fait; mais, croyez-le bien, je ne suis pas venu dans ces contrées, où l'Empereur, mon oncle, a laissé de si profondes traces, afin de recueillir seulement des ovations et passer des revues : le but de mon voyage est, par ma présence, d'encourager les bons, de ramener les esprits égarés, de juger par moi-même des sentiments et des besoins du pays. La tâche que j'ai à accomplir exige votre concours, et, pour que ce concours me soit complétement acquis, je dois vous dire avec franchise ce que je suis et ce que je veux.

Je suis, non pas le représentant d'un parti, mais le représentant de deux grandes manifestations nationales qui, en 1804 comme en 1848, ont voulu sauver par l'ordre les grands principes de la révolution française. Fier de mon origine et de mon drapeau, je leur resterai fidèle; je serai tout entier au pays, quelque chose qu'il exige de moi, abnégation ou persévérance.

Des bruits de coup d'État sont peut-être venus jusqu'à vous, Messieurs; mais vous n'y avez pas ajouté foi, je vous en remercie : les surprises et les usurpations peuvent être le rêve des partis sans appui dans la nation ; mais l'élu de six millions de suffrages exécute les volontés du peuple, il ne les trahit pas. Le patriotisme, je le répète, peut consister dans l'abnégation comme dans la persévérance.

Devant un danger général, toute ambition personnelle doit disparaître ; en cela le patriotisme se reconnaît, comme on reconnut la maternité dans un jugement célèbre. Vous vous souvenez de ces deux femmes réclamant le même enfant; à quel signe reconnut-on les entrailles de la véritable mère ? au renoncement à ses droits que lui arrache le péril d'une tête chérie. Que les partis qui aiment la France n'oublient pas cette sublime leçon ; moi-même, s'il le faut, je m'en souviendrai. Mais, d'un autre côté, si des prétentions coupables se ranimaient et menaçaient de compromettre le repos de la France, je saurais les réduire à l'impuissance en invoquant encore la souveraineté du peuple, car je ne reconnais à personne le droit de se dire son représentant plus que moi.

Ces sentiments, vous devez les comprendre, car tout ce qui est noble, généreux, sincère, trouve de l'écho parmi les Lyonnais ; votre histoire en offre d'immortels exemples. Considérez donc mes paroles comme une preuve de ma confiance et de mon estime.

Permettez-moi de porter un toast à la ville de Lyon !

RÉPONSE DU PRÉSIDENT DE LA RÉPUBLIQUE A M. VACHON, BATONNIER DE L'ORDRE DES AVOCATS.

Lyon, salle du Jardin d'hiver, le 16 août 1850.

Messieurs,

Vous saviez que je ne pouvais rester longtemps dans vos murs, et vous avez eu la pensée de réunir ce matin, autour de moi, le plus de représentants possible des divers éléments qui contribuent à la prospérité lyonnaise. Je vous en remercie; car je suis heureux de toutes les occasions de me mettre en contact avec le peuple qui m'a élu.

En nous rencontrant souvent, nous pourrons réciproquement connaître nos sentiments, nos idées, et apprendre ainsi à compter les uns sur les autres. Quand on se voit, en effet, bien des voiles tombent, bien des préventions se dissipent.

De loin, je pouvais croire la population lyonnaise animée de cet esprit de vertige qui enfante tant de troubles, et presque en hostilité avec le Pouvoir. Ici, je l'ai trouvée calme, laborieuse, sympathique à l'autorité que je représente. De votre côté, vous vous attendiez peut-être à rencontrer en moi un homme avide d'honneurs et de puissance, et vous voyez au milieu de vous un ami, un homme uniquement dévoué à son devoir et aux grands intérêts de la patrie.

DISCOURS DU PRÉSIDENT DE LA RÉPUBLIQUE A L'INAUGURATION DE LA CAISSE DE SECOURS MUTUELS ET DE RETRAITE POUR LES OUVRIERS EN SOIE.

Lyon, le 16 août 1850.

Messieurs,

L'institution que vous m'avez invité à inaugurer est une de celles qui doivent avoir les effets les plus salutaires sur le sort des classes laborieuses. Je ne puis croire qu'il y ait des hommes assez pervers pour prêcher le mal en connaissance de cause; mais, lorsque les esprits sont exaltés par des bouleversements sociaux, on inculque au peuple des idées pernicieuses qui engendrent la misère. L'ignorance est la cause de ces utopies. En effet, les systèmes les plus séduisants en apparence sont trop souvent inapplicables; l'empire de la raison est insuffisant pour détruire les fausses doctrines. C'est par l'application des améliorations pratiques qu'on les combat le plus efficacement.

Les sociétés de secours mutuels, telles que je les comprends, ont le précieux avantage de réunir les différentes classes de la société, de faire cesser les jalousies qui peuvent exister entre elles, de neutraliser en grande partie le résultat de la misère, en faisant concourir le riche, volontairement, par le superflu de sa fortune, et le travailleur, par le produit de ses économies, à une institution où l'ouvrier laborieux trouve toujours conseil et appui.

On donne ainsi aux différentes communautés

un but d'émulation, on réconcilie les classes et on moralise les individus. C'est donc ma ferme intention de faire tous mes efforts pour répandre sur la surface de la France des sociétés de secours mutuels; car, à mes yeux, ces institutions, une fois établies partout, seraient le meilleur moyen, non de résoudre des problèmes insolubles, mais de secourir les véritables souffrances, en stimulant également et la probité dans le travail et la charité dans l'opulence. Je suis heureux de commencer par celle de Lyon, où les idées philanthropiques ont un si grand retentissement; je souhaite à votre société la prospérité dont elle est digne, et je remercie ses fondateurs qui ont si bien mérité de leurs concitoyens.

RÉPONSE DU PRÉSIDENT DE LA RÉPUBLIQUE AU TOAST DU PRÉSIDENT DE LA CHAMBRE DE COMMERCE DE LYON.

Lyon, le 16 août 1850.

Je remercie le commerce et l'industrie de Lyon des félicitations qu'ils m'adressent, et je donne mon entière sympathie aux vœux qu'ils expriment : rétablir l'ordre et la confiance, maintenir la paix, terminer le plus promptement possible nos grandes lignes de chemins de fer, protéger notre industrie, et développer l'échange de nos produits par un système commercial progressivement libéral : tel a été et tel sera le but constant de mes efforts.

Si des résultats plus décisifs n'ont pas été obtenus, la faute, vous le savez, n'en est pas à mon gouvernement; mais, espérons-le, Messieurs, plus vite notre pays rentrera dans les voies régulières, plus sûrement sa prospérité renaîtra; car, il est bon de le répéter, les intérêts matériels ne grandissent que par la bonne direction des intérêts moraux. C'est l'âme qui conduit le corps. Aussi, se tromperait-il d'une étrange manière, le gouvernement qui baserait sa politique sur l'avarice, l'égoïsme et la peur!

C'est en protégeant libéralement les diverses branches de la richesse publique; c'est, à l'étranger, en défendant hardiment nos alliés; c'est en portant haut le drapeau de la France qu'on procurera au pays agricole, commercial, industriel, le plus de bénéfices; car ce système aura l'honneur pour base, et l'honneur est toujours le meilleur guide.

A la veille de vous faire mes adieux, laissez-moi vous rappeler des paroles célèbres. Non... je m'arrête... il y aurait de ma part trop d'orgueil à vous dire, comme l'Empereur : « Lyonnais, je vous aime! » Mais permettez-moi de vous dire du fond de mon cœur : « Lyonnais, aimez-moi! »

DISCOURS DU PRÉSIDENT DE LA RÉPUBLIQUE AU BANQUET OFFERT PAR LE COMMERCE ET L'INDUSTRIE.

Strasbourg, le 22 août 1850.

Messieurs, recevez mes remercîments pour la franche cordialité avec laquelle vous m'accueillez parmi vous. La meilleure manière de me fêter, c'est de me promettre, comme vous venez de le faire, votre appui dans la lutte engagée entre les utopies et les réformes utiles.

Avant mon départ, on voulait me détourner d'un voyage en Alsace. On me répétait : Vous y serez mal venu. Cette contrée, pervertie par des émissaires étrangers, ne connaît plus ces nobles mots d'honneur et de patrie que votre nom rappelle, et qui ont fait vibrer le cœur de ses habitants pendant quarante années. Esclaves, sans s'en douter, d'hommes qui abusent de leur crédulité, les Alsaciens se refuseront à voir dans l'Élu de la nation le représentant légitime de tous les droits et de tous les intérêt !

Et moi je me suis dit : Je dois aller partout où il y a des illusions dangereuses à dissiper et de bons citoyens à raffermir.

On calomnie la vieille Alsace, cette terre des souvenirs glorieux et des sentiments patriotiques; j'y trouverai, j'en suis assuré, des cœurs qui comprendront ma mission et mon dévouement au pays.

Quelques mois, en effet, ne font pas d'un peuple profondément imbu des vertus solides du soldat et du laboureur, un peuple ennemi de la religion, de l'ordre et de la propriété.

D'ailleurs, Messieurs, pourquoi aurais-je été mal reçu ?

En quoi aurais-je démérité de votre confiance ?

Placé par le vote presque unanime de la France à la tête d'un pouvoir légalement restreint, mais immense par l'influence morale de son origine, ai-je été séduit par la pensée, par les conseils d'attaquer une Constitution faite pourtant, personne ne l'ignore, en grande partie contre moi ?

Non, j'ai respecté et je respecterai la souveraineté du peuple, même dans ce que son expression peut avoir de faussé ou d'hostile.

Si j'en ai agi ainsi, c'est que le titre que j'ambitionne le plus est celui d'honnête homme.

Je ne connais rien au-dessus du devoir.

Je suis donc heureux, Strasbourgeois, de penser qu'il y a communauté de sentiments entre vous et moi. Comme moi vous voulez notre patrie grande, forte, respectée ; comme vous, je veux l'Alsace reprenant son ancien rang, redevenant ce qu'elle a été durant tant d'années, l'une des provinces les plus renommées, choisissant les citoyens les plus dignes pour la représenter, et ayant pour l'illustrer les guerriers les plus vaillants.

A l'Alsace ! à la ville de Strasbourg !

DISCOURS DU PRÉSIDENT DE LA RÉPUBLIQUE A REIMS.

Reims, le 26 août 1850.

Messieurs,

L'accueil que je reçois à Reims, au terme de mon voyage, vient confirmer ce que j'ai vu par moi-même dans toute la France, et ce dont je n'avais moi-même dans toute la France, et ce dont je n'avais pas douté : notre pays ne veut que l'ordre, la religion et une sage liberté. Partout, j'ai pu m'en convaincre, le nombre des agitateurs est infiniment petit, et le nombre des bons citoyens infiniment grand. Dieu veuille qu'ils ne se divisent pas! C'est pourquoi, en me retrouvant aujourd'hui dans cette antique cité de Reims, où les rois qui représentaient aussi les grands intérêts de la nation sont venus se faire sacrer, je voudrais que nous pussions y couronner non plus un homme, mais une idée : l'idée d'union et de conciliation, dont le triomphe ramènerait le repos dans notre patrie déjà si grande par ses richesses, ses vertus et sa foi.

Faire des vœux pour la prospérité publique, c'est en faire pour la ville de Reims, dont la position industrielle est d'une si haute importance.

DISCOURS DU PRÉSIDENT DE LA RÉPUBLIQUE A CAEN.

Caen, salle du musée, le 4 septembre 1850.

Messieurs,

L'accueil si bienveillant, si sympathique, je dirai presque enthousiaste, que je reçois à l'est comme à l'ouest de la France, me touche profondément, mais je ne m'en enorgueillis pas. Je m'en attribue la plus faible partie. Ce qu'on acclame en moi, c'est le représentant de l'ordre et d'un meilleur avenir.

Quand je traverse vos populations, entouré d'hommes qui méritent votre estime et votre confiance, je suis heureux d'entendre dire : Les mauvais jours sont passés; nous en attendons de meilleurs.

Aussi, lorsque partout la prospérité semble renaître, il serait bien coupable celui qui tenterait d'en arrêter l'essor par le changement de ce qui existe aujourd'hui, quelque imparfait que ce puisse être.

De même, si des jours orageux devaient reparaître et que le peuple voulût imposer un nouveau fardeau au chef du Gouvernement, ce chef, à son tour, serait bien coupable de déserter cette haute mission.

Mais n'anticipons pas tant sur l'avenir. Tâchons maintenant de régler les affaires du pays, accomplissons chacun notre devoir; Dieu fera le reste.

Je porte un toast à la ville de Caen!

DISCOURS DU PRÉSIDENT DE LA RÉPUBLIQUE
A CHERBOURG.

Cherbourg, le 6 septembre 1850.

Messieurs,

Plus je parcours la France et plus je m'aperçois qu'on attend beaucoup du Gouvernement. Je ne traverse pas un département, une ville, un hameau, sans que les maires, les conseillers généraux et même les représentants ne me demandent, ici, des voies de communication, telles que canaux, chemins de fer; là, l'achèvement de travaux entrepris; partout enfin, des mesures qui puissent remédier aux souffrances de l'agriculture, donner de la vie à l'industrie et au commerce.

Rien de plus naturel que la manifestation de ces vœux : elle ne frappe pas, croyez-le bien, une oreille inattentive; mais, à mon tour, je dois vous dire : Ces résultats tant désirés ne s'obtiendront que si vous me donnez le moyen de les accomplir, et ce moyen est tout entier dans votre concours à fortifier le Pouvoir et à écarter les dangers de l'avenir!

Pourquoi l'Empereur, malgré la guerre, a-t-il couvert la France de ces travaux impérissables qu'on retrouve à chaque pas, et nulle part plus remarquables qu'ici? C'est qu'indépendamment de son génie, il vint à une époque où la nation, fatiguée de révolutions, lui donna le pouvoir nécessaire pour abattre l'anarchie, combattre les factions et faire triompher, à l'extérieur par la gloire, à l'intérieur par une impulsion vigoureuse, les intérêts généraux du pays.

S'il est une ville en France qui doive être napoléonienne et conservatrice, c'est Cherbourg : napoléonienne par reconnaissance; conservatrice par la saine appréciation de ses véritables intérêts.

Qu'est-ce, en effet, qu'un port créé, comme le vôtre, par de si gigantesques efforts, sinon l'éclatant témoignage de cette unité française poursuivie à travers tant de siècles et de révolutions, unité qui fait de nous une grande nation? Mais une grande nation, ne l'oublions pas, ne se maintient à la hauteur de ses destinées que lorsque les institutions elles-mêmes sont d'accord avec les exigences de la situation politique et de ses intérêts matériels. Les habitants de la Normandie savent apprécier de semblables intérêts; ils m'en ont donné la preuve, et c'est avec orgueil que je porte aujourd'hui un toast à la ville de Cherbourg.

Je porte ce toast :

En présence de cette flotte qui a porté si noblement en Orient le pavillon français, et qui est prête à le porter avec gloire partout où l'honneur national l'exigerait ;

En présence de ces étrangers aujourd'hui nos hôtes. Ils peuvent se convaincre que si nous voulons la paix ce n'est pas par faiblesse... mais par cette communauté d'intérêts et par ces sentiments d'estime mutuelle qui lient entre elles les deux nations les plus civilisées.

Au port de Cherbourg!

EXTRAIT DU MESSAGE DU PRÉSIDENT DE LA RÉPUBLIQUE
A L'ASSEMBLÉE LÉGISLATIVE.

Élysée, le 12 novembre 1850.

Messieurs les Représentants,

Mon premier Message a coïncidé avec la première réunion de l'Assemblée législative. Les mêmes électeurs qui venaient de me nommer à la magistrature suprême du pays vous appelèrent par leurs suffrages à siéger ici. La France vous vit arriver avec joie, car la même pensée avait présidé à nos deux élections. Elle nous imposait le même mandat et faisait espérer de notre union le rétablissement de l'ordre et le maintien de la paix extérieure.

Depuis le mois de juin 1849, une amélioration sensible s'est opérée.

Lorsque vous êtes arrivés, le pays était encore remué par les derniers moments de la Constituante. Plusieurs votes imprudents avaient créé de grands embarras au Pouvoir. Les emportements de la tribune s'étaient, comme toujours, traduits en agitations dans la rue, et le 13 juin vit éclore une nouvelle tentative d'insurrection. Quoique facilement réprimée, elle fit sentir davantage l'impérieuse nécessité de réunir nos efforts contre les mauvaises passions. Pour les vaincre, il fallait d'abord prouver à la nation que la meilleure intelligence régnait entre l'Assemblée et le Pouvoir exécutif, imprimer à l'administration une direction unique et ferme, combattre résolûment les causes de désordre, ranimer les éléments de prospérité.

. . . .

. . . .

AFFAIRES ÉTRANGÈRES.

Depuis mon dernier Message, notre politique extérieure a obtenu en Italie un grand succès. Nos armes ont renversé à Rome cette démagogie turbulente qui, dans toute la péninsule italienne, avait compromis la cause de la vraie liberté, et nos braves soldats ont eu l'insigne honneur de remettre Pie IX sur le trône de saint Pierre. L'esprit de parti ne parviendra pas à obscurcir ce fait mémorable, qui sera une page glorieuse pour la France. Le but constant de nos efforts a été d'encourager les intentions libérales et philanthropiques du Saint-Père. Le pouvoir pontifical poursuit la réalisation des promesses contenues dans le *motu proprio* du mois de septembre 1849. Quelques-unes des lois organiques ont déjà été publiées, et celles qui doivent compléter l'ensemble de l'organisation administrative et militaire dans les États de l'Église ne tarderont pas à l'être. Il n'est pas inutile de dire que notre armée, nécessaire encore au maintien de l'ordre à Rome, l'est aussi à notre influence politique, et, après s'y être illustrée par son courage, elle s'y fait admirer par sa discipline et sa modération.

Sur les points divers où notre diplomatie a eu à intervenir, elle a noblement maintenu la dignité de la France, et nos alliés n'ont jamais en vain réclamé notre appui.

C'est ainsi que, de concert avec l'Angleterre, nous avons envoyé des forces navales dans le Levant, afin de montrer notre loyale sympathie pour l'indépendance de la Porte, qui pensait que la Russie et l'Autriche voulaient y porter atteinte en demandant, en vertu d'anciens traités, l'extradition des sujets hongrois et polonais réfugiés sur le territoire turc. Grâce à la sagesse que ces puissances ont apportée dans les négociations, l'intégrité des droits de l'Empire Ottoman a été sauvegardée.

En Grèce, dès que nous avons appris les voies de fait par lesquelles l'Angleterre appuyait ses réclamations, nous sommes intervenus par nos bons offices. La France ne pouvait rester indifférente au sort d'une nation à l'indépendance de laquelle elle avait tant contribué : elle n'hésita pas à offrir sa médiation. Malgré les difficultés élevées durant le cours des négociations, nous parvînmes à adoucir les conditions imposées au gouvernement d'Athènes, et nos relations avec la Grande-Bretagne reprirent de suite leur caractère accoutumé.

En Espagne, nous avons vu avec plaisir les liens qui unissent les deux pays se resserrer par la sympathie mutuelle des deux gouvernements. Aussi, dès que le Gouvernement Français apprit la criminelle attaque dirigée par des aventuriers contre l'île de Cuba, nous envoyâmes de nouvelles forces au commandant de la station des Antilles, avec injonction d'unir ses efforts à ceux des autorités espagnoles pour prévenir le retour de semblables tentatives.

Le Danemark excite toujours notre plus vive sollicitude. Cet ancien allié, qui eut tant à souffrir de sa fidélité à la France, lors de nos désastres, n'a pas encore, malgré la bravoure de son armée, dompté l'insurrection qui a éclaté dans le duché de Holstein. L'armistice du 18 juillet 1849 avait été reconnu par l'intérim de Francfort, qui avait chargé la Prusse de traiter au nom de l'Allemagne. Après de laborieuses négociations, un traité fut signé le 2 juillet, sous la médiation de l'Angleterre, entre le Danemark et la Prusse. Ce traité, ratifié d'abord par le cabinet de Berlin et ses alliés, vient de l'être par l'Autriche et les puissances représentées à l'assemblée de Francfort. Pendant que ces négociations se poursuivaient en Allemagne, les puissances amies du Danemark ouvraient des conférences à Londres, à l'effet de sauvegarder l'intégrité des États du Roi de Danemark telle qu'elle a été garantie par les traités. Si les démarches des puissances alliées n'ont point encore réussi à mettre un terme à la lutte engagée dans le nord de l'Allemagne, elles ont au moins obtenu l'heureux résultat d'amoindrir les proportions de la guerre, qui n'existe plus aujourd'hui qu'entre le Roi de Danemark et les provinces insoumises.

Nous insisterons encore auprès du Roi de Danemark, afin qu'il assure, par des institutions, les droits des duchés : d'un autre côté, nous lui donnerons tout l'appui qu'il est en droit d'exiger de nous en vertu des traités et de notre ancienne amitié.

Au milieu des complications politiques qui divisent l'Allemagne, nous avons observé la plus stricte neutralité. Tant que les intérêts français et l'équilibre de l'Europe ne seront pas compromis, nous continuerons une politique qui témoigne de notre respect pour l'indépendance de nos voisins.

Aussitôt après le vote de l'Assemblée nationale sur le subside de Montevideo, le Gouvernement reprit à Buenos-Ayres les négociations pendantes. Il s'agissait de faire apporter aux traités conclus en 1849 les modifications jugées indispensables pour garantir efficacement l'indépendance de la République Orientale, protéger les intérêts français sur l'Uruguay et sauvegarder l'honneur national. Nous espérons terminer utilement et honorablement les complications regrettables qui, depuis si longtemps, ont interrompu les bonnes relations entre la France et les Républiques de la Plata.

Nos relations commerciales et maritimes avec les pays étrangers se consolident et se développent.

Le gouvernement anglais a étendu de fait, dès le 1er janvier 1850, au pavillon français, le bénéfice des dispositions du nouvel acte de navigation du 26 juin 1849. Il vient, tout récemment, de supprimer les taxes différentielles pour l'exportation des houilles.

Nous espérons que les négociations aujourd'hui pendantes pour le nouveau traité de navigation et de commerce avec la Grande-Bretagne, aboutiront prochainement à un arrangement conforme aux intérêts des deux pays.

Le traité conclu avec la Belgique, le 7 novembre 1849, est en vigueur depuis un an à peine, et déjà les deux pays en ont recueilli les résultats les plus avantageux.

Quelques difficultés de détail, relatives aux articles additionnels de la convention avec le Chili, sanctionnée par la loi du 15 mars 1850, en retardent l'exécution ; elles seront bientôt levées.

Une nouvelle convention a été signée à Paris, le 3 août dernier, entre la France et la Bolivie ; elle sera soumise à la sanction législative après l'approbation du Gouvernement Bolivien.

Les négociations activement suivies avec le cabinet de Turin, pour le renouvellement de la convention du 28 août 1843, viennent d'être terminées par un traité de commerce et de navigation.

L'abus, trop longtemps toléré de la contrefaçon

littéraire et artistique est le sujet de nombreuses négociations. La plupart des cabinets auxquels ont été proposés des arrangements internationaux, pour mettre un terme à cet abus, les ont accueillis du moins en principe. Déjà même la Sardaigne vient de signer avec la France, pour la garantie réciproque de la propriété littéraire et artistique, une convention qui donnera plus d'effet aux traités de 1843 et de 1846.

Je puis donc dire sans présomption : la position de la France, en Europe, est digne et honorable. Partout où sa voix se fait entendre, elle conseille la paix, protége l'ordre et le bon droit ; partout, aussi, elle est écoutée.

RÉSUMÉ.

Tel est, Messieurs, l'exposé rapide de la situation de nos affaires. Malgré la difficulté des circonstances, la loi, l'autorité ont recouvré à tel point leur empire, que personne ne croit désormais au succès de la violence. Mais aussi, plus les craintes sur le présent disparaissent, plus les esprits se livrent avec entraînement aux préoccupations de l'avenir. Cependant la France veut avant tout le repos. Encore émue des dangers que la société a courus, elle reste étrangère aux querelles de partis ou d'hommes, si mesquines en présence des grands intérêts qui sont en jeu.

J'ai souvent déclaré, lorsque l'occasion s'est offerte d'exprimer publiquement ma pensée, que je considérais comme de grands coupables ceux qui, par ambition personnelle, compromettaient le peu de stabilité que nous garantit la Constitution. C'est ma conviction profonde. Elle n'a jamais été ébranlée. Les ennemis seuls de la tranquillité publique ont pu dénaturer les plus simples démarches qui naissent de ma position.

Comme premier magistrat de la République, j'étais obligé de me mettre en relation avec le clergé, la magistrature, les agriculteurs, les industriels, l'administration, l'armée, et je me suis empressé de saisir toutes les occasions de leur témoigner ma sympathie et ma reconnaissance pour le concours qu'ils me prêtent; et surtout, si mon nom, comme mes efforts, a concouru à raffermir l'esprit de l'armée, de laquelle je dispose seul, d'après les termes de la Constitution, c'est un service, j'ose le dire, que je crois avoir rendu au pays, car j'ai toujours fait tourner au profit de l'ordre mon influence personnelle.

La règle invariable de ma vie politique sera, dans toutes les circonstances, de faire mon devoir, rien que mon devoir.

Il est aujourd'hui permis à tout le monde, excepté à moi, de vouloir hâter la révision de notre loi fondamentale. Si la Constitution renferme des vices et des dangers, vous êtes tous libres de les faire ressortir aux yeux du pays. Moi seul, lié par mon serment, je me renferme dans les strictes limites qu'elle a tracées.

Les conseils généraux ont en grand nombre émis le vœu de la révision de la Constitution. Ce vœu ne s'adresse qu'au pouvoir législatif. Quant à moi, élu du peuple, ne relevant que de lui, je me conformerai toujours à ses volontés légalement exprimées.

L'incertitude de l'avenir fait naître, je le sais, bien des appréhensions, en réveillant bien des espérances. Sachons tous faire à la patrie le sacrifice de ces espérances, et ne nous occupons que de ses intérêts. Si, dans cette session, vous votez la révision de la Constitution, une Constituante viendra refaire nos lois fondamentales et régler le sort du pouvoir exécutif. Si vous ne la votez pas, le peuple, en 1852, manifestera solennellement l'expression de sa volonté nouvelle. Mais, quelles que puissent être les solutions de l'avenir, entendons-nous, afin que ce ne soit jamais la passion, la surprise ou la violence qui décident du sort d'une grande nation. Inspirons au peuple l'amour du repos, en mettant du calme dans nos délibérations; inspirons-lui la religion du droit, en ne nous en écartant jamais nous-mêmes; et alors, croyez-le bien, le progrès des mœurs politiques compensera le danger d'institutions créées dans des jours de défiances et d'incertitudes.

Ce qui me préoccupe surtout, soyez-en persuadés, ce n'est pas de savoir qui gouvernera la France en 1852; c'est d'employer le temps dont je dispose de manière que la transition, quelle qu'elle soit, se fasse sans agitation et sans trouble.

Le but le plus noble et le plus digne d'une âme élevée n'est point de rechercher, quand on est au pouvoir, par quels expédients on s'y perpétuera, mais de veiller sans cesse aux moyens de consolider, à l'avantage de tous, les principes d'autorité et de morale qui défient les passions des hommes et l'instabilité des lois.

Je vous ai loyalement ouvert mon cœur; vous répondrez à ma franchise par votre confiance, à mes bonnes intentions par votre concours, et Dieu fera le reste.

Recevez, Messieurs, l'assurance de ma haute estime.

Louis-Napoléon Bonaparte.

DISCOURS DU PRÉSIDENT DE LA RÉPUBLIQUE A L'OCCASION DU BANQUET ANNIVERSAIRE DU 10 DÉCEMBRE.

Paris, Hôtel de Ville, le 10 décembre 1850.

Messieurs,

Fêter l'anniversaire de mon élection à l'hôtel de ville, dans ce palais du peuple de Paris, c'est me rappeler l'origine de mon pouvoir et les devoirs que cette origine m'impose. Me dire que la France a vu, depuis deux ans, sa prospérité s'accroître, c'est m'adresser l'éloge qui me touche le plus.

Aujourd'hui, je le reconnais avec bonheur, le calme est revenu dans les esprits; les dangers qui existaient, il y a deux années, ont disparu, et, malgré l'incertitude des choses, on compte sur l'avenir, parce qu'on sait que, si des modifications doivent avoir lieu, elles s'accompliront sans trouble.

A quoi devons-nous d'avoir substitué l'ordre au désordre, l'espérance au découragement? Ce n'est pas parce que, fils et neveu de soldat, j'ai moi-même remplacé un autre soldat; mais parce qu'au 10 décembre, pour la première fois depuis Février, le Pouvoir a surgi de l'exercice d'un droit légitime et non d'un fait révolutionnaire.

J'aime à profiter de ces anniversaires, qui sont des jalons à l'aide desquels se mesure la marche des événements, pour constater les causes qui fortifient ou affaiblissent les gouvernements. Les grandes vérités sanctionnées par l'histoire des peuples sont toujours utiles à proclamer. Les gouvernements qui, après de longs troubles civils, sont parvenus à rétablir le pouvoir et la liberté, et à prévenir des bouleversements nouveaux, ont, tout en domptant l'esprit révolutionnaire, puisé leur force dans le droit né de la révolution même. Ceux-là, au contraire, ont été impuissants, qui sont allés chercher ce droit dans la contre-révolution. Si quelque bien s'est fait, depuis deux ans, il faut donc en savoir gré surtout à ce principe d'élection populaire, qui a fait sortir du conflit des ambitions un droit réel et incontestable.

Disons-le donc hautement, ce sont les grands principes, les nobles passions, telles que la loyauté et le désintéressement, qui sauvent les sociétés, et non les spéculations de la force et du hasard. Grâce à l'application de cette politique, nous goûtons quelque repos, et aussi pouvons-nous, cette année, mieux que par le passé, réaliser des progrès.

Le conseil municipal de Paris a raison de compter sur le Gouvernement pour tout ce qui pourra rendre plus prospère la situation de Paris, car Paris est le cœur de la France, et toutes les améliorations utiles qu'on y adopte contribuent puissamment au bien-être général.

Acceptez donc, Messieurs, avec mes remercîments, un toast à la ville de Paris. Mettons tous nos efforts à embellir cette grande cité, à améliorer le sort de ses habitants, à les éclairer sur leurs véritables intérêts. Ouvrons des rues nouvelles, assainissons les quartiers populeux qui manquent d'air et de jour, et que la lumière bienfaisante du soleil pénètre partout dans nos murs, comme la lumière de la vérité dans nos cœurs.

A la ville de Paris!

ANNÉE 1851.

DISCOURS,
MESSAGES ET PROCLAMATIONS.

ANNÉE 1851.

MESSAGE DU PRÉSIDENT DE LA RÉPUBLIQUE A L'ASSEMBLÉE LÉGISLATIVE.

Élysée, le 24 janvier 1851.

Monsieur le Président,

L'opinion publique, confiante dans la sagesse de l'Assemblée et du Gouvernement, ne s'est pas émue des derniers incidents. Néanmoins la France commence à souffrir d'un désaccord qu'elle déplore. Mon devoir est de faire ce qui dépendra de moi pour en prévenir les résultats fâcheux.

L'union des deux pouvoirs est indispensable au repos du pays; mais, comme la Constitution les a rendus indépendants, la seule condition de cette union est une confiance réciproque.

Pénétré de ce sentiment, je respecterai toujours les droits de l'Assemblée, en maintenant intactes les prérogatives du pouvoir que je tiens du peuple.

Pour ne point prolonger une dissidence pénible, j ai accepté, après le vote récent de l'Assemblée, la démission d'un ministère qui avait donné au pays et à la cause de l'ordre des gages éclatants de son dévouement. Voulant toutefois reformer un cabinet avec des chances de durée, je ne pouvais prendre ses éléments dans une majorité née de circonstances exceptionnelles, et je me suis vu à regret dans l'impossibilité de trouver une combinaison parmi les membres de la minorité, malgré son importance.

Dans cette conjoncture, et après de vaines tentatives, je me suis résolu à former un ministère de transition, composé d'hommes spéciaux, n'appartenant à aucune fraction de l'Assemblée, et décidés à se livrer aux affaires sans préoccupation de parti. Les hommes honorables qui acceptent cette tâche patriotique auront des droits à la reconnaissance du pays.

L'administration continuera donc comme par le passé. Les préventions se dissiperont au souvenir des déclarations solennelles du message du 12 novembre. La majorité réelle se reconstituera; l'harmonie sera rétablie sans que les deux pouvoirs aient rien sacrifié de la dignité qui fait leur force.

La France veut, avant tout, le repos, et elle attend de ceux qu'elle a investis de sa confiance une conciliation sans faiblesse, une fermeté calme, l'impassibilité dans le droit.

Agréez, monsieur le président, l'assurance de mes sentiments de haute estime.

Louis-Napoléon Bonaparte.

DISCOURS PRONONCÉ PAR LE PRÉSIDENT DE LA RÉPUBLIQUE AU BANQUET OFFERT PAR LA VILLE DE DIJON, POUR L'INAUGURATION DU CHEMIN DE FER DE TONNERRE.

Dijon, le 1er juin 1851.

Je voudrais que ceux qui doutent de l'avenir m'eussent accompagné à travers les populations de l'Yonne et de la Côte-d'Or; ils se seraient rassurés en jugeant par eux-mêmes de la véritable disposition des esprits. Ils eussent vu que ni les intrigues, ni les attaques, ni les discussions passionnées des partis ne sont en harmonie avec les sentiments et l'état du pays. La France ne veut ni le retour à l'ancien régime, quelle que soit la forme qui le déguise, ni l'essai d'utopies funestes et impraticables. C'est parce que je suis l'adversaire le plus naturel de l'un et de l'autre, qu'elle a placé sa confiance en moi. S'il n'en était pas ainsi, comment expliquer cette touchante sympathie du peuple à mon égard, qui résiste à la polémique la plus dissolvante et m'absout de ses souffrances?

En effet, si mon gouvernement n'a pas pu réaliser toutes les améliorations qu'il avait en vue, il faut s'en prendre aux manœuvres des factions, qui paralysent la bonne volonté des assemblées comme celle des gouvernements les plus dévoués au bien public. C'est parce que vous l'avez compris ainsi, que j'ai trouvé dans la patriotique Bourgogne un accueil qui est pour moi une approbation et un encouragement.

Je profite de ce banquet comme d'une tribune pour ouvrir à mes concitoyens le fond de mon cœur.

Une nouvelle phase de notre ère politique commence. D'un bout de la France à l'autre des pétitions se signent pour demander la révision de la Constitution. J'attends avec confiance les manifestations du pays et les décisions de l'Assemblée, qui ne seront inspirées que par la seule pensée du bien public.

Depuis que je suis au pouvoir, j'ai prouvé combien, en présence des grands intérêts de la société, je faisais abstraction de ce qui me touche. Les attaques les plus injustes et les plus violentes n'ont pu me faire sortir de mon calme. Quels que soient les devoirs que le pays m'impose, il me trouvera décidé à suivre sa volonté; et, croyez-le bien, Messieurs, la France ne périra pas dans mes mains.

RÉPONSE DU PRÉSIDENT DE LA RÉPUBLIQUE AU MAIRE DE POITIERS, A L'INAUGURATION DU CHEMIN DE FER DE TOURS A POITIERS.

Poitiers, le 1er juillet 1851.

Monsieur le maire,

Soyez mon interprète auprès de vos concitoyens pour les remercier de leur accueil si empressé et si cordial.

Comme vous, j'envisage l'avenir du pays sans crainte, car son salut viendra toujours de la volonté du peuple, librement exprimée, religieusement acceptée. Aussi j'appelle de tous mes vœux le moment solennel où la voix puissante de la nation dominera toutes les oppositions et mettra d'accord toutes les rivalités; car il est bien triste de voir les révolutions ébranler la société, amonceler les ruines, et cependant laisser toujours debout les mêmes passions, les mêmes exigences, les mêmes éléments de trouble.

Quand on parcourt la France et que l'on voit la richesse variée de son sol, les produits merveilleux de son industrie; lorsqu'on admire ses fleuves, ses routes, ses canaux, ses chemins de fer, ses ports que baignent deux mers, on se demande à quel degré de prospérité elle n'atteindrait pas, si une tranquillité durable permettait à ses habitants de concourir de tous leurs moyens à ce bien général, au lieu de se livrer à des discussions intestines.

Lorsque, sous un autre point de vue, on réfléchit à cette unité territoriale que nous ont léguée les efforts persévérants de la royauté, à cette unité politique, judiciaire, administrative et commerciale que nous a léguée la révolution ; quand on contemple cette population intelligente et laborieuse animée presque tout entière de la même croyance et parlant le même langage, ce clergé vénérable qui enseigne la morale et la vertu, cette magistrature intègre qui fait respecter la justice, cette armée vaillante et disciplinée qui ne connaît que l'honneur et le devoir ; enfin quand on vient à apprécier cette foule d'hommes éminents, capables de guider le Gouvernement, d'illustrer les assemblées aussi bien que les sciences et les arts, on recherche avec anxiété quelles sont les causes qui empêchent cette nation, déjà si grande, d'être plus grande encore, et l'on s'étonne qu'une société qui renferme tant d'éléments de puissance et de prospérité s'expose si souvent à s'abîmer sur elle-même.

Serait-il donc vrai, comme l'Empereur l'a dit, que le vieux monde soit à bout, et que le nouveau ne soit point assis ? Sans savoir quel il sera, faisons notre devoir aujourd'hui en lui préparant des fondations solides.

J'aime à vous adresser ces paroles, dans une province renommée à toutes les époques par son patriotisme. N'oublions pas que votre ville a été, sous Charles VII, le foyer d'une résistance héroïque, qu'elle a été pendant quatorze ans le refuge de la nationalité dans la France envahie. Espérons qu'elle sera encore une des premières à donner l'exemple du dévouement à la civilisation et à la patrie.

Je porte un toast à la ville de Poitiers!

RÉPONSE DU PRÉSIDENT DE LA RÉPUBLIQUE AU MAIRE
DE CHATELLERAULT.

Châtellerault, le 2 juillet 1851.

Messieurs,

En remerciant M. le maire des paroles affectueuses qu'il m'adresse, je ne puis attribuer à moi seul les heureux résultats qu'il a bien voulu signaler. Depuis trois ans, ma conduite peut se résumer en quelques mots. Je me suis mis résolûment à la tête des hommes d'ordre de tous les partis, et j'ai trouvé en eux un concours efficace et désintéressé. S'il y a eu quelques défections, je l'ignore; car je marche en avant, sans regarder derrière moi. Pour marcher dans des temps comme les nôtres, il faut en effet avoir un mobile et un but. Mon mobile, c'est l'amour du pays; mon but, c'est de faire que la religion et la raison l'emportent sur les utopies, c'est que la bonne cause ne tremble plus devant l'erreur.

Ce résultat sera obtenu, si nous suivons dans toute la France l'exemple de Châtellerault, et si nous forgeons des armes non pour l'émeute et pour la guerre civile, mais pour accroître la force, la grandeur et l'indépendance de la nation.

A la ville de Châtellerault!

DISCOURS PRONONCÉ PAR LE PRÉSIDENT DE LA RÉPUBLIQUE A L'INAUGURATION DE LA STATUE DE JEANNE HACHETTE.

Beauvais, le 6 juillet 1851.

Messieurs,

L'honorable maire de Beauvais me pardonnera de me borner à un simple remercîment pour les paroles flatteuses qu'il vient de m'adresser. En y répondant, je craindrais d'altérer le caractère religieux de cette fête, qui, par la commémoration d'un fait glorieux accompli dans cette ville, offre un haut enseignement historique.

Il est encourageant de penser que, dans les dangers extrêmes, la Providence réserve souvent à un seul d'être l'instrument du salut de tous : et, dans certaines circonstances, elle l'a même choisi au milieu du sexe le plus faible, comme si elle voulait, par la fragilité de l'enveloppe, prouver mieux encore l'empire de l'âme sur les choses humaines, et faire voir qu'une cause ne périt pas lorsqu'elle a pour la conduire une foi ardente, un dévouement inspiré, une conviction profonde.

Ainsi, au quinzième siècle, à peu d'années d'intervalle, deux femmes obscures, mais animées du feu sacré, Jeanne d'Arc et Jeanne Hachette, apparaissent au moment le plus désespéré pour remplir une sainte mission.

L'une a la gloire miraculeuse de délivrer la France du joug étranger;

L'autre inflige la honte d'une retraite à un prince qui, malgré l'éclat et l'étendue de sa puissance, n'était qu'un rebelle, artisan de guerre civile.

Et cependant, à quoi se réduit leur action? Elles ne firent autre chose que de montrer aux Français le chemin de l'honneur et du devoir, et d'y marcher à leur tête.

De semblables exemples doivent être honorés, perpétués. Aussi suis-je heureux de penser que ce soit l'empereur Napoléon qui, en 1806, ait rétabli l'antique usage longtemps interrompu, de célébrer la levée du siége de Beauvais.

C'est que, pour lui, la France n'était pas un pays factice, né d'hier, renfermé dans les limites étroites d'une seule époque ou d'un seul parti : c'était la nation grande par huit cents ans de monarchie, non moins grande après dix années de révolutions; travaillant à la fusion de tous les intérêts anciens et nouveaux, et adoptant toutes les gloires, sans acception de temps ou de cause.

Nous avons tous hérité de ces sentiments, car je vois ici des représentants de tous les partis; ils viennent avec moi rendre hommage à la vertu guerrière d'une époque, à l'héroïsme d'une femme.

Portons un toast à la mémoire de Jeanne Hachette.

DISCOURS DU PRÉSIDENT DE LA RÉPUBLIQUE POSANT LA PREMIÈRE PIERRE DES HALLES.

Paris, le 14 septembre 1851.

Messieurs,

Voici quarante ans que l'on songe à élever un vaste monument destiné à préserver de l'intempérie des saisons cette classe nombreuse qui souffre journellement pour alimenter Paris de ce qui est nécessaire à son existence. Mais, grâce à la direction éclairée du ministre de l'intérieur, grâce au concours énergique du conseil municipal de Paris et de son digne chef, grâce aux décisions de l'Assemblée nationale, cette œuvre que j'ai tant souhaitée s'accomplit enfin.

La construction de ces halles, véritable bienfait pour l'humanité, facilite l'approvisionnement de Paris, et appelle un plus grand nombre de départements à y concourir. Ce n'est donc pas une œuvre purement municipale, car Paris est le cœur de la France, et plus sa vie est active et puissante, plus elle se communique au reste du pays.

En posant la première pierre d'un édifice dont la destination est si éminemment populaire, je me livre avec confiance à l'espoir qu'avec l'appui des bons citoyens et la protection du ciel, il nous sera donné de jeter dans le sol de la France quelques fondations sur lesquelles s'élèvera un édifice social assez solide pour offrir un abri contre la violence et la mobilité des passions humaines.

EXTRAIT DU MESSAGE DU PRÉSIDENT DE LA RÉPUBLIQUE
A L'ASSEMBLÉE LÉGISLATIVE.

Élysée, le 4 novembre 1851.

Messieurs les Représentants,

Je viens, comme chaque année, vous présenter le compte sommaire des faits importants qui se sont accomplis depuis le dernier message. Toutefois je crois devoir passer sous silence les événements qui, malgré moi, ont pu produire certains dissentiments toujours regrettables.

La paix publique, sauf quelques agitations partielles, n'a pas été troublée; et même, à plusieurs époques où les difficultés politiques étaient de nature à affaiblir le sentiment de la sécurité et à exciter les alarmes, le pays, par son attitude paisible, a montré dans le Gouvernement une confiance dont le témoignage m'est précieux.

Il serait néanmoins imprudent de se faire illusion sur cette apparence de tranquillité. Une vaste conspiration démagogique s'organise en France et en Europe. Les sociétés secrètes cherchent à étendre leurs ramifications jusque dans les moindres communes; tout ce que les partis renferment d'insensé, de violent, d'incorrigible, sans être d'accord sur les hommes ni sur les choses, s'est donné rendez-vous en 1852, non pour bâtir, mais pour renverser.

Votre patriotisme et votre courage, à l'égal

desquels je m'efforcerai de marcher, épargneront, je n'en doute pas, à la France les périls dont elle est menacée; mais, pour les conjurer, envisageons-les sans crainte comme sans exagération, et tout en étant convaincus que, grâce à la force de l'administration, au zèle éclairé de la magistrature, au dévouement de l'armée, la France ne saurait périr, réunissons tous nos efforts afin d'enlever au génie du mal jusqu'à l'espoir d'une réussite momentanée.

Le meilleur moyen d'y parvenir m'a toujours paru l'application de ce système qui consiste, d'un côté, à satisfaire largement les intérêts légitimes; de l'autre, à étouffer, dès leur apparition, les moindres symptômes d'attaques contre la religion, la morale, la société.

Ainsi, procurer du travail en concédant à des compagnies nos grandes lignes de chemins de fer, et, avec l'argent que l'État retirera de ces concessions, donner une vive impulsion aux autres travaux dans tous les départements; encourager les institutions destinées au développement du crédit agricole ou commercial; venir, par des établissements de bienfaisance, au secours de toutes les misères, telle a été et telle doit être encore notre première sollicitude; et c'est en suivant cette marche qu'il sera plus facile de recourir à la répression lorsque le besoin s'en fera sentir.

. . . .
. . . .

AFFAIRES ÉTRANGÈRES.

Nous devons nous féliciter de l'état de nos relations avec les puissances étrangères ; de toutes parts nous viennent les assurances du désir qu'elles éprouvent de voir nos difficultés se résoudre pacifiquement. De notre côté, une diplomatie loyale et sincère s'associe à toutes les mesures qui peuvent contribuer à assurer le repos et la paix de l'Europe.

Plus cette paix se prolonge et plus les liens des différents peuples se resserrent. La vaste et libérale idée du prince Albert a contribué à en cimenter l'union. Le peuple anglais a accueilli nos compatriotes avec une noble cordialité, et cette lutte de toutes les industries du monde, au lieu de fomenter les jalousies, n'a fait qu'accroître l'estime réciproque entre les nations.

A Rome, notre situation est toujours la même, et le Saint-Père ne cesse de montrer sa constante sollicitude pour le bonheur de la France et pour le bien-être de nos soldats. Le travail d'organisation du gouvernement romain marche lentement, un conseil d'État est cependant établi, les conseils municipaux et provinciaux s'organisent peu à peu, et serviront à former une consulte destinée à prendre part à l'administration des finances ; d'importantes réformes législatives se poursuivent. Enfin, on s'occupe avec activité de la création d'une armée qui rendrait possible le retrait des forces étrangères stationnées dans les États de l'Église.

A Constantinople, la protection des intérêts religieux a exigé, depuis une année, notre active intervention. Il a fallu régler les difficultés élevées, soit dans le sein de la communion catholique, soit entre les diverses communions chrétiennes; terminer les contestations les plus graves au sujet du mode d'institution des évêques arméniens; enfin s'occuper d'une transaction qui mette un terme aux déplorables querelles nées trop souvent de la possession des Saints Lieux. Si chacun est animé de notre esprit de conciliation, ces tristes débats auront cessé pour jamais.

Nos bons rapports avec l'Espagne nous font espérer le règlement définitif et prochain des différends au sujet de la frontière des Pyrénées.

Nous avons saisi avec empressement l'occasion de donner à l'Espagne une preuve de la sincérité de nos relations, en nous associant à l'Angleterre pour offrir au cabinet de Madrid le concours de nos forces navales, afin de repousser la tentative audacieuse contre l'île de Cuba. De plus, notre ministre à Washington a été chargé d'appuyer amicalement les réclamations de la cour de Madrid, réclamations dont la justice a été loyalement reconnue par le Gouvernement Fédéral.

La paix est rétablie entre l'Allemagne et le Danemark; le Schleswig est rentré sous l'autorité du Roi; l'occupation autrichienne a mis fin dans le Holstein au régime de l'insurrection, et la cause qui avait nécessité l'entrée des troupes étrangères ayant cessé, j'espère que leur séjour ne se prolongera pas. Les résolutions du cabinet de Copenhague pour déterminer la succession au trône et pour assurer l'intégrité de la monarchie ont obtenu l'approbation des puissances. Des obstacles de détail en retardent seuls la sanction officielle.

L'orage qui menaçait encore, il y a un an, le repos de l'Allemagne s'est dissipé. La Confédération germanique a repris dans son ensemble la forme et le régime antérieurs aux événements de 1848. Elle cherche à se prémunir contre de nouveaux ébranlements par un travail de réorganisation intérieure. Nous devons y demeurer complétement étrangers. Nous avons pu craindre un moment que la diète de Francfort ne fût appelée à délibérer sur une proposition qui modifiait grandement l'essence même de la Confédération allemande, tendait à en reculer les limites, changeant ainsi sa destination, son rôle européen, et altérant l'équilibre consacré par les traités généraux. Nous avons cru devoir faire entendre des représentations. L'Angleterre a aussi réclamé. Heureusement la sagesse des gouvernements germaniques n'a pas tardé à écarter cette chance de complication.

La Suisse a éloigné de son territoire la plus grande partie des réfugiés qui abusaient de l'hospitalité. En secondant cette mesure, nous avons rendu service à la Suisse et aux États voisins.

Les nouveaux événements survenus sur les rives de la Plata ont grandement modifié la situation respective des États engagés dans la lutte. Ils nous obligent à suspendre les arrangements que nous avions préparés pour une pacification.

Le système de l'extradition réciproque des malfaiteurs et celui des communications postales se complètent successivement. Plusieurs conventions soumises à l'Assemblée nationale lui en ont déjà donné la preuve. D'autres lui seront présentées plus tard.

La conclusion des traités de commerce avec la Grande-Bretagne, la Toscane, la Belgique, la Prusse, le Danemark et la Suède atteste la sollicitude du Gouvernement pour le développement de nos relations commerciales et maritimes.

L'Assemblée avait exprimé le vœu que les conventions littéraires conclues avec la Sardaigne et le Portugal pussent être adoptées le plus tôt possible par les autres États. La Grande-Bretagne et le Hanovre ont déjà signé des traités spéciaux reproduisant les principales clauses des conventions sarde et portugaise. Sur plusieurs autres points et notamment en Espagne, les négociations encore pendantes sont à la veille d'aboutir au résultat désiré.

Les réclamations qu'un grand nombre de négociants et d'armateurs français ont à poursuivre contre le gouvernement des États-Unis, à raison de saisies arbitraires par les douanes de Californie, ne sont pas encore liquidées et payées ; mais le congrès américain et le cabinet de Washington en ont formellement reconnu la justice, et nous ne tarderons pas à obtenir une satisfaction légitime.

RÉSUMÉ.

Vous venez d'entendre l'exposé fidèle de la situation du pays. Elle offre pour le passé des résultats satisfaisants; néanmoins un état de malaise général tend chaque jour à s'accroître. Partout le travail se ralentit, la misère augmente, les intérêts s'effrayent et les espérances anti-sociales s'exaltent à mesure que les pouvoirs publics affaiblis approchent de leur terme.

Dans un tel état de choses, la première préoccupation du Gouvernement doit être de rechercher les moyens de conjurer les périls et d'assurer les meilleures chances de salut. Déjà, dans mon dernier message, mes paroles à ce sujet, je m'en souviens avec orgueil, furent favorablement accueillies par l'Assemblée. Je vous disais : « L'incertitude de l'avenir
» fait naître bien des appréhensions en réveillant bien
» des espérances. Sachons tous faire à la patrie le sa-
» crifice de ces espérances, et ne nous occupons
» que de ses intérêts. Si dans cette session vous votez
» la révision de la Constitution, une Constituante
» viendra refaire nos lois fondamentales et régler le
» sort du pouvoir exécutif. Si vous ne la votez pas,
» le peuple en 1852 manifestera solennellement l'ex-
» pression de sa volonté nouvelle. Mais quelles que
» puissent être les solutions de l'avenir, entendons-

» nous afin que ce ne soit jamais la passion, la
» surprise ou la violence qui décident du sort d'une
» grande nation. »

Aujourd'hui les questions sont les mêmes, et mon devoir n'a pas changé : c'est de maintenir l'ordre inflexiblement, c'est de faire disparaître toute cause d'agitation, afin que les résolutions qui décideront de notre sort soient conçues dans le calme et adoptées sans contestations.

Ces résolutions ne peuvent émaner que d'un acte décisif de la souveraineté nationale, puisqu'elles ont toutes pour base l'élection populaire. Eh bien, je me suis demandé s'il fallait, en présence du délire des passions, de la confusion des doctrines, de la division des partis, alors que tout se ligue pour enlever à la morale, à la justice, à l'autorité, leur dernier prestige, s'il fallait, dis-je, laisser ébranlé, incomplet, le seul principe qu'au milieu du chaos général la Providence ait maintenu debout pour nous rallier? Quand le suffrage universel a relevé l'édifice social par cela même qu'il substituait un droit à un fait révolutionnaire, est-il sage d'en restreindre plus longtemps la base? Enfin, je me suis demandé si, lorsque des pouvoirs nouveaux viendront présider aux destinées du pays, ce n'était pas d'avance compromettre leur stabilité que de laisser un prétexte de discuter leur origine et de méconnaître leur légitimité.

Le doute n'était pas possible, et sans vouloir m'écarter un seul instant de la politique d'ordre que j'ai toujours suivie, je me suis vu obligé, bien à regret, de me séparer d'un ministère qui avait toute ma confiance et mon estime, pour en choisir un autre composé également d'hommes honorables connus par leurs sentiments conservateurs, mais qui voulussent admettre la nécessité de rétablir le suffrage universel sur la base la plus large possible.

Il vous sera donc présenté un projet de loi qui restitue au principe toute sa plénitude, en conservant de la loi du 31 mai ce qui dégage le suffrage universel d'éléments impurs et en rend l'application plus morale et plus régulière.

Ce projet n'a donc rien qui puisse blesser cette Assemblée; car, si je crois utile de lui demander aujourd'hui le retrait de la loi du 31 mai, je n'entends pas renier l'approbation que je donnai alors à l'initiative prise par le ministère qui réclama des chefs de la majorité, dont cette loi était l'œuvre, l'honneur de la présenter. Je reconnais même les effets salutaires qu'elle a produits. En se rappelant les circonstances dans lesquelles elle fut présentée, on avouera que c'était un acte politique bien plus qu'une loi électorale, une véritable mesure de salut public; et toutes les fois que la majorité me proposera des moyens énergiques de sauver le pays, elle peut compter sur mon concours loyal et désintéressé. Mais les mesures de salut public n'ont qu'un temps limité.

La loi du 31 mai, dans son application, a même dépassé le but qu'on pensait atteindre; personne ne prévoyait la suppression de 3 millions d'électeurs, dont les deux tiers sont habitants paisibles des campagnes. Qu'en est-il résulté? C'est que cette immense exclusion a servi de prétexte au parti anarchique qui couvre ses détestables desseins de l'apparence d'un droit ravi et à reconquérir. Trop inférieur en nombre pour s'emparer de la société par le vote, il espère, à la faveur de l'émotion générale et au déclin des pouvoirs, faire naître, sur plusieurs points de la France à la fois, des troubles, qui seraient réprimés sans doute, mais qui nous jetteraient dans de nouvelles complications.

Indépendamment de ces périls, la loi du 31 mai, comme loi électorale, présente de graves inconvénients. Je n'ai pas cessé de croire qu'un jour viendrait où il serait de mon devoir d'en proposer l'abrogation. Défectueuse, en effet, lorsqu'elle est appliquée à l'élection d'une assemblée, elle l'est bien davantage lorsqu'il s'agit de la nomination du Président. Car si une résidence de trois ans dans la commune a pu paraître une garantie de discernement imposée aux électeurs pour connaître les hommes qui doivent les représenter, une résidence aussi prolongée ne saurait être nécessaire pour apprécier le candidat destiné à gouverner la France.

Une autre objection grave est celle-ci. La Constitution exige, pour la validité de l'élection du Président par le peuple, 2 millions au moins de suffrages, et s'il ne réunit pas ce nombre, c'est à l'Assemblée qu'est conféré le droit d'élire. La Constituante avait donc décidé que sur 10 millions de votants portés alors sur la liste, il suffisait du cinquième pour valider l'élection. Aujourd'hui le nombre des électeurs se trouvant réduit à sept millions, en exiger 2, c'est intervertir la proportion, c'est-à-dire demander presque le tiers au lieu du cinquième, et ainsi, dans une certaine éventualité, ôter l'élection au peuple pour la donner à l'Assemblée. C'est donc changer positivement les conditions d'éligibilité du Président de la République.

Enfin, j'appelle votre attention particulière sur une autre raison décisive peut-être. Le rétablissement du suffrage universel sur sa base principale donne une chance de plus d'obtenir la révision de la Constitution. Vous n'avez pas oublié pourquoi, dans la session dernière, les adversaires de cette révision se refusaient à la voter. Ils s'appuyaient sur cet argument qu'ils savaient rendre spécieux : La Constitution, disaient-ils, œuvre d'une assemblée issue du suffrage universel, ne peut pas être modifiée par une assemblée issue du suffrage restreint. Que ce soit là un motif réel ou un prétexte, il est bon de l'écarter et de pouvoir dire à ceux qui veulent lier le pays à une constitution immuable : Voilà le suffrage universel rétabli; la majorité de l'Assemblée soutenue par 2 millions de pétitionnaires, par le plus grand nombre des conseils d'arrondissement, par la presque unanimité des conseils généraux, demande la révision du pacte fondamental : avez-vous moins confiance que nous dans l'expression de la volonté populaire? La question se résume donc ainsi pour tous ceux qui souhaitent le dénoûment pacifique des difficultés du jour.

La loi du 31 mai a ses imperfections; mais, fût-elle parfaite, ne devrait-on pas également l'abroger si elle doit empêcher la révision de la Constitution, ce vœu manifeste du pays?

On objecte, je le sais, que, de ma part, ces propositions sont inspirées par l'intérêt personnel. Ma conduite, depuis trois ans, doit repousser une allégation semblable. Le bien du pays, je le répète, sera toujours le seul mobile de ma conduite. Je crois de mon devoir de proposer tous les moyens de conciliation, et de faire tous mes efforts pour amener une solution pacifique, régulière, légale, quelle qu'en puisse être l'issue.

Ainsi donc, Messieurs, la proposition que je vous fais n'est ni une tactique de parti, ni un calcul égoïste, ni une résolution subite; c'est le résultat de méditations sérieuses et d'une conviction profonde. Je ne prétends pas que cette mesure fasse disparaître toutes les difficultés de la situation, mais à chaque jour sa tâche. Aujourd'hui, rétablir le suffrage universel, c'est enlever à la guerre civile son drapeau, à l'opposition son dernier argument. Ce sera fournir à la France la possibilité de se donner des institutions qui assurent son repos. Ce sera rendre aux pouvoirs à venir cette force morale qui n'existe qu'autant qu'elle repose sur un principe consacré et sur une autorité incontestable.

DISCOURS DU PRÉSIDENT DE LA RÉPUBLIQUE AU CORPS D'OFFICIERS DES RÉGIMENTS NOUVELLEMENT ARRIVÉS A PARIS.

Paris, le 9 novembre 1851.

Messieurs,

En recevant les officiers des divers régiments de l'armée qui se succèdent dans la garnison de Paris, je me félicite de les voir animés de cet esprit militaire qui fit notre gloire et qui aujourd'hui fait notre sécurité. Je ne vous parlerai donc ni de vos devoirs ni de la discipline. Vos devoirs, vous les avez toujours remplis avec honneur, soit sur la terre d'Afrique, soit sur le sol de la France; et la discipline, vous l'avez toujours maintenue intacte à travers les épreuves les plus difficiles. J'espère que ces épreuves ne reviendront pas; mais si la gravité des circonstances les ramenait et m'obligeait de faire appel à votre dévouement, il ne me faillirait pas, j'en suis sûr, parce que, vous le savez, je ne vous demanderai rien qui ne soit d'accord avec mon droit reconnu par la Constitution, avec l'honneur militaire, avec les intérêts de la patrie; parce que j'ai mis à votre tête des hommes qui ont toute ma confiance et qui méritent la vôtre; parce que si jamais le jour du danger arrivait, je ne ferais pas comme les gouvernements qui m'ont précédé, et je ne vous dirais pas : Marchez, je vous suis; mais je vous dirais : Je marche, suivez-moi!

DISCOURS DU PRÉSIDENT DE LA RÉPUBLIQUE AUX EXPOSANTS FRANÇAIS A L'EXPOSITION UNIVERSELLE DE LONDRES.

Paris, salle du Cirque, le 25 novembre 1851.

Messieurs,

Il est des cérémonies qui, par les sentiments qu'elles inspirent et les réflexions qu'elles font naître, ne sont pas un vain spectacle. Je ne puis me défendre d'une certaine émotion et d'un certain orgueil comme Français, en voyant autour de moi les hommes honorables qui, au prix de tant d'efforts et de sacrifices, ont maintenu avec éclat, à l'étranger, la réputation de nos métiers, de nos arts, de nos sciences.

J'ai déjà rendu un juste hommage à la grande pensée qui présida à l'exposition universelle de Londres; mais, au moment de couronner vos succès par une récompense nationale, puis-je oublier que tant de merveilles de l'industrie ont été commencées au bruit de l'émeute et achevées au milieu d'une société sans cesse agitée par la crainte du présent, comme par les menaces de l'avenir? et, en réfléchissant aux obstacles qu'il vous a fallu vaincre, je me suis dit : *Combien elle serait grande cette nation, si l'on voulait la laisser respirer à l'aise et vivre de sa vie!*

En effet, c'est lorsque le crédit commençait à peine à renaître; c'est lorsqu'une idée infernale poussait sans cesse les travailleurs à tarir les sources mêmes du travail; c'est lorsque la démence, se parant du manteau de la philanthropie, venait détourner les esprits des occupations régulières, pour les jeter dans les spéculations de l'utopie; c'est alors que vous avez montré au monde des produits qu'un calme durable semblait seul permettre d'exécuter.

En présence donc de ces résultats inespérés, je dois le répéter, comme elle pourrait être grande, la République Française, s'il lui était permis de vaquer à ses véritables affaires et de réformer ses institutions, au lieu d'être sans cesse troublée, d'un côté par les idées démagogiques, et de l'autre par les hallucinations monarchiques!

Les idées démagogiques proclament-elles une vérité? Non. Elles répandent partout l'erreur et le mensonge. L'inquiétude les précède, la déception les suit, et les ressources employées à les réprimer sont autant de pertes pour les améliorations les plus pressantes, pour le soulagement de la misère.

Quant aux hallucinations monarchiques, sans faire courir les mêmes dangers, elles entravent également tout progrès, tout travail sérieux. On lutte au lieu de marcher. On voit des hommes, jadis ardents promoteurs des prérogatives de l'autorité royale, se faire conventionnels afin de désarmer le pouvoir issu du suffrage populaire. On voit ceux qui ont le plus souffert, le plus gémi des révolutions, en provoquer une nouvelle; et cela, dans l'unique but de se soustraire au vœu national et d'empêcher le mouvement qui transforme les sociétés de suivre un paisible cours.

Ces efforts seront vains. Tout ce qui est dans la nécessité des temps doit s'accomplir. L'inutile seul ne saurait revivre. Cette cérémonie est encore une preuve que si certaines institutions tombent sans retour, celles au contraire qui sont conformes aux mœurs, aux idées, aux besoins de l'époque, bravent les attaques de l'envie ou du puritanisme.

Vous tous, fils de cette société régénérée qui détruisit les anciens priviléges et qui proclame comme principe fondamental l'égalité civile et politique, vous éprouvez néanmoins un juste orgueil à être nommés chevaliers de l'ordre de la Légion d'honneur. C'est que cette institution était, ainsi que toutes celles créées à cette époque, en harmonie avec l'esprit du siècle et les idées du pays. Loin de servir comme d'autres à rendre les démarcations plus tranchées, elle les efface en plaçant sur la même ligne tous les mérites, à quelque profession, à quelque rang de la société qu'ils appartiennent.

Recevez donc ces croix de la Légion d'honneur, qui, d'après la grande idée du fondateur, sont faites pour honorer le travail à l'égal de la bravoure, et la bravoure à l'égal de la science.

Avant de nous séparer, Messieurs, permettez-moi de vous encourager à de nouveaux travaux. Entreprenez-les sans crainte; ils empêcheront le chômage cet hiver. Ne redoutez pas l'avenir. La tranquillité sera maintenue, quoi qu'il arrive. Un gouvernement qui s'appuie sur la masse entière de la nation, qui n'a d'autre mobile que le bien public et qu'anime cette foi ardente qui vous guide sûrement, même à travers un espace où il n'y a pas de route tracée, ce gouvernement, dis-je, saura remplir sa mission, car il a en lui et le droit qui vient du peuple, et la force qui vient de Dieu. »

PROCLAMATION DU PRÉSIDENT DE LA RÉPUBLIQUE AU PEUPLE ET A L'ARMÉE.

Élysée, le 2 décembre 1851.

Appel au peuple.

Français!

La situation actuelle ne peut durer plus longtemps. Chaque jour qui s'écoule aggrave les dangers du pays. L'Assemblée, qui devait être le plus ferme appui de l'ordre, est devenue un foyer de complots. Le patriotisme de trois cents de ses membres n'a pu arrêter ses fatales tendances. Au lieu de faire des lois dans l'intérêt général, elle forge des armes pour la guerre civile; elle attente au pouvoir que je tiens directement du peuple; elle encourage toutes les mauvaises passions; elle compromet le repos de la France : je l'ai dissoute, et je rends le peuple entier juge entre elle et moi.

La Constitution, vous le savez, avait été faite dans le but d'affaiblir d'avance le pouvoir que vous alliez me confier. Six millions de suffrages furent une éclatante protestation contre elle, et cependant je l'ai fidèlement observée. Les provocations, les calomnies, les outrages m'ont trouvé impassible. Mais aujourd'hui que le pacte fondamental n'est plus respecté de ceux-là même qui l'invoquent sans cesse, et que les hommes qui ont déjà perdu deux monarchies veulent me lier les mains, afin de renverser la République, mon devoir est de déjouer leurs perfides projets, de maintenir la République et de sauver le pays, en invoquant le jugement solennel du seul souverain que je reconnaisse en France, le Peuple.

Je fais donc un appel loyal à la nation tout entière, et je vous dis : Si vous voulez continuer cet état de malaise qui nous dégrade et compromet notre avenir, choisissez un autre à ma place, car je ne veux plus d'un pouvoir qui est impuissant à faire le bien, me rend responsable d'actes que je ne puis empêcher, et m'enchaîne au gouvernail quand je vois le vaisseau courir vers l'abîme.

Si, au contraire, vous avez encore confiance en moi, donnez-moi les moyens d'accomplir la grande mission que je tiens de vous.

Cette mission consiste à fermer l'ère des révolutions en satisfaisant les besoins légitimes du peuple et en le protégeant contre les passions subversives. Elle consiste surtout à créer des institutions qui survivent aux hommes et qui soient enfin des fondations sur lesquelles on puisse asseoir quelque chose de durable.

Persuadé que l'instabilité du pouvoir, que la prépondérance d'une seule Assemblée sont des causes permanentes de trouble et de discorde, je soumets à vos suffrages les bases fondamentales suivantes d'une Constitution que les assemblées développeront plus tard :

1° Un Chef responsable nommé pour dix ans;

2° Des Ministres dépendants du pouvoir exécutif seul;

3° Un Conseil d'État formé des hommes les plus distingués, préparant les lois et en soutenant la discussion devant le Corps Législatif;

4° Un Corps Législatif discutant et votant les lois, nommé par le suffrage universel, sans scrutin de liste qui fausse l'élection;

5° Une seconde Assemblée, formée de toutes les illustrations du pays, pouvoir pondérateur, gardien du pacte fondamental et des libertés publiques.

Ce système, créé par le Premier Consul au commencement du siècle, a déjà donné à la France le repos et la prospérité; il les lui garantirait encore.

Telle est ma conviction profonde. Si vous la partagez, déclarez-le par vos suffrages. Si, au contraire, vous préférez un gouvernement sans force, monarchique ou républicain, emprunté à je ne sais quel passé ou à quel avenir chimérique, répondez négativement.

Ainsi donc, pour la première fois depuis 1804, vous voterez en connaissance de cause, en sachant bien pour qui et pour quoi.

Si je n'obtiens pas la majorité de vos suffrages, alors je provoquerai la réunion d'une nouvelle assemblée, et je lui remettrai le mandat que j'ai reçu de vous.

Mais si vous croyez que la cause dont mon nom est le symbole, c'est-à-dire la France régénérée par la révolution de 89 et organisée par l'Empereur, est toujours la vôtre, proclamez-le en consacrant les pouvoirs que je demande.

Alors la France et l'Europe seront préservées de l'anarchie, les obstacles s'aplaniront, les rivalités auront disparu, car tous respecteront, dans l'arrêt du peuple, le décret de la Providence.

PROCLAMATION DU PRÉSIDENT DE LA RÉPUBLIQUE
A L'ARMÉE.

Élysée, le 2 décembre 1851.

Soldats!

Soyez fiers de votre mission, vous sauverez la patrie, car je compte sur vous, non pour violer les lois, mais pour faire respecter la première loi du pays, la souveraineté nationale, dont je suis le légitime représentant.

Depuis longtemps vous souffriez comme moi des obstacles qui s'opposaient et au bien que je voulais vous faire et aux démonstrations de votre sympathie en ma faveur.

Ces obstacles sont brisés. L'Assemblée a essayé

d'attenter à l'autorité que je tiens de la nation entière; elle a cessé d'exister.

Je fais un loyal appel au peuple et à l'armée, et je leur dis : Ou donnez-moi les moyens d'assurer votre prospérité; ou choisissez un autre à ma place.

En 1830 comme en 1848, on vous a traités en vaincus. Après avoir flétri votre désintéressement héroïque, on a dédaigné de consulter vos sympathies et vos vœux, et cependant vous êtes l'élite de la nation. Aujourd'hui, en ce moment solennel, je veux que l'armée fasse entendre sa voix.

Votez donc librement comme citoyens; mais, comme soldats, n'oubliez pas que l'obéissance passive aux ordres du Chef du Gouvernement est le devoir rigoureux de l'armée, depuis le général jusqu'au soldat. C'est à moi, responsable de mes actions devant le peuple et devant la postérité, de prendre les mesures qui me semblent indispensables pour le bien public.

Quant à vous, restez inébranlables dans les règles de la discipline et de l'honneur. Aidez, par votre attitude imposante, le pays à manifester sa volonté dans le calme et la réflexion. Soyez prêts à réprimer toute tentative contre le libre exercice de la souveraineté du peuple.

Soldats, je ne vous parle pas des souvenirs que mon nom rappelle. Ils sont gravés dans vos cœurs. Nous sommes unis par des liens indissolubles. Votre histoire est la mienne. Il y a entre nous dans le passé communauté de gloire et de malheur; il y aura dans l'avenir communauté de sentiments et de résolutions pour le repos et la grandeur de la France.

LETTRE DU PRÉSIDENT DE LA RÉPUBLIQUE AU MINISTRE DE LA GUERRE.

Élysée, le 5 décembre 1851.

Mon cher général,

J'avais adopté le mode de votation avec la signature de chaque votant, parce que ce mode, employé autrefois, me semblait mieux assurer la sincérité de l'élection; mais, cédant à des objections sérieuses et à de justes réclamations, je viens, vous le savez, de rendre un décret qui change la manière de voter.

Les suffrages de l'armée sont presque entièrement donnés, et je suis heureux de penser qu'il s'en trouvera un assez petit nombre contre moi. Cependant, comme les militaires qui ont déposé un vote négatif pourraient craindre qu'il n'exerçât une fâcheuse influence sur leur carrière, il importe de les rassurer.

Veuillez donc bien, sans retard, faire savoir à l'armée que si le mode d'après lequel elle a voté est différent de celui d'après lequel voteront les autres citoyens, l'effet en sera le même pour elle, c'est-à-dire que je veux ignorer les noms de ceux qui ont voté contre moi.

En conséquence, le relevé des votes une fois terminé et dûment constaté, ordonnez, je vous prie, que les registres soient brûlés.

PROCLAMATION DU PRÉSIDENT DE LA RÉPUBLIQUE AU PEUPLE FRANÇAIS.

Élysée, le 6 décembre 1851.

Français,

Les troubles sont apaisés. Quelle que soit la décision du peuple, la société est sauvée. La première partie de ma tâche est accomplie; l'appel à la nation, pour terminer les luttes des partis, ne faisait, je le savais, courir aucun risque sérieux à la tranquillité publique.

Pourquoi le peuple se serait-il soulevé contre moi?

Si je ne possède plus votre confiance, si vos idées ont changé, il n'est pas besoin de faire couler un sang précieux; il suffit de déposer dans l'urne un vote contraire. Je respecterai toujours l'arrêt du peuple.

Mais tant que la nation n'aura pas parlé, je ne reculerai devant aucun effort, devant aucun sacrifice pour déjouer les tentatives des factieux. Cette tâche, d'ailleurs, m'est rendue facile.

D'un côté, l'on a vu combien il est insensé de lutter contre une armée unie par les liens de la discipline, animée par le sentiment de l'honneur militaire et par le dévouement à la patrie.

D'un autre côté, l'attitude calme des habitants de Paris, la réprobation dont ils flétrissent l'émeute, ont témoigné assez hautement pour qui se prononçait la capitale.

Dans ces quartiers populeux où naguère l'insurrection se recrutait si vite parmi des ouvriers dociles à ses entraînements, l'anarchie cette fois n'a pu rencontrer qu'une répugnance profonde pour ses détestables excitations. Grâces en soient rendues à l'intelligente et patriotique population de Paris ! Qu'elle se persuade de plus en plus que mon unique ambition est d'assurer le repos et la prospérité de la France.

Qu'elle continue à prêter son concours à l'autorité, et bientôt le pays pourra accomplir dans le calme l'acte solennel qui doit inaugurer une ère nouvelle pour la République.

DISCOURS A LA COMMISSION CONSULTATIVE PRONONCÉ PAR LE PRÉSIDENT DE LA RÉPUBLIQUE EN RECEVANT LE PROCÈS-VERBAL DES VOTES ÉMIS SUR LE PROJET DE PLÉBISCITE PROPOSÉ LE 2 DÉCEMBRE.

Élysée, le 31 décembre 1851.

Messieurs,

La France a répondu à l'appel loyal que je lui avais fait. Elle a compris que je n'étais sorti de la légalité que pour rentrer dans le droit. Plus de sept millions de suffrages viennent de m'absoudre en justifiant un acte qui n'avait d'autre but que d'épargner à notre patrie et à l'Europe peut-être des années de troubles et de malheurs.

Je vous remercie d'avoir constaté officiellement combien cette manifestation était nationale et spontanée.

Si je me félicite de cette immense adhésion, ce n'est pas par orgueil, mais parce qu'elle me donne la force de parler et d'agir ainsi qu'il convient au chef d'une grande nation comme la nôtre.

Je comprends toute la grandeur de ma mission nouvelle, je ne m'abuse pas sur ses graves difficultés. Mais, avec un cœur droit, avec le concours de tous les hommes de bien qui, ainsi que vous, m'éclaireront de leurs lumières et me soutiendront de leur patriotisme, avec le dévouement éprouvé de notre vaillante armée, enfin avec cette protection que demain je prierai solennellement le ciel de m'accorder encore, j'espère me rendre digne de la confiance que le peuple continue de mettre en moi. J'espère assurer les destinées de la France en fondant des institutions qui répondent à la fois et aux instincts démocratiques de la nation, et à ce désir exprimé universellement d'avoir désormais un pouvoir fort et respecté. En effet, donner satisfaction aux exigences du moment en créant un système qui reconstitue l'autorité sans blesser l'égalité, sans fermer aucune voie d'amélioration, c'est jeter les véritables bases du seul édifice capable de supporter plus tard une liberté sage et bienfaisante.

ANNÉE 1852.

DISCOURS,
MESSAGES ET PROCLAMATIONS.

ANNÉE 1852.

CONSTITUTION.

PRÉAMBULE DE LA CONSTITUTION.
Palais des Tuileries, 14 janvier 1852.

LOUIS-NAPOLÉON, PRÉSIDENT DE LA RÉPUBLIQUE, AU NOM DU PEUPLE FRANÇAIS.

Français,

Lorsque, dans ma proclamation du 2 décembre, je vous exprimai loyalement quelles étaient, à mon sens, les conditions vitales du Pouvoir en France, je n'avais pas la prétention, si commune de nos jours, de substituer une théorie personnelle à l'expérience des siècles. J'ai cherché, au contraire, quels étaient dans le passé, les exemples les meilleurs à suivre, quels hommes les avaient donnés, et quel bien en était résulté.

Dès lors, j'ai cru logique de préférer les préceptes du génie aux doctrines spécieuses d'hommes à idées abstraites. J'ai pris comme modèle les institutions politiques qui déjà, au commencement de ce siècle, dans des circonstances analogues, ont raffermi la société ébranlée et élevé la France à un haut degré de prospérité et de grandeur.

J'ai pris comme modèle les institutions qui, au lieu de disparaître au premier souffle des agitations populaires, n'ont été renversées que par l'Europe entière coalisée contre nous.

En un mot, je me suis dit : Puisque la France ne marche depuis cinquante ans qu'en vertu de l'organisation administrative, militaire, judiciaire, religieuse, financière, du Consulat et de l'Empire, pourquoi n'adopterions-nous pas aussi les institutions politiques de cette époque ? Créées par la même pensée, elles doivent porter en elles le même caractère de nationalité et d'utilité pratique.

En effet, ainsi que je l'ai rappelé dans ma proclamation, notre société actuelle (il est essentiel de le constater) n'est pas autre chose que la France régénérée par la révolution de 89 et organisée par l'Empereur. Il ne reste plus rien de l'ancien régime que de grands souvenirs et de grands bienfaits. Mais tout ce qui alors était organisé a été détruit par la révolution, et tout ce qui a été organisé depuis la révolution et qui existe encore l'a été par Napoléon.

Nous n'avons plus ni provinces, ni pays d'états, ni parlements, ni intendants, ni fermiers généraux, ni coutumes diverses, ni droits féodaux, ni classes privilégiées en possession exclusive des emplois civils et militaires, ni juridictions religieuses différentes.

A tant de choses incompatibles avec elle, la révolution avait fait subir une réforme radicale, mais elle n'avait rien fondé de définitif. Seul, le Premier Consul rétablit l'unité, la hiérarchie et les véritables principes du gouvernement. Ils sont encore en vigueur.

Ainsi l'administration de la France confiée à des préfets, à des sous-préfets, à des maires, qui substituaient l'unité aux commissions directoriales; la décision des affaires, au contraire, donnée à des conseils, depuis la commune jusqu'au département; ainsi, la magistrature affermie par l'inamovibilité des juges, par la hiérarchie des tribunaux; la justice rendue plus facile par la délimitation des attributions, depuis la justice de paix jusqu'à la cour de cassation. Tout cela est encore debout.

De même, notre admirable système financier, la banque de France, l'établissement des budgets, la cour des comptes, l'organisation de la police, nos règlements militaires, datent de cette époque.

Depuis cinquante ans c'est le Code Napoléon qui règle les intérêts des citoyens entre eux; c'est encore le Concordat qui règle les rapports de l'État avec l'Église.

Enfin, la plupart des mesures qui concernent les progrès de l'industrie, du commerce, des lettres, des sciences, des arts, depuis les règlements du

Théâtre-Français jusqu'à ceux de l'Institut, depuis l'institution des prud'hommes jusqu'à la création de la Légion d'honneur, ont été fixées par les décrets de ce temps.

On peut donc l'affirmer, la charpente de notre édifice social est l'œuvre de l'Empereur, et elle a résisté à sa chute et à trois révolutions.

Pourquoi, avec la même origine, les institutions politiques n'auraient-elles pas les mêmes chances de durée?

Ma conviction était formée depuis longtemps, et c'est pour cela que j'ai soumis à votre jugement les bases principales d'une constitution empruntée à celle de l'an VIII. Approuvées par vous, elles vont devenir le fondement de notre Constitution politique.

Examinons quel en est l'esprit:

Dans notre pays, monarchique depuis huit cents ans, le pouvoir central a toujours été en s'augmentant. La royauté a détruit les grands vassaux; les révolutions elles-mêmes ont fait disparaître les obstacles qui s'opposaient à l'exercice rapide et uniforme de l'autorité. Dans ce pays de centralisation, l'opinion publique a sans cesse tout rapporté au chef du Gouvernement, le bien comme le mal. Aussi, écrire en tête d'une charte que ce chef est irresponsable, c'est mentir au sentiment public, c'est vouloir établir une fiction qui s'est trois fois évanouie au bruit des révolutions.

La Constitution actuelle proclame, au contraire, que le chef que vous avez élu est responsable devant vous; qu'il a toujours le droit de faire appel à votre jugement souverain, afin que, dans les circonstances solennelles, vous puissiez lui continuer ou lui retirer votre confiance.

Étant responsable, il faut que son action soit libre et sans entraves. De là l'obligation d'avoir des ministres qui soient les auxiliaires honorés et puissants de sa pensée, mais qui ne forment plus un conseil responsable, composé de membres solidaires, obstacle journalier à l'impulsion particulière du chef de l'État, expression d'une politique émanée des chambres, et par là même exposé à des changements fréquents qui empêchent tout esprit de suite, toute application d'un système régulier.

Néanmoins, plus un homme est haut placé, plus il est indépendant, plus la confiance que le peuple a mise en lui est grande, plus il a besoin de conseils éclairés, consciencieux. De là la création d'un Conseil d'État, désormais véritable conseil du Gouvernement, premier rouage de notre organisation nouvelle, réunion d'hommes pratiques élaborant des projets de loi dans des commissions spéciales, les discutant à huis clos, sans ostentation oratoire, en assemblée générale, et les présentant ensuite à l'acceptation du Corps Législatif.

Ainsi le pouvoir est libre dans ses mouvements, éclairé dans sa marche.

Quel sera maintenant le contrôle exercé par les assemblées?

Une chambre, qui prend le titre de Corps Législatif, vote les lois et l'impôt. Elle est élue par le suffrage universel, sans scrutin de liste. Le peuple, choisissant isolément chaque candidat, peut plus facilement apprécier le mérite de chacun d'eux.

La chambre n'est plus composée que d'environ deux cent soixante membres. C'est là une première garantie du calme des délibérations, car trop souvent on a vu dans les assemblées la mobilité et l'ardeur des passions croître en raison du nombre.

Le compte rendu des séances qui doit instruire la nation n'est plus livré, comme autrefois, à l'esprit de parti de chaque journal; une publication officielle, rédigée par les soins du Président de la chambre, en est seule permise.

Le Corps Législatif discute librement la loi, l'adopte ou la repousse; mais il n'y introduit pas à l'improviste de ces amendements qui dérangent souvent toute l'économie d'un système et l'ensemble du projet primitif. A plus forte raison n'a-t-il pas cette initiative parlementaire qui était la source de si graves abus, et qui permettait à chaque député de se substituer à tout propos au Gouvernement en présentant les projets les moins étudiés, les moins approfondis.

La Chambre n'étant plus en présence des ministres, et les projets de loi étant soutenus par les orateurs du conseil d'État, le temps ne se perd pas en vaines interpellations, en accusations frivoles, en luttes passionnées, dont l'unique but était de renverser les ministres pour les remplacer.

Ainsi donc les délibérations du Corps Législatif seront indépendantes; mais les causes d'agitations stériles auront été supprimées, les lenteurs salutaires apportées à toute modification de la loi. Les mandataires de la nation feront mûrement les choses sérieuses.

Une autre assemblée prend le nom de Sénat. Elle sera composée des éléments qui, dans tout pays, créent les influences légitimes : le nom illustre, la fortune, le talent et les services rendus.

Le Sénat n'est plus, comme la chambre des pairs, le pâle reflet de la chambre des députés, répétant à quelques jours d'intervalle les mêmes discussions sur un autre ton. Il est le dépositaire du pacte fondamental et des libertés compatibles avec la Constitution; et c'est uniquement sous le rapport des grands principes sur lesquels repose notre société, qu'il examine toutes les lois et qu'il en propose de nouvelles au Pouvoir exécutif. Il intervient, soit pour résoudre toute difficulté grave qui pourrait s'élever pendant l'absence du Corps Législatif, soit pour expliquer le texte de la constitution et assurer ce qui est nécessaire à sa marche. Il a le droit d'annuler tout acte arbitraire et illégal, et jouissant ainsi de cette considération qui s'attache à un corps exclusivement occupé de l'examen de grands intérêts ou de l'application de grands principes, il remplit dans l'État le rôle indépendant, salutaire, conservateur, des anciens parlements.

Le Sénat ne sera pas, comme la chambre des

pairs, transformé en cour de justice : il conservera son caractère de modérateur suprême, car la défaveur atteint toujours les corps politiques lorsque le sanctuaire des législateurs devient un tribunal criminel. L'impartialité du juge est trop souvent mise en doute, et il perd de son prestige devant l'opinion, qui va quelquefois jusqu'à l'accuser d'être l'instrument de la passion ou de la haine.

Une haute cour de justice, choisie dans la haute magistrature, ayant pour jurés des membres des conseils généraux de toute la France, réprimera seule les attentats contre le Chef de l'État et la sûreté publique.

L'Empereur disait au conseil d'État : « *Une constitution est l'œuvre du temps ; on ne saurait laisser une trop large voie aux améliorations.* » Aussi la constitution présente n'a-t-elle fixé que ce qu'il était impossible de laisser incertain. Elle n'a pas enfermé dans un cercle infranchissable les destinées d'un grand peuple ; elle a laissé aux changements une assez large voie pour qu'il y ait, dans les grandes crises, d'autres moyens de salut que l'expédient désastreux des révolutions.

Le Sénat peut, de concert avec le Gouvernement, modifier tout ce qui n'est pas fondamental dans la Constitution ; mais quant aux modifications à apporter aux bases premières, sanctionnées par vos suffrages, elles ne peuvent devenir définitives qu'après avoir reçu votre ratification.

Ainsi le peuple reste toujours maître de sa destinée. Rien de fondamental ne se fait en dehors de sa volonté.

Telles sont les idées, tels sont les principes dont vous m'avez autorisé à faire l'application. Puisse cette Constitution donner à notre patrie des jours calmes et prospères! Puisse-t-elle prévenir le retour de ces luttes intestines où la victoire, quelque légitime qu'elle soit, est toujours chèrement achetée! Puisse la sanction, que vous avez donnée à mes efforts, être bénie du ciel! Alors la paix sera assurée au dedans et au dehors, mes vœux seront comblés, ma mission sera accomplie!

Louis-Napoléon Bonaparte.

DISCOURS DU PRINCE PRÉSIDENT AUX SOUS-OFFICIERS ET SOLDATS EN LEUR DISTRIBUANT LA *MÉDAILLE MILITAIRE* NOUVELLEMENT INSTITUÉE.

Paris, le 21 mars 1852.

Soldats,

En vous donnant pour la première fois la médaille, je tiens à vous faire connaître le but pour lequel je l'ai instituée. Quand on est témoin, comme moi, de tout ce qu'il y a de dévouement, d'abnégation et de patriotisme dans les rangs de l'armée, on déplore souvent que le Gouvernement ait si peu de moyens de reconnaître de si grandes épreuves et de si grands services.

L'admirable institution de la Légion d'honneur perdrait de son prestige, si elle n'était renfermée dans de certaines limites. Cependant combien de fois ai-je regretté de voir des soldats et des sous-officiers rentrer dans leurs foyers sans récompense, quoique, par la durée de leur service, par des blessures, par des actions dignes d'éloges, ils eussent mérité un témoignage de satisfaction de la patrie! C'est pour le leur accorder que j'ai institué cette médaille.

Elle pourra être donnée à ceux qui se sont rengagés, après s'être bien conduits pendant le premier congé; à ceux qui auront fait quatre campagnes; ou bien à ceux qui auront été blessés ou cités à l'ordre de l'armée.

Elle leur assurera 100 francs de rente viagère; c'est peu, certainement, mais ce qui est beaucoup, c'est le ruban que vous porterez sur la poitrine, et qui dira à vos camarades, à vos familles, à vos concitoyens que celui qui le porte est un brave.

Cette médaille ne vous empêchera pas de prétendre à la croix de la Légion d'honneur, si vous en êtes jugés dignes; au contraire, elle sera comme un premier degré pour l'obtenir, puisqu'elle vous signalera d'avance à l'attention de vos chefs. Vous ne cumulerez pas les deux traitements, mais vous pourrez porter les deux décorations; de même, si un sous-officier, caporal ou soldat auquel aurait été décernée la Légion d'honneur, vient à se signaler encore, il pourra également être décoré de la médaille.

Soldats, cette distinction est bien peu de chose, je le répète, au prix des services immenses qu'ici et en Afrique vous rendez à la France, mais recevez-la comme un encouragement à maintenir intact cet esprit militaire qui vous honore ; portez-la comme une preuve de ma sollicitude pour vos intérêts, de mon amour pour cette grande famille militaire, dont je m'enorgueillis d'être le Chef, parce que vous en êtes les glorieux enfants.

DISCOURS DU PRINCE PRÉSIDENT A L'OUVERTURE DE LA SESSION LÉGISLATIVE.

Palais des Tuileries, le 29 mars 1852.

Messieurs les Sénateurs,
Messieurs les Députés,

La dictature que le peuple m'avait confiée cesse aujourd'hui. Les choses vont reprendre leur cours régulier. C'est avec un sentiment de satisfaction réelle que je viens proclamer ici la mise en vigueur de la Constitution ; car ma préoccupation constante a été non-seulement de rétablir l'ordre, mais de le rendre durable, en dotant la France d'institutions appropriées à ses besoins.

Il y a quelques mois à peine, vous vous en souvenez, plus je m'enfermais dans le cercle étroit de mes attributions, plus on s'efforçait de le rétrécir encore, afin de m'ôter le mouvement et l'action. Découragé souvent, je l'avoue, j'eus la pensée d'abandonner un pouvoir ainsi disputé. Ce qui me retint, c'est que je ne voyais pour me succéder qu'une chose : l'anarchie. Partout, en effet, s'exaltaient des passions ardentes à détruire, incapables de rien fonder. Nulle part ni une institution, ni un homme à qui se rattacher; nulle part un droit incontesté, une organisation quelconque, un système réalisable.

Aussi, lorsque grâce au concours de quelques hommes courageux, grâce surtout à l'énergique attitude de l'armée, tous les périls furent conjurés en quelques heures, mon premier soin fut de demander au peuple des institutions. Depuis trop longtemps la société ressemblait à une pyramide qu'on aurait retournée et voulu faire reposer sur son sommet; je l'ai replacée sur sa base. Le suffrage universel, seule source du droit dans de pareilles conjonctures, fut immédiatement rétabli; l'autorité reconquit son ascendant, enfin, la France adoptant les dispositions principales de la Constitution que je lui soumettais, il me fut permis de créer des corps politiques dont l'influence et la considération seront d'autant plus grandes, que leurs attributions auront été sagement réglées.

Parmi les institutions politiques, en effet, celles-là seules ont de la durée, qui fixent d'une manière équitable la limite où chaque pouvoir doit s'arrêter. Il n'est pas d'autre moyen d'arriver à une application utile et bienfaisante de la liberté : les exemples n'en sont pas loin de nous.

Pourquoi, en 1814, a-t-on vu avec satisfaction, en dépit de nos revers, inaugurer le régime parlementaire? C'est que l'Empereur, ne craignons pas de l'avouer, avait été, à cause de la guerre, entraîné à un exercice trop absolu du pouvoir.

Pourquoi, au contraire, en 1851, la France applaudit-elle à la chute de ce même régime parlementaire? C'est que les Chambres avaient abusé de l'influence qui leur avait été donnée, et que, voulant tout dominer, elles compromettaient l'équilibre général.

Enfin, pourquoi la France ne s'est-elle pas émue des restrictions apportées à la liberté de la presse et à la liberté individuelle? C'est que l'une avait dégénéré en licence, et que l'autre, au lieu d'être l'exercice réglé du droit de chacun, avait, par d'odieux excès, menacé le droit de tous.

Cet extrême danger, pour les démocraties surtout, de voir sans cesse des institutions mal définies sacrifier tour à tour le pouvoir ou la liberté, a été parfaitement apprécié par nos pères, il y a un demi-siècle, lorsqu'au sortir de la tourmente révolutionnaire, et après le vain essai de toute espèce de régimes, ils proclamèrent la Constitution de l'an VIII, qui a servi de modèle à celle de 1852. Sans doute, elles ne sanctionnent pas toutes ces libertés, aux abus même desquelles nous étions habitués ; mais elles en consacrent aussi de bien réelles. Le lendemain des révolutions, la première des garanties pour un peuple ne consiste pas dans l'usage immodéré de la tribune et de la presse : elle est dans le droit de choisir le gouvernement qui lui convient. Or, la nation française a donné, peut-être pour la première fois, au monde, le spectacle imposant d'un grand peuple votant en toute liberté la forme de son gouvernement.

Ainsi le Chef de l'État que vous avez devant vous est bien l'expression de la volonté populaire : et devant moi, que vois-je ? deux Chambres, l'une élue en vertu de la loi la plus libérale qui existe au monde, l'autre nommée par moi, il est vrai, mais indépendante aussi, parce qu'elle est inamovible.

Autour de moi vous remarquez des hommes d'un patriotisme et d'un mérite reconnus, toujours prêts à m'appuyer de leurs conseils, à m'éclairer sur les besoins du pays.

Cette Constitution, qui, dès aujourd'hui, va être mise en pratique, n'est donc pas l'œuvre d'une vaine théorie ou du despotisme : c'est l'œuvre de l'expérience et de la raison. Vous m'aiderez, Messieurs, à la consolider, à l'étendre, à l'améliorer.

Je ferai connaître au Sénat et au Corps Législatif l'exposé de la situation de la République. Ils y verront que partout la confiance a été rétablie, que partout le travail a repris, et que, pour la première fois après un grand changement politique, la fortune publique s'est accrue au lieu de diminuer.

Depuis quatre mois, il a été possible à mon Gouvernement d'encourager bien des entreprises utiles, de récompenser bien des services, de secourir bien des misères, de rehausser même la position de la plus grande partie des principaux fonctionnaires, et tout cela sans aggraver les impôts ou déranger les prévisions du budget, que nous sommes heureux de vous présenter en équilibre.

De pareils faits et l'attitude de l'Europe, qui a accueilli avec satisfaction les changements survenus, nous donnent un juste espoir de sécurité pour l'avenir : car, si la paix est garantie au dedans, elle l'est également au dehors. Les puissances étrangères respectent notre indépendance, et nous avons tout intérêt à conserver avec elles les relations les plus amicales. Tant que l'honneur de la France ne sera pas engagé, le devoir du Gouvernement sera d'éviter avec soin toute cause de perturbation en Europe, et de tourner tous nos efforts vers les améliorations intérieures, qui peuvent seules procurer l'aisance aux classes laborieuses et assurer la prospérité du pays.

Et maintenant, Messieurs, au moment où vous vous associez avec patriotisme à mes travaux, je veux vous exposer franchement quelle sera ma conduite.

En me voyant rétablir les institutions et les

souvenirs de l'Empire, on a répété souvent que je désirais rétablir l'Empire même. Si telle était ma préoccupation constante, cette transformation serait accomplie depuis longtemps : ni les moyens, ni les occasions ne m'ont manqué.

Ainsi, en 1848, lorsque 6 millions de suffrages me nommèrent en dépit de la Constituante, je n'ignorais pas que le simple refus d'acquiescer à la Constitution pouvait me donner un trône. Mais une élévation qui devait nécessairement entraîner de graves désordres ne me séduisit pas.

Au 13 juin 1849, il m'était également facile de changer la forme du Gouvernement : je ne le voulus pas.

Enfin, au 2 décembre, si des considérations personnelles l'eussent emporté sur les graves intérêts du pays, j'eusse d'abord demandé au peuple, qui ne l'eût pas refusé, un titre pompeux. Je me suis contenté de celui que j'avais.

Lors donc que je puise des exemples dans le Consulat et l'Empire, c'est que là, surtout, je les trouve empreints de nationalité et de grandeur. Résolu aujourd'hui, comme avant, de faire tout pour la France, rien pour moi, je n'accepterais de modification à l'état présent des choses, que si j'y étais contraint par une nécessité évidente. D'où peut-elle naître? Uniquement de la conduite des partis. S'ils se résignent, rien ne sera changé. Mais si, par leurs sourdes menées, ils cherchaient à saper les bases de mon gouvernement; si, dans leur aveuglement, ils niaient la légitimité du résultat de l'élection populaire; si, enfin, ils venaient sans cesse, par leurs attaques, mettre en question l'avenir du pays, alors, mais seulement alors, il pourrait être raisonnable de demander au peuple, au nom du repos de la France, un nouveau titre qui fixât irrévocablement sur ma tête le pouvoir dont il m'a revêtu. Mais ne nous préoccupons pas d'avance de difficultés qui n'ont sans doute rien de probable. Conservons la République, elle ne menace personne, elle peut rassurer tout le monde. Sous sa bannière, je veux inaugurer de nouveau une ère d'oubli et de conciliation, et j'appelle, sans distinction, tous ceux qui veulent franchement concourir avec moi au bien public.

La Providence, qui jusqu'ici a si visiblement béni mes efforts, ne voudra pas laisser son œuvre inachevée; elle nous animera tous de ses inspirations, et nous donnera la sagesse et la force nécessaires pour consolider un ordre de choses qui assurera le bonheur de notre patrie et le repos de l'Europe. »

DISCOURS DU PRINCE PRÉSIDENT DISTRIBUANT LES AIGLES
A L'ARMÉE.

Paris, le 10 mai 1852.

Soldats!

L'histoire des peuples est en grande partie l'histoire des armées. De leurs succès ou de leurs revers dépend le sort de la civilisation et de la patrie. Vaincues, c'est l'invasion ou l'anarchie; victorieuses, c'est la gloire ou l'ordre.

Aussi les nations comme les armées portent-elles une vénération religieuse à ces emblèmes de l'honneur militaire, qui résument en eux tout un passé de luttes et de triomphes.

L'aigle romaine, adoptée par l'Empereur Napoléon au commencement de ce siècle, fut la signification la plus éclatante de la régénération et de la grandeur de la France. Elle disparut dans nos malheurs; elle devait revenir, lorsque la France, relevée de ses défaites, maîtresse d'elle-même, ne semblerait plus répudier sa propre gloire.

Soldats!

Reprenez donc ces aigles, non comme une menace contre les étrangers, mais comme le symbole de notre indépendance, comme le souvenir d'une époque héroïque, comme le signe de noblesse de chaque régiment.

Reprenez ces aigles qui ont si souvent conduit nos pères à la victoire, et jurez de mourir, s'il le faut, pour les défendre.

ALLOCUTION DU PRINCE PRÉSIDENT AUX DÉLÉGUÉS DE L'ARMÉE.

Paris, le 14 mai 1852.

Officiers, sous-officiers et soldats!

J'ai voulu, avant votre départ, vous adresser quelques paroles de félicitation et d'encouragement.

Je tenais à vous dire combien j'avais été heureux, dans la dernière solennité, de me voir entouré des représentants de notre vaillante armée et de les assurer que mes sentiments d'estime et de sympathie étaient les mêmes pour tous les corps qui la composent.

Il est bien des services sans doute, bien des mérites, demeurés sans récompense; mais, croyez-le, le jour de la justice ne manquera pas de venir pour chacun.

D'ailleurs, si ces récompenses sont un droit, elles ne sont ni à vos yeux ni aux miens le principal mobile. Ce qui fait votre force et votre gloire, c'est qu'en vous parlant d'honneur et de patrie, rien n'est impossible avec vous. Voilà le véritable mobile de l'armée, celui qui ne manquera jamais, celui sur lequel je compte!

Rapportez avec orgueil à vos régiments ces étendards, symboles vénérés de notre gloire nationale, et sur lesquels se trouve écrite l'histoire de chaque régiment; je les confie à votre patriotisme. Dites à vos frères d'armes que ma pensée est toujours au milieu d'eux, que je suis toujours prêt à partager leurs dangers, comme je partage leur amour et leur dévouement pour la grandeur et pour la prospérité de la France.

MESSAGE DU PRINCE PRÉSIDENT AU CORPS LÉGISLATIF.

Palais des Tuileries, le 28 juin 1852.

Messieurs,

Au moment où la session de 1852 va se clore, je tiens à vous remercier de votre concours et du loyal appui que vous avez donné à nos institutions nouvelles. Vous avez su résister à ce qu'il y a de plus dangereux parmi des hommes réunis, l'entraînement de l'esprit de corps : et, toute susceptibilité écartée, vous vous êtes occupés des grands intérêts du pays, comprenant que le temps des discours passionnés et stériles était passé, que celui des affaires était venu.

L'application d'un nouveau système rencontre toujours des difficultés; vous en avez fait la part. Si le travail a semblé manquer à vos premières séances, vous avez compris que le désir d'abréger la durée de ma dictature, et mon empressement à vous appeler autour de moi, en avaient été la cause, en privant mon Gouvernement du temps nécessaire à la préparation des lois qui devaient vous être soumises.

La conséquence naturelle de cet état de choses

exceptionnel était l'accumulation des travaux à la fin de la session. Néanmoins, la première épreuve de la Constitution, d'origine toute française, a dû vous convaincre que nous possédions les conditions d'un Gouvernement fort et libre.

Le pouvoir n'est plus ce but immobile contre lequel les diverses oppositions dirigeaient impunément leurs traits. Il peut résister à leurs attaques et désormais suivre un système sans avoir recours à l'arbitraire ou à la ruse. D'un autre côté, le contrôle des assemblées est sérieux, car la discussion est libre et le vote de l'impôt décisif.

Quant aux imperfections, que l'expérience aura fait connaître, notre amour commun du bien public tendra sans cesse à en affaiblir les inconvénients jusqu'à ce que le Sénat ait prononcé.

Dans l'intervalle de la session j'appliquerai tous mes soins à rechercher les besoins du pays et à préparer des projets qui permettent de diminuer les charges de l'État sans rien compromettre des services publics. A votre rentrée, je vous ferai connaître le résultat de nos travaux et l'état général des affaires par le message que la Constitution m'oblige à vous adresser tous les ans.

En retournant dans vos départements, soyez les échos fidèles du sentiment qui règne ici : la confiance dans la conciliation et la paix. Dites à vos commettants qu'à Paris, ce cœur de la France, ce centre révolutionnaire, qui répand tour à tour sur le monde la lumière ou l'incendie, vous avez vu un peuple immense s'appliquant à faire disparaître les traces des révolutions et se livrant avec joie au travail, avec sécurité à l'avenir. Lui qui naguère, dans son délire, était impatient de tout frein, vous l'avez vu saluer avec acclamation le retour de nos aigles, symboles d'autorité et de gloire.

A ce spectacle imposant, où la Religion consacrait par ses bénédictions une grande fête nationale, vous avez remarqué son attitude respectueuse. Vous avez vu cette armée si fière, qui a sauvé le pays, se relever encore dans l'estime des hommes en s'agenouillant avec recueillement devant l'image de Dieu, présente au haut de l'Autel.

Cela veut dire qu'il y a en France un Gouvernement animé de la foi et de l'amour du bien, qui repose sur le peuple, source de tout pouvoir; sur l'armée, source de toute force; sur la religion, source de toute justice.

Recevez l'assurance de mes sentiments.

Louis-Napoléon.

ALLOCUTION DU PRINCE PRÉSIDENT AUX OFFICIERS DE CINQ RÉGIMENTS ARRIVÉS A PARIS.

Palais des Tuileries, le 1er juillet 1852.

Messieurs,

En voyant les divers régiments qui composent l'armée se succéder dans la garnison de Paris, je suis heureux de constater qu'ils sont tous animés du même esprit de discipline et du même dévouement au pays. Partout où vous vous êtes trouvés, soit en Afrique, soit en France, votre conduite a mérité la reconnaissance publique, et, en vous appelant à Paris, j'ai voulu vous donner un témoignage particulier de satisfaction.

Dans toute position élevée, comme celle où je me trouve, les soucis l'emportent sur les contentements. Il y a, néanmoins, au milieu des préoccupations et des travaux incessants, de véritables compensations : la première est celle du devoir accompli ; l'une des plus douces ensuite est, selon moi, de commander à une armée comme la nôtre ; de vivre de son passé, de son présent et de son avenir ; de s'identifier à ses besoins et à ses intérêts ; de savoir enfin qu'au jour du danger, on pourra toujours compter sur son concours énergique, parce qu'elle a l'honneur pour mobile.

Soyez convaincus, messieurs, que pendant votre séjour à Paris je saisirai avec plaisir toutes les occasions de vous voir et de vous donner des preuves de mon affectueuse sollicitude.

DISCOURS DU PRINCE PRÉSIDENT A L'INAUGURATION DE LA STATUE ÉQUESTRE DE NAPOLÉON Ier, A LYON.

Lyon, le 20 septembre 1852.

Lyonnais, votre ville s'est toujours associée par des incidents remarquables aux phases différentes de la vie de l'Empereur. Vous l'avez salué Consul, lorsqu'il allait par delà les monts cueillir de nouveaux lauriers; vous l'avez salué Empereur tout-puissant : et lorsque l'Europe l'avait relégué dans une île, vous l'avez encore, des premiers, en 1815, salué Empereur.

De même aujourd'hui votre ville est la première qui lui élève une statue équestre. Ce fait a une signification. On n'élève des statues équestres qu'aux Souverains qui ont régné; aussi les Gouvernements qui m'ont précédé ont-ils toujours refusé cet hommage à un pouvoir dont ils ne voulaient pas admettre la légitimité.

Et cependant, qui fut plus légitime que l'Empereur, élu trois fois par le Peuple, sacré par le Chef de la religion, reconnu par toutes les Puissances continentales de l'Europe, qui s'unirent à lui et par les liens de la politique et par les liens du sang?

L'Empereur fut le médiateur entre deux siècles ennemis; il tua l'ancien régime en rétablissant tout ce que ce régime avait de bon; il tua l'esprit révolutionnaire en faisant triompher partout les bienfaits de la révolution : voilà pourquoi ceux qui l'ont renversé eurent bientôt à déplorer leur triomphe. Quant à ceux qui l'ont défendu, ai-je besoin de rappeler combien ils ont pleuré sa chute ?

Aussi dès que le peuple s'est vu libre de son choix, il a jeté les yeux sur l'héritier de Napoléon, et, par la même raison, depuis Paris jusqu'à Lyon, sur tous les points de mon passage, s'est élevé le cri unanime de *Vive l'Empereur!* Mais ce cri est bien plus, à mes yeux, un souvenir qui touche mon cœur, qu'un espoir qui flatte mon orgueil.

Fidèle serviteur du pays, je n'aurai jamais qu'un but, c'est de reconstituer dans ce grand pays, si bouleversé par tant de commotions et par tant d'utopies, une paix basée sur la conciliation pour les hommes, sur l'inflexibilité des principes d'autorité, de morale, d'amour pour les classes laborieuses et souffrantes, de dignité nationale.

Nous sortons à peine de ces moments de crise où, les notions du bien et du mal étant confondues, les meilleurs esprits se sont pervertis. La prudence et le patriotisme exigent que, dans de semblables moments, la nation se recueille avant de fixer ses destinées; et il est encore pour moi difficile de savoir sous quel nom je puis rendre les plus grands services.

Si le titre modeste de Président pouvait faciliter la mission qui m'était confiée, et devant laquelle je n'ai pas reculé, ce n'est pas moi qui, par intérêt personnel, désirerais changer ce titre contre celui d'Empereur.

Déposons donc sur cette pierre notre hommage à un grand homme; c'est honorer à la fois la gloire de la France et la généreuse reconnaissance du peuple; c'est constater aussi la fidélité des Lyonnais à d'immortels souvenirs.

RÉPONSE DU PRINCE PRÉSIDENT AUX FÉLICITATIONS DE L'ÉVÊQUE DE VIVIERS.

Viviers, le 24 septembre 1852.

Je suis heureux d'avoir pu m'arrêter quelques instants à Viviers; c'est bien peu de séjourner ici une demi-heure, mais c'est beaucoup pour moi de venir demander une bénédiction de plus à un Prélat aussi vertueux, au milieu de ce clergé éclairé, en présence de ces populations patriotiques, dont les acclamations me touchent profondément.

DISCOURS DU PRINCE PRÉSIDENT POUR LA POSE DE LA PREMIÈRE PIERRE DE LA CATHÉDRALE DE MARSEILLE.

Marseille, le 26 septembre 1852.

Messieurs,

Je suis heureux que cette occasion particulière me permette de laisser dans cette grande ville une trace de mon passage et que la pose de la première pierre de la Cathédrale soit l'un des souvenirs qui se rattachent à ma présence parmi vous. Partout en effet où je le puis, je m'efforce de soutenir et de propager les idées religieuses, les plus sublimes de toutes, puisqu'elles guident dans la fortune et consolent dans l'adversité. Mon Gouvernement, je le dis avec orgueil, est peut-être le seul qui ait soutenu la religion pour elle-même; il la soutient non comme instrument politique, non pour plaire à un parti, mais uniquement par conviction, et par amour du bien qu'elle inspire comme des vérités qu'elle enseigne.

Lorsque vous irez dans ce temple appeler la protection du ciel sur les têtes qui vous sont chères, sur les entreprises que vous avez commencées, rappelez-vous celui qui a posé la première pierre de cet édifice, et croyez que, s'identifiant à l'avenir de cette grande cité, il entre par la pensée dans vos prières et dans vos espérances.

DISCOURS DU PRINCE PRÉSIDENT AU BANQUET OFFERT PAR LA CHAMBRE ET LE TRIBUNAL DE COMMERCE DE BORDEAUX.

Palais de la Bourse, le 19 octobre 1852.

Messieurs,

L'invitation de la chambre et du tribunal de commerce de Bordeaux, que j'ai acceptée avec empressement, me fournit l'occasion de remercier votre grande cité de son accueil si cordial, de son hospitalité si pleine de magnificence, et je suis bien aise aussi, vers la fin de mon voyage, de vous faire part des impressions qu'il m'a laissées.

Le but de ce voyage, vous le savez, était de connaître par moi-même nos belles provinces du Midi, d'approfondir leurs besoins. Il a, toutefois, donné lieu à un résultat beaucoup plus important.

En effet, je le dis avec une franchise aussi éloignée de l'orgueil que d'une fausse modestie, jamais peuple n'a témoigné d'une manière plus directe, plus spontanée, plus unanime, la volonté de s'affranchir des préoccupations de l'avenir, en consolidant dans la même main un pouvoir qui lui est sympathique. C'est qu'il connaît, à cette heure, et les trompeuses espérances dont on le berçait et les dangers dont il était menacé. Il sait qu'en 1852 la société courait à sa perte, parce que chaque parti se consolait d'avance du naufrage général par l'espoir de planter son drapeau sur les débris qui pourraient surnager. Il me sait gré d'avoir sauvé le vaisseau en arborant seulement le drapeau de la France.

Désabusé d'absurdes théories, le peuple a acquis la conviction que les réformateurs prétendus n'étaient que des rêveurs, car il y avait toujours inconséquence, disproportion entre leurs moyens et les résultats promis.

Aujourd'hui la France m'entoure de ses sympathies, parce que je ne suis pas de la famille des idéologues. Pour faire le bien du pays, il n'est pas besoin d'appliquer de nouveaux systèmes; mais de donner, avant tout, confiance dans le présent, sécurité dans l'avenir. Voilà pourquoi la France semble vouloir revenir à l'Empire.

Il est néanmoins une crainte à laquelle je dois répondre. Par esprit de défiance, certaines personnes se disent : L'Empire, c'est la guerre. Moi je dis : L'Empire, c'est la paix.

C'est la paix, car la France la désire, et lorsque la France est satisfaite, le monde est tranquille. La gloire se lègue bien à titre d'héritage, mais non la guerre. Est-ce que les princes qui s'honoraient justement d'être les petits-fils de Louis XIV ont recommencé ses luttes? La guerre ne se fait pas par plaisir, elle se fait par nécessité; et, à ces époques de transition où partout, à côté de tant d'éléments de prospérité, germent tant de causes de mort, on peut dire avec vérité : Malheur à celui qui, le premier, donnerait en Europe le signal d'une collision, dont les conséquences seraient incalculables !

J'en conviens, cependant, j'ai, comme l'Empereur, bien des conquêtes à faire. Je veux, comme lui, conquérir à la conciliation les partis dissidents et ramener dans le courant du grand fleuve populaire les dérivations hostiles qui vont se perdre sans profit pour personne.

Je veux conquérir à la religion, à la morale, à l'aisance, cette partie encore si nombreuse de la population qui, au milieu d'un pays de foi et de croyance, connaît à peine les préceptes du Christ; qui, au sein de la terre la plus fertile du monde, peut à peine jouir de ses produits de première nécessité.

Nous avons d'immenses territoires incultes à défricher, des routes à ouvrir, des ports à creuser, des rivières à rendre navigables, des canaux à terminer, notre réseau de chemins de fer à compléter. Nous avons, en face de Marseille, un vaste royaume à assimiler à la France. Nous avons tous nos grands ports de l'Ouest à rapprocher du continent américain par la rapidité de ces communications qui nous manquent encore. Nous avons partout enfin des ruines à relever, de faux dieux à abattre, des vérités à faire triompher.

Voilà comment je comprendrais l'Empire, si l'Empire doit se rétablir. Telles sont les conquêtes que je médite, et vous tous qui m'entourez, qui voulez, comme moi, le bien de notre patrie, vous êtes mes soldats.

PAROLES PRONONCÉES PAR LE PRINCE PRÉSIDENT EN ANNONÇANT A L'ÉMIR ABD-EL-KADER LA FIN DE SA CAPTIVITÉ.

Château d'Amboise, le 16 octobre 1852.

Abd-el-Kader,

Je viens vous annoncer votre mise en liberté. Vous serez conduit à Brousse, dans les États du Sultan, dès que les préparatifs nécessaires seront faits, et vous y recevrez du Gouvernement Français un traitement digne de votre ancien rang.

Depuis longtemps, vous le savez, votre captivité me causait une peine véritable, car elle me rappelait sans cesse que le gouvernement qui m'a précédé n'avait pas tenu les engagements pris envers un ennemi malheureux : et rien à mes yeux de plus humiliant pour le gouvernement d'une grande nation que de méconnaître sa force au point de manquer à sa promesse. La générosité est toujours la meilleure conseillère, et je suis convaincu que votre séjour en Turquie ne nuira pas à la tranquillité de nos possessions d'Afrique.

Votre religion, comme la nôtre, apprend à se soumettre aux décrets de la Providence. Or, si la France est maîtresse de l'Algérie, c'est que Dieu l'a voulu, la nation ne renoncera jamais à cette conquête.

Vous avez été l'ennemi de la France, mais je n'en rends pas moins justice à votre courage, à votre caractère, à votre résignation dans le malheur; c'est pourquoi je tiens à honneur de faire cesser votre captivité, ayant pleine foi dans votre parole.

RÉPONSE DU PRINCE PRÉSIDENT AU DISCOURS
DU PRÉFET DE LA SEINE.

Paris, place Walhubert, le 16 octobre 1852.

Je suis d'autant plus heureux des vœux que vous m'exprimez au nom de la ville de Paris, que les acclamations qui me reçoivent ici sont la continuation de celles dont j'ai été l'objet pendant mon voyage.

Si la France veut l'Empire, c'est qu'elle pense que cette forme de gouvernement garantit mieux sa grandeur et son avenir.

Quant à moi, sous quelque titre qu'il me soit donné de la servir, je lui consacrerai tout ce que j'ai de force, tout ce que j'ai de dévouement.

MESSAGE DU PRINCE PRÉSIDENT AU SÉNAT.

Palais de Saint-Cloud, le 4 novembre 1852.

Messieurs les sénateurs,

La nation vient de manifester hautement sa volonté de rétablir l'Empire. Confiant dans votre patriotisme et vos lumières, je vous ai convoqués pour délibérer légalement sur cette grave question et vous remettre le soin de régler le nouvel ordre de choses. Si vous l'adoptez, vous penserez sans doute, comme moi, que la constitution de 1852 doit être maintenue, et alors les modifications reconnues indispensables ne toucheront en rien aux bases fondamentales.

Le changement qui se prépare portera principalement sur la forme : et cependant reprendre le symbole impérial est pour la France d'une immense signification. En effet, dans le rétablissement de l'Empire, le peuple trouve une garantie à ses intérêts et une satisfaction à son juste orgueil : ce rétablissement garantit ses intérêts en assurant l'avenir, en fermant l'ère des révolutions, en consacrant encore les conquêtes de 89. Il satisfait son juste orgueil, parce que, relevant avec liberté et avec réflexion ce qu'il y a trente-sept ans l'Europe entière avait renversé par la force des armes au milieu des désastres de la patrie, le peuple venge noblement ses revers sans faire de victimes, sans menacer aucune indépendance, sans troubler la paix du monde.

Je ne me dissimule pas néanmoins tout ce qu'il y a de redoutable à accepter aujourd'hui et à mettre sur sa tête la couronne de Napoléon; mais ces appréhensions diminuent par la pensée que, représentant à tant de titres la cause du peuple et la volonté nationale, ce sera la nation qui, en m'élevant au trône, se couronnera elle-même.

RÉPONSE DU PRINCE PRÉSIDENT AU DISCOURS DU VICE-PRÉSIDENT DU SÉNAT, REMETTANT A SON ALTESSE IMPÉRIALE LE SÉNATUS-CONSULTE RELATIF AU RÉTABLISSEMENT DE L'EMPIRE.

Palais de Saint-Cloud, le 7 novembre 1852.

Messieurs les sénateurs,

Je remercie le Sénat de l'empressement avec lequel il a répondu au vœu du pays, en délibérant sur le rétablissement de l'Empire et en rédigeant le Sénatus-Consulte qui doit être soumis à l'acceptation du peuple.

Lorsqu'il y a quarante-huit ans, dans ce même palais, dans cette même salle et dans des circonstances analogues, le Sénat vint offrir la couronne au Chef de ma famille, l'Empereur répondit par ces paroles mémorables : *Mon esprit ne serait plus avec ma postérité du jour où elle cesserait de mériter l'amour et la confiance de la grande nation.*

Eh bien! aujourd'hui ce qui touche le plus mon cœur, c'est de penser que l'esprit de l'Empereur est avec moi, que sa pensée me guide, que son ombre me protége, puisque, par une démarche solennelle, vous venez, au nom du peuple français, me prouver que j'ai mérité la confiance du pays. Je n'ai pas besoin de vous dire que ma préoccupation constante sera de travailler avec vous à la grandeur et à la prospérité de la France.

MESSAGE DU PRINCE PRÉSIDENT AU CORPS LÉGISLATIF.

Palais de Saint-Cloud, le 25 novembre 1852.

Messieurs les députés,

Je vous ai rappelés de vos départements pour vous associer au grand acte qui va s'accomplir. Quoique le Sénat et le Peuple aient seuls le droit de modifier la Constitution, j'ai voulu que le corps politique issu comme moi du suffrage universel vînt attester au monde la spontanéité du mouvement national qui me porte à l'Empire. Je tiens à ce que ce soit vous qui, en constatant la liberté du vote et le nombre des suffrages, fassiez sortir de votre déclaration toute la légitimité de mon pouvoir. Aujourd'hui, en effet, déclarer que l'autorité repose sur un droit incontestable, c'est lui donner la force nécessaire pour fonder quelque chose de durable et assurer la prospérité du pays.

Le Gouvernement, vous le savez, ne fera que changer de forme. Dévoué aux grands intérêts que l'intelligence enfante et que la paix développe, il se contiendra, comme dans le passé, dans les limites de la modération; car le succès n'enfle jamais d'orgueil l'âme de ceux qui ne voient dans leur élévation nouvelle qu'un devoir plus grand imposé par le peuple, qu'une mission plus élevée confiée par la Providence.

Signé Louis-Napoléon.

DISCOURS DE L'EMPEREUR AUX GRANDS CORPS DE L'ÉTAT, APRÈS LE RÉTABLISSEMENT DE L'EMPIRE.

Palais de Saint-Cloud, le 1er décembre 1852.

Messieurs,

Le nouveau règne que vous inaugurez aujourd'hui n'a pas pour origine, comme tant d'autres dans l'histoire, la violence, la conquête ou la ruse. Il est, vous venez de le déclarer, le résultat légal de la volonté de tout un peuple, qui consolide, au milieu du calme, ce qu'il avait fondé au sein des agitations. Je suis pénétré de reconnaissance envers la nation, qui, trois fois en quatre années, m'a soutenu de ses suffrages, et chaque fois n'a augmenté sa majorité que pour accroître mon pouvoir.

Mais plus le pouvoir gagne en étendue et en force vitale, plus il a besoin d'hommes éclairés comme ceux qui m'entourent chaque jour, d'hommes indépendants comme ceux auxquels je m'adresse pour m'aider de leurs conseils, pour ramener mon autorité dans de justes limites, si elle pouvait s'en écarter jamais.

Je prends dès aujourd'hui, avec la couronne, le nom de Napoléon III, parce que la logique du peuple me l'a déjà donné dans ses acclamations, parce que le Sénat l'a proposé légalement, et parce que la nation entière l'a ratifié.

Est-ce à dire cependant qu'en acceptant ce titre je tombe dans l'erreur reprochée au prince qui, revenant de l'exil, déclara nul et non avenu tout ce qui s'était fait en son absence? Loin de moi un semblable égarement! Non-seulement je reconnais les gouvernements qui m'ont précédé, mais j'hérite en quelque sorte de ce qu'ils ont fait de bien ou de mal ; car les gouvernements qui se succèdent sont, malgré leurs origines différentes, solidaires de leurs devanciers. Mais, plus j'accepte tout ce que depuis cinquante ans l'histoire nous transmet avec son inflexible autorité, moins il m'était permis de passer sous silence le règne glorieux du Chef de ma famille, et le titre régulier, quoique éphémère, de son fils, que les chambres proclamèrent dans le dernier élan du patriotisme vaincu. Ainsi donc, le titre de Napoléon III n'est pas une de ces prétentions dynastiques et surannées qui semblent une insulte au bon sens et à la vérité ; c'est l'hommage rendu à un gouvernement qui fut légitime, et auquel nous devons les plus belles pages de notre histoire moderne. Mon Règne ne date pas de 1815, il date de ce moment même où vous venez me faire connaître les suffrages de la nation.

Recevez donc mes remercîments, messieurs les Députés, pour l'éclat que vous avez donné à la manifestation de la volonté nationale, en la rendant plus évidente par votre contrôle, plus imposante par votre déclaration. Je vous remercie aussi, messieurs les Sénateurs, d'avoir voulu être les premiers à m'adresser vos félicitations, comme vous avez été les premiers à formuler le vœu populaire.

Aidez-moi tous à asseoir sur cette terre bouleversée par tant de révolutions un gouvernement stable qui ait pour bases la religion, la justice, la probité, l'amour des classes souffrantes.

Recevez ici le serment que rien ne me coûtera pour assurer la prospérité de la patrie, et que, tout en maintenant la paix, je ne céderai rien de tout ce qui touche à l'honneur et à la dignité de la France.

ANNÉE 1853.

DISCOURS,
MESSAGES ET PROCLAMATIONS.

ANNÉE 1853.

DISCOURS DE L'EMPEREUR AUX GRANDS CORPS DE L'ÉTAT, POUR LEUR ANNONCER SON MARIAGE.

Palais des Tuileries, le 22 janvier 1853.

Messieurs,

Je me rends au vœu si souvent manifesté par le pays, en venant vous annoncer mon mariage.

L'union que je contracte n'est pas d'accord avec les traditions de l'ancienne politique; c'est là son avantage.

La France, par ses révolutions successives, s'est toujours brusquement séparée du reste de l'Europe; tout gouvernement sensé doit chercher à la faire rentrer dans le giron des vieilles monarchies; mais ce résultat sera bien plus sûrement atteint par une politique droite et franche, par la loyauté des transactions, que par des alliances royales, qui créent de fausses sécurités et substituent souvent l'intérêt de famille à l'intérêt national. D'ailleurs, les exemples du passé ont laissé dans l'esprit du peuple des croyances superstitieuses; il n'a pas oublié que depuis soixante-dix ans les princesses étrangères n'ont monté les degrés du trône que pour voir leur race dispersée et proscrite par la guerre ou par la révolution. Une seule femme a semblé porter bonheur et vivre plus que les autres dans le souvenir du peuple, et cette femme, épouse modeste et bonne du général Bonaparte, n'était pas issue d'un sang royal.

Il faut cependant le reconnaître; en 1810, le mariage de Napoléon Ier avec Marie-Louise fut un grand événement : c'était un gage pour l'avenir, une véritable satisfaction pour l'orgueil national, puisqu'on voyait l'antique et illustre maison d'Autriche, qui nous avait si longtemps fait la guerre, briguer l'alliance du chef élu d'un nouvel empire. Sous le dernier règne, au contraire, l'amour-propre du pays n'a-t-il pas eu à souffrir lorsque l'héritier de la couronne sollicitait infructueusement, pendant plusieurs années, l'alliance d'une maison souveraine, et obtenait enfin une princesse accomplie sans doute, mais seulement dans des rangs secondaires et dans une autre religion?

Quand, en face de la vieille Europe, on est porté par la force d'un nouveau principe à la hauteur des anciennes dynasties, ce n'est pas en vieillissant son blason et en cherchant à s'introduire à tout prix dans la famille des rois qu'on se fait accepter. C'est bien plutôt en se souvenant toujours de son origine, en conservant son caractère propre, et en prenant franchement vis-à-vis de l'Europe la position de parvenu, titre glorieux lorsqu'on parvient par le libre suffrage d'un grand peuple.

Ainsi, obligé de s'écarter des précédents suivis jusqu'à ce jour, mon mariage n'était plus qu'une affaire privée. Il restait seulement le choix de la personne. Celle qui est devenue l'objet de ma préférence est d'une naissance élevée. Française par le cœur, par l'éducation, par le souvenir du sang que versa son père pour la cause de l'Empire, elle a, comme Espagnole, l'avantage de ne pas avoir en France de famille à laquelle il faille donner honneurs et dignités. Douée de toutes les qualités de l'âme, elle sera l'ornement du trône, comme au jour du danger elle deviendrait un de ses courageux appuis. Catholique et pieuse, elle adressera au ciel les mêmes prières que moi pour le bonheur de la France; gracieuse et bonne, elle fera revivre dans la même position, j'en ai le ferme espoir, les vertus de l'Impératrice Joséphine.

Je viens donc, Messieurs, dire à la France : J'ai préféré une femme que j'aime et que je respecte à une femme inconnue dont l'alliance eût eu des avantages mêlés de sacrifices. Sans témoigner de dédain pour personne, je cède à mon penchant, mais après avoir consulté ma raison et mes convictions. Enfin, en plaçant l'indépendance, les qualités du cœur, le bonheur de famille au-dessus des préjugés dynastiques et des calculs de l'ambition, je ne serai pas moins fort, puisque je serai plus libre.

Bientôt, en me rendant à Notre-Dame, je présenterai l'Impératrice au peuple et à l'armée; la confiance qu'ils ont en moi assure leur sympathie à celle que j'ai choisie, et vous, Messieurs, en apprenant à la connaître, vous serez convaincus que cette fois encore j'ai été inspiré par la Providence.

DISCOURS DE L'EMPEREUR A L'OUVERTURE DE LA SESSION LÉGISLATIVE.

Palais des Tuileries, le 14 février 1853.

Messieurs les Sénateurs,
Messieurs les Députés,

Il y a un an, je vous réunissais dans cette enceinte pour inaugurer la Constitution, promulguée en vertu des pouvoirs que le peuple m'avait conférés. Depuis cette époque, le calme n'a pas été troublé. La loi, en reprenant son empire, a permis de rendre à leurs foyers la plupart des hommes frappés par une rigueur nécessaire. La richesse nationale s'est élevée à un tel point que la partie de la fortune mobilière, dont on peut chaque jour apprécier la valeur, s'est accrue, à elle seule, de deux milliards environ.

L'activité du travail s'est développée dans toutes les industries; les mêmes progrès se réalisent en Afrique, où notre armée vient de se distinguer par des succès héroïques. La forme du gouvernement s'est modifiée légalement et sans secousse par le libre suffrage du peuple. De grands travaux ont été entrepris sans la création d'aucun impôt et sans emprunt. La paix a été maintenue sans faiblesse. Toutes les puissances ont reconnu le nouveau Gouvernement. La France a aujourd'hui des institutions qui peuvent se défendre d'elles-mêmes, et dont la stabilité ne dépend pas de la vie d'un homme.

Ces résultats n'ont pas coûté de grands efforts, parce qu'ils étaient dans l'esprit et dans les intérêts de tous. A ceux qui méconnaîtraient leur importance, je répondrais qu'il y a quatorze mois à peine le pays était livré aux hasards de l'anarchie. A ceux qui regretteraient qu'une part plus large n'ait pas été faite à la liberté, je répondrais : La liberté n'a jamais aidé à fonder d'édifice politique durable : elle le couronne quand le temps l'a consolidé. N'oublions pas d'ailleurs que, si l'immense majorité du pays a confiance dans le présent et foi dans l'avenir, il reste toujours des individus incorrigibles qui, oublieux de leur propre expérience, de leurs terreurs passées, de leurs désappointements, s'obstinent à ne tenir aucun compte de la volonté nationale, nient impudemment la réalité des faits, et au milieu d'une mer qui s'apaise chaque jour davantage, appellent des tempêtes qui les engloutiraient les premiers.

Ces menées occultes des divers partis ne servent à chaque occasion qu'à constater leur impuissance, et le Gouvernement, au lieu de s'en inquiéter, songe avant tout à bien administrer la France et à rassurer l'Europe. Dans ce double but, il a la ferme volonté de diminuer les dépenses et les armements, de consacrer à des applications utiles toutes les ressources du pays, d'entretenir loyalement les rapports internationaux, afin de prouver aux plus incrédules que lorsque la France exprime l'intention formelle de demeurer en paix il faut la croire, car elle est assez forte pour ne craindre, et, par conséquent, pour ne tromper personne.

Vous verrez, Messieurs, par le budget qui sera présenté, que notre position financière n'a jamais été meilleure depuis vingt années, et que les revenus publics ont augmenté au delà de toutes les prévisions.

Néanmoins l'effectif de l'armée, déjà réduit de trente mille hommes dans le cours de l'année dernière, va l'être immédiatement encore de vingt mille.

La plupart des lois qu'on vous présentera ne sortiront pas du cercle des exigences accoutumées, c'est là l'indice le plus favorable de notre situation. Les peuples sont heureux quand les Gouvernements n'ont pas besoin de recourir à des mesures extraordinaires.

Remercions donc la Providence de la protection visible qu'elle a accordée à nos efforts; persévérons dans cette voie de fermeté et de modération, violence, et prévient ainsi toute réaction. Comptons toujours sur Dieu et sur nous-mêmes comme sur l'appui mutuel que nous nous devons, et soyons fiers de voir en si peu de temps ce grand pays pacifié, prospère au dedans, honoré au dehors.

DISCOURS DE L'EMPEREUR A UNE DÉPUTATION DU HAUT COMMERCE DE LA CITÉ DE LONDRES [1].

Palais des Tuileries, le 28 mars 1853.

Je suis extrêmement touché de cette manifestation. Elle me fortifie dans la confiance que m'a toujours inspirée le bon sens de la nation anglaise. Pendant le long séjour que j'ai fait en Angleterre, j'ai admiré la liberté dont elle jouit, grâce à la perfection de ses institutions. Un moment cependant j'ai craint, l'année dernière, que l'opinion ne fût égarée sur le véritable état de la France et sur ses sentiments envers la Grande-Bretagne. Mais on ne trompe pas longtemps la bonne foi d'un grand peuple, et la démarche que vous faites près de moi en est une preuve éclatante. Depuis que je suis au pouvoir, mes efforts tendent constamment à développer la prospérité de la France. Je connais ses intérêts : ils ne sont pas différents de ceux de toutes

[1] En anglais.

les autres nations civilisées. Comme vous je veux la paix, et, pour l'affermir, je veux comme vous resserrer les liens qui unissent nos deux pays.

DISCOURS DE L'EMPEREUR AUX TROUPES RÉUNIES AU CAMP DE SATORY.

Versailles, le 20 septembre 1853.

Officiers, Sous-Officiers et Soldats,

Au moment où l'on va lever le camp de Satory, je veux vous témoigner toute ma satisfaction.

Les trois divisions qui s'y sont succédé ont montré cet esprit de discipline, de confraternité, cet amour du métier des armes qui entretiennent l'esprit militaire, si nécessaire à une grande nation. En effet, dans les temps difficiles, qui a soutenu les empires, si ce n'est ces réunions d'hommes armés tirés du peuple, façonnés à la discipline, animés du sentiment du devoir, et qui conservent au milieu de la paix, où généralement l'égoïsme et l'intérêt finissent par tout énerver, ce dévouement à la patrie fondé sur l'abnégation de soi-même; cet amour de la gloire fondé sur le mépris des richesses?

Voilà ce qui a toujours fait des armées le sanctuaire de l'honneur. Aussi tant que la paix dure, il existe une communauté de sentiments, je dirai même une sorte d'esprit de corps, entre nous et les armées étrangères. Nous aimons et nous estimons ceux qui chez eux sentent et agissent comme nous; et tant que la politique ne les change pas en ennemis, nous sommes heureux de les accueillir comme camarades et comme frères.

Recevez, mes amis, avec mes éloges pour votre bonne conduite, mes remercîments pour les marques d'attachement que vous me donnez, ainsi qu'à l'Impératrice. Comptez sur mon affection, et, croyez-le bien, après l'honneur d'avoir été élu trois fois par un peuple tout entier, rien ne peut me rendre plus fier que de commander à des hommes tels que vous.

ANNEE 1854.

DISCOURS,
MESSAGES ET PROCLAMATIONS.

ANNÉE 1854.

LETTRE DE L'EMPEREUR NAPOLÉON A L'EMPEREUR NICOLAS.

Palais des Tuileries, le 29 janvier 1854.

Sire,

Le différend qui s'est élevé entre Votre Majesté et la Porte Ottomane en est venu à un tel point de gravité, que je crois devoir expliquer moi-même directement à Votre Majesté la part que la France a prise dans cette question et les moyens que j'entrevois d'écarter les dangers qui menacent le repos de l'Europe.

La note que Votre Majesté vient de faire remettre à mon gouvernement et à celui de la reine Victoria tend à établir que le système de pression adopté dès le début par les deux puissances maritimes a seul envenimé la question. Elle aurait, au contraire, ce me semble, continué à demeurer une question de cabinet, si l'occupation des principautés ne l'avait transportée tout à coup du domaine de la discussion dans celui des faits. Cependant les troupes de Votre Majesté une fois entrées en Valachie, nous n'en avons pas moins engagé la Porte à ne pas considérer cette occupation comme un cas de guerre, témoignant ainsi notre extrême désir de conciliation. Après m'être concerté avec l'Angleterre, l'Autriche et la Prusse, j'ai proposé à Votre Majesté une note destinée à donner une satisfaction commune ; Votre Majesté l'a acceptée. Mais à peine étions-nous avertis de cette bonne nouvelle, que son ministre, par des commentaires explicatifs, en détruisait tout l'effet conciliant, et nous empêchait par là d'insister à Constantinople sur son adoption pure et simple. De son côté, la Porte avait proposé au projet de note des modifications que les quatre puissances représentées à Vienne ne trouvèrent pas inacceptables. Elles n'ont pas eu l'agrément de Votre Majesté. Alors la Porte, blessée dans sa dignité, menacée dans son indépendance, obérée par les efforts déjà faits pour opposer une armée à celle de Votre Majesté, a mieux aimé déclarer la guerre que de rester dans cet état d'incertitude et d'abaissement. Elle avait réclamé notre appui ; sa cause nous paraissait juste : les escadres anglaise et française reçurent l'ordre de mouiller dans le Bosphore.

Notre attitude vis-à-vis de la Turquie était protectrice, mais passive. Nous ne l'encouragions pas à la guerre. Nous faisions sans cesse parvenir aux oreilles du Sultan des conseils de paix et de modération, persuadés que c'était le moyen d'arriver à un accord; et les quatre puissances s'entendirent de nouveau pour soumettre à Votre Majesté d'autres propositions. Votre Majesté, de son côté, montrant le calme qui naît de la conscience de sa force, s'était bornée à repousser, sur la rive gauche du Danube comme en Asie, les attaques des Turcs, et, avec la modération digne du chef d'un grand empire, Elle avait déclaré qu'Elle se tiendrait sur la défensive. Jusque-là nous étions donc, je dois le dire, spectateurs intéressés, mais simples spectateurs de la lutte, lorsque l'affaire de Sinope vint nous forcer à prendre une position plus tranchée. La France et l'Angleterre n'avaient pas cru utile d'envoyer des troupes de débarquement au secours de la Turquie. Leur drapeau n'était donc pas engagé dans les conflits qui avaient lieu sur terre; mais sur mer, c'était bien différent. Il y avait à l'entrée du Bosphore trois mille bouches à feu dont la présence disait assez haut à la Turquie que les deux premières puissances maritimes ne permettraient pas de l'attaquer sur mer. L'événement de Sinope fut pour nous aussi blessant qu'inattendu. Car peu importe que les Turcs aient voulu ou non faire passer des munitions de guerre sur le territoire russe. En fait, des vaisseaux russes sont venus attaquer des bâtiments turcs dans les eaux de la Turquie et mouillés tranquillement dans un port turc; ils les ont détruits, malgré l'assurance de ne pas faire une guerre agressive, malgré le voisinage de nos escadres. Ce n'était plus notre politique qui recevait là un échec, c'était notre honneur militaire. Les coups de canon de Sinope ont retenti douloureusement dans le cœur de tous ceux qui en Angleterre et en France ont un vif sentiment de la dignité nationale. On s'est écrié d'un commun accord : Partout où nos canons peuvent atteindre, nos alliés doivent être respectés. De là l'ordre donné à nos escadres d'entrer dans la mer Noire, et d'empêcher par la force, s'il le fallait, le retour d'un semblable événement. De là la notification collective envoyée au cabinet de Saint-Pétersbourg pour lui annoncer que, si nous empêchions les Turcs de porter une guerre agressive sur les côtes appartenant à la Russie, nous protégerions le ravitaillement de leurs troupes sur leur propre territoire. Quant à la flotte russe, en lui interdisant la navigation de la mer Noire, nous la placions dans des conditions différentes, parce qu'il importait, pendant la durée de la guerre, de conserver un gage qui pût être l'équivalent des parties occupées du territoire turc, et faciliter la conclusion de la paix en devenant le titre d'un échange désirable.

Voilà, sire, la suite réelle et l'enchaînement des faits. Il est clair qu'arrivés à ce point, ils doivent amener promptement ou une entente définitive ou une rupture décidée.

Votre Majesté a donné tant de preuves de sa

sollicitude pour le repos de l'Europe, Elle y a contribué si puissamment par son influence bienfaisante contre l'esprit de désordre, que je ne saurais douter de sa résolution dans l'alternative qui se présente à son choix. Si Votre Majesté désire autant que moi une conclusion pacifique, quoi de plus simple que de déclarer qu'un armistice sera signé aujourd'hui, que les choses reprendront leur cours diplomatique, que toute hostilité cessera, et que toutes les forces belligérantes se retireront des lieux où des motifs de guerre les ont appelées ?

Ainsi les troupes russes abandonneraient les principautés, et nos escadres la mer Noire. Votre Majesté préférant traiter directement avec la Turquie, Elle nommerait un ambassadeur qui négocierait avec un plénipotentiaire du Sultan une convention qui serait soumise à la conférence des quatre puissances. Que Votre Majesté adopte ce plan, sur lequel la Reine d'Angleterre et moi sommes parfaitement d'accord, la tranquillité est rétablie et le monde satisfait. Rien en effet dans ce plan qui ne soit digne de Votre Majesté, rien qui puisse blesser son honneur. Mais si, par un motif difficile à comprendre, Votre Majesté opposait un refus, alors la France, comme l'Angleterre, serait obligée de laisser au sort des armes et aux hasards de la guerre ce qui pourrait être décidé aujourd'hui par la raison et la justice.

Que Votre Majesté ne pense pas que la moindre animosité puisse entrer dans mon cœur; il n'éprouve d'autres sentiments que ceux exprimés par Votre Majesté Elle-même dans sa lettre du 17 janvier 1853, lorsqu'Elle m'écrivait : « Nos relations doivent être » sincèrement amicales, reposer sur les mêmes » intentions : maintien de l'ordre, amour de la » paix, respect aux traités et bienveillance réci- » proque. » Ce programme est digne du souverain qui le traçait, et, je n'hésite pas à l'affirmer, j'y suis resté fidèle.

Je prie Votre Majesté de croire à la sincérité de mes sentiments, et c'est dans ces sentiments que je suis,

Sire,

De Votre Majesté,

Le bon ami,

Napoléon.

DISCOURS DE L'EMPEREUR A L'OUVERTURE
DE LA SESSION LÉGISLATIVE.

Palais des Tuileries, le 2 mars 1854.

Messieurs les Sénateurs,

Messieurs les Députés,

Depuis votre dernière session, deux questions, vous le savez, ont préoccupé le pays : l'insuffisance de la dernière récolte et les difficultés extérieures. Mais ces deux questions, je me hâte de le dire, inspirent déjà bien moins de craintes, parce que, malgré leur gravité, on peut en mesurer et limiter l'étendue.

L'insuffisance de la récolte a été estimée à environ dix millions d'hectolitres de froment, représentant une valeur de près de trois cents millions de francs et le chargement de quatre mille navires. Le Gouvernement pouvait-il entreprendre l'achat de ces dix millions d'hectolitres sur tous les points du globe pour venir ensuite les vendre sur tous les marchés de France? L'expérience et la sagesse disaient assez haut que cette mesure eût été environnée d'embarras presque insurmontables, d'inconvénients et de dangers sans nombre. Le commerce seul possédait les moyens financiers et matériels d'une aussi grande opération. Le Gouvernement a donc fait la seule chose praticable ; il a encouragé la liberté des transactions en délivrant le commerce des grains de toute entrave. Le prix élevé d'une denrée si nécessaire à l'alimentation générale est une calamité sans doute, mais il n'était ni possible, ni désirable même de s'y soustraire, tant que le déficit n'était pas comblé. Car si le prix du blé eût été inférieur en France à celui des pays circonvoisins, les marchés étrangers eussent été approvisionnés aux dépens des nôtres.

Cet état de choses devait produire néanmoins un malaise qu'on ne pouvait combattre que par l'activité du travail ou par la charité publique. Le Gouvernement s'est donc efforcé d'ouvrir, dès le commencement de l'année, des crédits qui, dépassant de quelques millions seulement les ressources du budget, amèneront, avec le concours des communes et des compagnies, une masse de travaux évalués à près de 400 millions, sans compter 2 millions affectés par le Ministre de l'intérieur aux établissements de bienfaisance. En même temps, les conseils généraux et municipaux, la charité privée faisaient les plus louables sacrifices pour soulager les souffrances des classes pauvres.

Je recommande surtout à votre attention le système adopté par la ville de Paris ; car s'il se répand, comme je l'espère, par toute la France, il préviendra désormais pour la valeur des céréales ces variations extrêmes qui, dans l'abondance, font languir l'agriculture par le vil prix du blé, et, dans la disette, font souffrir les classes nécessiteuses par sa cherté excessive.

Ce système consiste à créer dans tous les grands centres de population une institution de crédit appelée *caisse de boulangerie*, qui puisse donner, durant les mois d'une mauvaise année, le pain à un taux *beaucoup* moins élevé que la mercuriale, sauf à le faire payer *un peu plus cher* dans les années de fertilité. Celles-ci étant en général plus nombreuses, on conçoit que la compensation s'opère facilement. On obtient aussi cet immense avantage de fonder des sociétés de crédit, qui, au lieu de gagner d'autant plus que le pain est plus cher, sont intéressées, comme tout le monde, à ce qu'il devienne à bon marché; car, contrairement à ce qui a existé jusqu'à ce moment, elles font des bénéfices aux jours de fertilité et des pertes aux jours de disette.

Je suis heureux de vous annoncer maintenant que sept millions d'hectolitres de froment étranger sont déjà livrés à la consommation, indépendamment des quantités en route et en entrepôt; qu'ainsi les moments les plus difficiles de la crise sont passés.

Il est un fait remarquable qui m'a profondément touché. Pendant cet hiver rigoureux, pas une accusation n'a été dirigée contre le Gouvernement, et le peuple a subi avec résignation une souffrance qu'il était assez juste pour imputer aux circonstances seules : preuve nouvelle de sa confiance en moi et de sa conviction que son bien-être est avant tout l'objet de mes préoccupations constantes. Mais la disette à peine finie, la guerre commence.

L'année dernière, dans mon discours d'ouverture, je promettais de faire tous mes efforts pour maintenir la paix et rassurer l'Europe. J'ai tenu parole. Afin d'éviter une lutte, j'ai été aussi loin que me le permettait l'honneur. L'Europe sait maintenant, à n'en plus douter, que si la France tire l'épée c'est qu'elle y aura été contrainte. Elle sait que la France n'a aucune idée d'agrandissement. Elle veut uniquement résister à des empiétements dangereux. Aussi, j'aime à le proclamer hautement, le temps des conquêtes est passé sans retour. Car ce n'est pas en reculant les limites de son territoire qu'une nation peut désormais être honorée et puissante, c'est en se mettant à la tête des idées généreuses, en faisant prévaloir partout l'empire du droit et de la justice. Aussi, voyez les résultats d'une politique sans égoïsme et sans arrière-pensée! voici l'Angleterre, cette ancienne rivale, qui resserre avec nous les liens d'une alliance de jour en jour plus intime, parce que les idées que nous défendons sont en même temps celles du peuple anglais. L'Allemagne, que le souvenir des anciennes guerres rendait encore défiante, et qui, par cette raison, donnait depuis quarante ans peut-être trop de preuves de déférence à la politique du cabinet de Saint-Pétersbourg, a déjà recouvré l'indépendance de ses allures et regarde librement de quel côté se trouvent ses intérêts. L'Autriche surtout, qui ne peut pas voir avec indifférence les événements qui se préparent, entrera dans notre alliance et viendra ainsi confirmer le caractère de moralité et de justice de la guerre que nous entreprenons.

Voici en effet la question telle qu'elle s'engage. L'Europe, préoccupée de luttes intestines depuis quarante ans, rassurée d'ailleurs par la modération de l'Empereur Alexandre en 1815, comme par celle de son successeur jusqu'à ce jour, semblait méconnaître le danger dont pouvait la menacer la puissance colossale qui, par ses envahissements successifs, embrasse le Nord et le Midi, qui possède presque exclusivement deux mers intérieures, d'où il est facile à ses armées et à ses flottes de s'élancer sur notre civilisation. Il a suffi d'une prétention mal fondée à Constantinople pour réveiller l'Europe endormie.

Nous avons vu en effet, en Orient, au milieu d'une paix profonde, un souverain exiger tout à coup de son voisin plus faible des avantages nouveaux, et parce qu'il ne les obtenait pas, envahir deux de ses provinces. Seul, ce fait devait mettre les armes aux mains de ceux que l'iniquité révolte. Mais nous avions aussi d'autres raisons d'appuyer la Turquie. La France a autant et peut-être plus d'intérêt que l'Angleterre à ce que l'influence de la Russie ne s'étende pas indéfiniment sur Constantinople; car régner sur Constantinople, c'est régner sur la Méditerranée, et personne de vous, Messieurs, je le pense, ne dira que l'Angleterre seule a de grands intérêts dans cette mer qui baigne trois cents lieues de nos côtes. D'ailleurs, cette politique ne date pas d'hier; depuis des siècles, tout gouvernement national, en France, l'a soutenue : je ne la déserterai pas.

Qu'on ne vienne donc plus nous dire : Qu'allez-vous faire à Constantinople? Nous y allons avec l'Angleterre pour défendre la cause du Sultan, et néanmoins pour protéger les droits des chrétiens; nous y allons pour défendre la liberté des mers et notre juste influence dans la Méditerranée; nous y allons avec l'Allemagne pour l'aider à conserver le rang dont on semblait vouloir la faire descendre, pour assurer ses frontières contre la prépondérance d'un voisin trop puissant; nous y allons enfin avec tous ceux qui veulent le triomphe du bon droit, de la justice et de la civilisation.

Dans cette circonstance solennelle, Messieurs, comme dans toutes celles où je serai obligé de faire appel au pays, je suis sûr de votre appui; car j'ai toujours trouvé en vous les sentiments généreux qui animent la nation. Aussi, fort de cet appui, de la noblesse de la cause, de la sincérité de nos alliances, et confiant surtout dans la protection de Dieu, j'espère arriver bientôt à une paix qu'il ne dépendra plus de personne de troubler impunément.

DISCOURS DE L'EMPEREUR A L'ARMÉE EXPÉDITIONNAIRE DE LA BALTIQUE.

Boulogne, le 12 juillet 1854.

Soldats!

La Russie nous ayant contraints à la guerre, la France a armé cinq cent mille de ses enfants. L'Angleterre a mis sur pied des forces considérables. Aujourd'hui nos flottes et nos armées, unies pour la même cause, vont dominer dans la Baltique comme dans la mer Noire. Je vous ai choisis pour porter les premiers nos aigles dans ces régions du Nord. Des vaisseaux anglais vont vous y transporter, fait unique dans l'histoire, qui prouve l'alliance intime de deux grands peuples et la ferme résolution des deux Gouvernements de ne reculer devant aucun sacrifice pour défendre le droit du plus faible, la liberté de l'Europe et l'honneur national!

Allez, mes enfants! l'Europe attentive fait ouvertement ou en secret des vœux pour votre triomphe. La patrie, fière d'une lutte où elle ne menace que l'agresseur, vous accompagne de ses vœux ardents; et moi, que des devoirs impérieux retiennent encore loin des événements, j'aurai les yeux sur vous, et bientôt en vous revoyant je pourrai dire : Ils étaient les dignes fils des vainqueurs d'Austerlitz, d'Eylau, de Friedland, de la Moscowa. Allez! Dieu vous protége!

LETTRE DE L'EMPEREUR AU MINISTRE DE LA GUERRE.

Biarritz, le 1er août 1854.

Monsieur le Maréchal, j'appelle votre attention sur les tristes accidents qui se renouvellent chaque année à pareille époque quand on est obligé de faire voyager des troupes pendant les grandes chaleurs. S'ils ont lieu malgré toutes les précautions prises, il n'y a de reproches à faire à personne; mais si, par excès de zèle, et pour exécuter trop à la lettre un ordre général donné de loin, on compromet la santé et jusqu'à la vie des soldats, je veux que les chefs soient sévèrement blâmés. Je ne citerai pas d'exemples, mais dans plusieurs divisions militaires les généraux n'ont peut-être pas, comme ils devaient le faire, pris sur eux de faire exécuter avec une prudente circonspection les ordres émanés du Ministre de la guerre. En temps de guerre, lorsqu'un chef de corps arrive à l'heure dite au point assigné d'avance, il faut le louer hautement, eût-il laissé la moitié de son monde en route, car alors l'intérêt militaire est le premier de tous; mais, en temps de paix, le premier devoir d'un chef est de ménager ses soldats et d'éviter soigneusement tout ce qui compromettrait inutilement leur vie. Je vous prie donc d'adresser aux commandants des divisions militaires une circulaire qui leur rappelle les précautions à prendre pour prévenir autant que possible le retour de semblables malheurs. Sur ce, monsieur le Maréchal, que Dieu vous ait en sa sainte garde. Écrit à Biarritz, le 1er août 1854.

Napoléon.

RÉPONSE DE L'EMPEREUR A L'ÉVÊQUE DE BAYONNE.

Bayonne, le 15 août 1854.

Monseigneur,

L'usage a voulu qu'il y eût un jour de l'année où toute la nation célébrât la fête du souverain. En présence de cette manifestation générale et des prières qui s'adressent au Ciel dans toute la France, c'est le devoir du souverain, à son tour, de se recueillir en lui-même afin de savoir s'il a fait tout ce qui dépendait de lui pour mériter ce concert d'hommages et de vœux. C'est son devoir surtout de venir au pied des autels demander au Ciel, par l'intercession de ses ministres sacrés, de bénir ses efforts, d'éclairer sa conscience et de lui donner sans cesse la force de faire le bien et de combattre le mal.

Ma présence à Bayonne en ce jour est un fait que je constate avec plaisir. Il prouve que la France, calme et heureuse, n'a plus de ces craintes qui obligent le chef de l'État à être toujours armé et sur le qui-vive dans la capitale. Il prouve que la France peut soutenir une guerre lointaine sans que sa vie intérieure cesse d'être libre et régulière.

Je vous remercie, Monseigneur, des vœux que vous adressez au Ciel pour moi; mais veuillez aussi appeler sa protection sur nos armées; car prier pour ceux qui combattent comme pour ceux qui souffrent, c'est encore prier pour moi.

PROCLAMATION DE L'EMPEREUR A L'ARMÉE D'ORIENT.

Palais des Tuileries, le 20 août 1854.

Soldats et Marins de l'armée d'Orient,

Vous n'avez pas encore combattu, et déjà vous avez obtenu un éclatant succès. Votre présence et celle des troupes anglaises ont suffi pour contraindre l'ennemi à repasser le Danube, et les vaisseaux russes restent honteusement dans leurs ports. Vous n'avez pas encore combattu, et déjà vous avez lutté avec courage contre la mort. Un fléau redoutable, quoique passager, n'a pas arrêté votre ardeur. La France et le Souverain qu'elle s'est donné ne voient pas sans une émotion profonde, sans faire tous les efforts pour vous venir en aide, tant d'énergie et tant d'abnégation.

Le premier Consul disait en 1799 dans une proclamation à son armée : « La première qualité du » soldat est la constance à supporter les fatigues et » les privations ; la valeur n'est que la seconde. » La première, vous la montrez aujourd'hui ; la deuxième, qui pourrait vous la contester ? Aussi nos ennemis, disséminés depuis la Finlande jusqu'au Caucase, cherchent avec anxiété jusqu'à quel point la France et l'Angleterre porteront leurs coups, qu'ils prévoient bien être décisifs ; car le droit, la justice, l'inspiration guerrière sont de notre côté.

Déjà Bomarsund et deux mille prisonniers viennent de tomber en notre pouvoir. Soldats, vous suivrez l'exemple de l'armée d'Égypte; les vainqueurs des Pyramides et du mont Thabor avaient comme vous à combattre des soldats aguerris et la maladie; mais, malgré la peste et les efforts de trois armées, ils revinrent honorés dans leur patrie.

Soldats, ayez confiance en votre général en chef et en moi. Je veille sur vous, et j'espère, avec l'aide de Dieu, voir bientôt diminuer vos souffrances et augmenter votre gloire. Soldats, au revoir.

Napoléon.

ORDRE DU JOUR DE L'EMPEREUR A L'ARMÉE DE BOULOGNE.

Boulogne, le 2 septembre 1854.

Soldats!

En venant prendre le commandement de cette armée du Nord, dont une division s'est récemment illustrée dans la Baltique, je dois déjà vous adresser des éloges, car depuis deux mois vous avez supporté gaiement les fatigues et les privations inséparables d'une pareille agglomération de troupes.

La formation des camps est le meilleur apprentissage de la guerre, parce qu'elle en est l'image fidèle; mais elle ne profiterait pas à tous si l'on ne mettait à la portée de chacun la raison des mouvements à exécuter.

Une armée nombreuse est obligée de se diviser

pour vivre, afin de ne pas épuiser les ressources d'un pays, et néanmoins elle doit pouvoir se réunir promptement sur un champ de bataille. Là est l'une des premières difficultés d'un grand rassemblement. — « Toute armée, disait l'Empereur, dont les différentes parties ne peuvent se réunir en vingt-quatre heures sur un point donné est une armée mal placée. » La nôtre occupe un triangle dont Saint-Omer est le sommet et dont la base s'étend d'Ambleteuse à Montreuil. Ce triangle a huit lieues de base sur douze de hauteur, et toutes les troupes peuvent se concentrer en vingt-quatre heures sur un point quelconque du triangle. Ces mouvements s'opéreront avec facilité si le soldat est habitué à la marche, — s'il porte aisément ses vivres et ses munitions, — si chaque chef de corps maintient en route la discipline la plus sévère, — si les diverses colonnes qui se dirigent par des routes différentes ont bien reconnu le terrain et ne cessent jamais d'être en communication entre elles, — enfin si aucune arme ne gêne la marche de l'autre, malgré l'immense embarras d'un grand nombre de chevaux et de voitures. Les troupes une fois arrivées au lieu indiqué, il faut s'éclairer, se garder militairement et bivouaquer.

Voilà ce que vous allez être appelés à mettre en pratique. Sans donc parler des combats et des manœuvres de tactique, vous voyez comme tout s'enchaîne dans l'art de la guerre, et combien le plus simple détail doit contribuer au succès général.

Soldats ! les chefs expérimentés que j'ai placés à votre tête et le dévouement qui vous anime me rendront facile le commandement de l'armée du Nord, vous serez dignes de ma confiance, et si les circonstances l'exigeaient, vous serez prêts à répondre à l'appel de la patrie.

Napoléon.

DISCOURS DE L'EMPEREUR AUX TROUPES DU CAMP DE BOULOGNE.

Boulogne, le 30 septembre 1854.

Soldats !

Je vous quitte, mais pour revenir bientôt juger par moi-même de vos progrès et de votre persévérance.

La création du camp du Nord, vous le savez, a eu pour but de rapprocher nos troupes du littoral, afin qu'unies plus promptement à celles d'Angleterre, elles se portent partout où l'honneur des deux nations en ferait un devoir. — Il a été créé pour montrer à l'Europe que, sans dégarnir aucun point de l'intérieur, nous pouvions facilement rassembler près de cent mille hommes de Cherbourg à Saint-Omer. — Il a été créé pour vous habituer aux exercices militaires, aux marches, aux fatigues, et, croyez-moi, rien n'égale pour le soldat cette vie en commun et en plein air qui apprend à se connaître et à résister à l'intempérie des saisons.

Sans doute le séjour du camp sera rigoureux pendant l'hiver ; mais je compte sur les efforts de chacun pour le rendre profitable à tous. La patrie, d'ailleurs, réclame de chacun de nous un concours actif : les uns protégent la Grèce contre l'influence funeste de la Russie ; les autres maintiennent à Rome l'indépendance du Saint-Père ; les autres affermissent et étendent notre domination en Afrique ; d'autres enfin plantent peut-être aujourd'hui même nos aigles sur les murs de Sébastopol. Eh bien, vous, qu'excitent de si nobles exemples, et dont une division vient de s'illustrer par la prise de Bomarsund, vous serez d'autant plus capables de contribuer pour votre part à l'œuvre commune que vous serez plus aguerris aux travaux de la guerre.

Ce sol classique que vous foulez aux pieds a déjà formé des héros ; cette colonne, élevée par nos pères, rappelle de bien grands souvenirs, et la statue qui la surmonte semble, par un hasard providentiel, indiquer la route à suivre. Voyez cette statue de l'Empereur : elle s'appuie sur l'Occident et menace l'Orient. De là, en effet, le danger pour la civilisation moderne ; de notre côté, le rempart pour la défendre.

Soldats ! vous serez dignes de votre noble mission.

LETTRE DE L'EMPEREUR AU MINISTRE DE L'INTÉRIEUR.

Palais de Saint-Cloud, le 3 octobre 1854.

Monsieur le Ministre, on me communique l'extrait suivant d'une lettre de Barbès [1]. Un prisonnier qui conserve, malgré de longues souffrances, de si patriotiques sentiments, ne peut pas, sous mon règne, rester en prison. Faites-le donc mettre en liberté sur-le-champ et sans conditions. Sur ce, je prie Dieu qu'il vous ait en sa sainte garde.

NAPOLÉON.

EXTRAIT DE LA LETTRE DE BARBÈS.

Prison de Belle-Isle, le 18 septembre 1854.

. . . .
. . . . . « Je suis bien heureux aussi de te voir dans
» les sentiments que tu m'exprimes. Si tu es affecté de chau-
» vinisme, parce que tu ne fais pas de vœux pour les Russes,
» je suis encore plus chauvin que toi, car j'ambitionne des
» victoires pour nos Français. Oui ! oui ! qu'ils battent bien
» là-bas les Cosaques, et ce sera autant de gagné pour la
» cause de la civilisation et du monde ! Comme toi, j'aurais
» désiré que nous n'eussions pas la guerre ; mais puisque
» l'épée est tirée, il est nécessaire qu'elle ne rentre pas dans
» le fourreau sans gloire. Cette gloire profitera à la nation
» qui en a besoin, plus qu'à personne. Depuis Waterloo,
» nous sommes les vaincus de l'Europe, et pour faire quel-
» que chose de bon, même chez nous, je crois qu'il est utile
» de montrer aux étrangers que nous savons manger de la
» poudre. Je plains notre parti, s'il en est qui pensent au-
» trement. Hélas ! il ne nous manquait plus que de perdre
» le sens moral, après avoir perdu tant d'autres choses. »

LETTRE DE L'EMPEREUR AU GÉNÉRAL EN CHEF DE L'ARMÉE D'ORIENT.

Palais de Saint-Cloud, le 24 novembre 1854.

Général, votre rapport sur la victoire d'Inkermann m'a profondément ému. Exprimez en mon nom à l'armée toute ma satisfaction pour le courage qu'elle a déployé, pour son énergie à supporter les fatigues et les privations, pour sa chaleureuse cordialité envers nos alliés. Remerciez les généraux, les officiers, les soldats de leur vaillante conduite. Dites-leur que je sympathise vivement à leurs maux, aux pertes cruelles qu'ils ont faites, et que ma sollicitude la plus constante sera d'en adoucir l'amertume.

Après la brillante victoire de l'Alma, j'avais espéré un moment que l'armée ennemie en déroute n'aurait pas réparé si promptement ses pertes, et que Sébastopol serait bientôt tombé sous nos coups; mais la défense opiniâtre de cette ville et les renforts arrivés à l'armée russe arrêtent un moment le cours de nos succès. Je vous applaudis d'avoir résisté à l'impatience des troupes demandant l'assaut dans des conditions qui auraient entraîné des pertes trop considérables.

Les gouvernements anglais et français veillent avec une ardente attention sur leur armée d'Orient. Déjà des bateaux à vapeur franchissent les mers pour vous porter des renforts considérables. Ce surcroît de secours va doubler vos forces et vous permettra de prendre l'offensive. Une diversion puissante va s'opérer en Bessarabie, et je reçois l'assurance que, de jour en jour, à l'étranger, l'opinion publique nous est de plus en plus favorable. Si l'Europe a vu sans crainte nos aigles si longtemps bannies se déployer avec tant d'éclat, c'est qu'elle sait bien que nous combattons seulement pour son indépendance. Si la France a repris le rang qui lui est dû, et si la victoire est encore venue illustrer nos drapeaux, c'est, je le déclare avec fierté, au patriotisme et à l'indomptable bravoure de l'armée que je le dois.

J'envoie le général de Montebello, l'un de mes aides de camp, pour porter à l'armée les récompenses qu'elle a si bien méritées. Sur ce, Général, je prie Dieu qu'il vous ait en sa sainte garde.

NAPOLÉON.

DISCOURS DE L'EMPEREUR A L'OUVERTURE DE LA SESSION LÉGISLATIVE POUR L'ANNÉE 1855.

Palais des Tuileries, le 26 décembre 1854.

Messieurs les Sénateurs,

Messieurs les Députés,

Depuis votre dernière réunion de grands faits se sont accomplis. L'appel que j'ai adressé au pays pour couvrir les frais de la guerre a été si bien entendu que le résultat a même dépassé mes espérances. Nos armes ont été victorieuses dans la Baltique comme dans la mer Noire. Deux grandes batailles ont illustré notre drapeau. Un éclatant témoignage est venu prouver l'intimité de nos rapports avec l'Angleterre. Le Parlement a voté des félicitations à nos généraux et à nos soldats. Un grand Empire, rajeuni par les sentiments chevaleresques de son Souverain, s'est détaché de la puissance qui depuis quarante ans menaçait l'indépendance de l'Europe. L'Empereur d'Autriche a conclu un traité défensif aujourd'hui, offensif bientôt peut-être, qui unit sa cause à celle de la France et de l'Angleterre.

Ainsi, Messieurs, plus la guerre se prolonge, plus le nombre de nos alliés augmente, et plus se resserrent les liens déjà formés. Quels liens plus solides, en effet, que des noms de victoires appartenant aux deux armées et rappelant une gloire commune, que les mêmes inquiétudes et le même espoir agitant les deux pays, que les mêmes vues et les mêmes intentions animant les deux Gouvernements sur tous les points du globe! Aussi l'alliance avec l'Angleterre n'est-elle pas l'effet d'un intérêt passager et d'une politique de circonstance; c'est l'union de deux puissantes nations associées pour le triomphe d'une cause dans laquelle depuis plus d'un siècle se trouvent engagés leur grandeur, les intérêts de la civilisation en même temps que la liberté de l'Europe. Joignez-vous donc à moi en cette occasion solennelle pour remercier ici, au nom de la France, le Parlement de sa démonstration cordiale et chaleureuse, l'armée anglaise et son digne chef de leur vaillante coopération.

L'année prochaine, si la paix n'est pas encore rétablie, j'espère avoir les mêmes remercîments à adresser à l'Autriche, et à cette Allemagne dont nous désirons l'union et la prospérité.

Je suis heureux de payer un juste tribut d'éloges à l'armée et à la flotte, qui, par leur dévouement et leur discipline, ont, en France comme en Algérie, au Nord comme au Midi, dignement répondu à mon attente.

L'armée d'Orient a jusqu'à ce jour tout souffert et tout surmonté ; l'épidémie, l'incendie, la tempête, les privations, une place sans cesse ravitaillée, défendue par une artillerie formidable de terre et de mer, deux armées ennemies supérieures en nombre, rien n'a pu affaiblir son courage ni arrêter son élan. Chacun a noblement fait son devoir, depuis le maréchal qui a semblé forcer la mort à attendre qu'il eût vaincu, jusqu'au soldat et au matelot, dont le dernier cri en expirant était un vœu pour la France, une acclamation pour l'Élu du pays. Déclarons-le donc ensemble, l'armée et la flotte ont bien mérité de la patrie.

La guerre, il est vrai, entraîne de cruels sacrifices ; cependant, tout me commande de la pousser avec vigueur, et, dans ce but, je compte sur votre concours.

L'armée de terre se compose aujourd'hui de 581,000 soldats et de 113,000 chevaux; la marine a 62,000 matelots embarqués. Maintenir cet effectif est indispensable. Or, pour remplir les vides occasionnés par les libérations annuelles et par la guerre, je vous demanderai, comme l'année dernière, une levée de 140,000 hommes. Il vous sera présenté une loi qui a pour but d'améliorer, sans augmenter les charges du trésor, la position des soldats qui se rengagent. Elle procurera l'immense avantage d'accroître dans l'armée le nombre des anciens soldats, et de permettre de diminuer plus tard le poids de la conscription. Cette loi, je l'espère, aura bientôt votre approbation.

Je vous demanderai l'autorisation de conclure un nouvel emprunt national. Sans doute, cette mesure accroîtra la dette publique; n'oublions pas néanmoins que, par la conversion de la rente, l'intérêt de cette dette a été réduit de 21 millions et demi. Mes efforts ont eu pour but de mettre les dépenses au niveau des recettes, et le budget ordinaire vous sera présenté en équilibre; les ressources de l'emprunt seules feront face aux besoins de la guerre.

Vous verrez avec plaisir que nos revenus n'ont pas diminué. L'activité industrielle se soutient, tous les grands travaux d'utilité publique se continuent, et la Providence a bien voulu nous donner une récolte qui satisfait à nos besoins. Le Gouvernement, néanmoins, ne ferme pas les yeux sur le malaise occasionné par la cherté des subsistances ; il a pris toutes les mesures en son pouvoir pour prévenir ce malaise, et pour le soulager il a créé dans beaucoup de localités de nouveaux éléments de travail.

La lutte qui se poursuit, circonscrite par la modération et la justice, tout en faisant palpiter les cœurs, effraye si peu les intérêts, que bientôt des diverses parties du globe se réuniront ici tous les produits de la paix. Les étrangers ne pourront manquer d'être frappés du saisissant spectacle d'un pays qui, comptant sur la protection divine, soutient avec énergie une guerre à six cents lieues de ses frontières, et qui développe avec la même ardeur ses richesses intérieures ; un pays où la guerre n'empêche pas l'agriculture et l'industrie de prospérer, les arts de fleurir, et où le génie de la nation se révèle dans tout ce qui peut faire la gloire de la France.

RÉPONSE DE L'EMPEREUR AU CORPS LÉGISLATIF, REMÉTTANT A SA MAJESTÉ LA LOI D'EMPRUNT VOTÉE POUR LA CONTINUATION DE LA GUERRE.

Palais des Tuileries, le 28 décembre 1854.

Le Corps Législatif m'a déjà donné tant de preuves de son patriotisme, que je ne puis m'étonner de l'empressement avec lequel il a voté la loi qui doit m'assurer les moyens de poursuivre la guerre avec vigueur.

Je vous remercie des sentiments que vous venez de m'exprimer par l'organe de votre Président. Je chargerai mon Ministre des affaires étrangères de transmettre au gouvernement de la Reine d'Angleterre les témoignages de sympathie et de reconnaissance du Corps législatif pour l'armée et la flotte anglaise ainsi que pour ses dignes chefs.

La France, avec le loyal et énergique concours de ses alliés, peut attendre sans inquiétude l'issue de la guerre dans laquelle elle est engagée, et, appuyée sur ses vaillantes armées de terre et de mer, elle saura maintenir le rang qui lui est dû en Europe.

ANNÉE 1855.

DISCOURS ET PROCLAMATIONS.

ANNÉE 1855.

ALLOCUTION DE L'EMPEREUR AUX DÉTACHEMENTS DE LA GARDE IMPÉRIALE PARTANT POUR LA CRIMÉE.

Cour des Tuileries, le 9 janvier 1855.

Soldats,

Le peuple français, par sa souveraine volonté, a ressuscité bien des choses qu'on croyait mortes à jamais, et aujourd'hui l'Empire est reconstitué. D'intimes alliances existent avec nos anciens ennemis. Le drapeau de la France flotte avec honneur sur ces rives lointaines où le vol audacieux de nos aigles n'était pas encore parvenu. La garde impériale, représentation héroïque de la gloire et de l'honneur militaires, est ici devant moi, entourant l'Empereur ainsi qu'autrefois, portant le même uniforme, le même drapeau, et ayant surtout dans le cœur les mêmes sentiments de dévouement à la patrie. Recevez donc ces drapeaux, qui vous conduiront à la victoire comme ils y ont conduit vos pères, comme ils viennent d'y conduire vos camarades. Allez prendre votre part de ce qui reste encore de dangers à surmonter et de gloire à recueillir. Bientôt vous aurez reçu le noble baptême que vous ambitionnez, et vous aurez concouru à planter nos aigles sur les murs de Sébastopol.

RÉPONSE DE L'EMPEREUR A LORD ELGIN.

Paris, le 1er mars 1855.

Milord, je vous remercie de m'avoir communiqué l'adresse du Conseil législatif et de l'Assemblée législative du Canada à la Reine d'Angleterre. Il serait difficile de s'associer d'une manière plus patriotique, plus touchante, au succès de nos armes en Orient et aux malheurs inséparables de cette grande lutte. Ému comme moi, soyez-en persuadé, de l'éloquent témoignage d'une si vive sympathie, notre pays ne verra pas sans être reconnaissant qu'au souvenir de son origine française, la population canadienne n'ait pas voulu séparer, dans ses félicitations et dans ses offrandes, ceux qu'unit si noblement la communauté des périls. Veuillez bien être, auprès du Conseil législatif et de l'Assemblée législative du Canada, l'interprète de mes sentiments comme je crois l'être de ceux de la France.

Recevez, Milord, l'assurance de ma haute estime.

NAPOLÉON.

ALLOCUTION DE L'EMPEREUR A UNE DIVISION DE LA GARDE IMPÉRIALE PARTANT POUR L'ORIENT.

Cour des Tuileries, le 20 mars 1855.

Soldats,

L'armée est la véritable noblesse de notre pays; elle conserve intactes d'âge en âge les traditions de gloire et d'honneur national. Aussi, votre arbre généalogique, le voici (en montrant les étendards). Il marque à chaque génération une nouvelle victoire. Prenez donc ces drapeaux; je les confie à votre honneur, à votre courage, à votre patriotisme.

RÉPONSE DE L'EMPEREUR A UNE ADRESSE DU LORD-MAIRE, DES ALDERMEN ET MEMBRES DE LA CORPORATION DE LA CITÉ DE LONDRES [1].

Londres, Palais de Guildhall, le 21 avril 1855.

Milord,

Après l'accueil cordial que j'ai reçu de la Reine, rien ne pouvait me toucher davantage que les sentiments que vous venez, au nom de la Cité de Londres, d'exprimer à l'Impératrice et à moi; car la Cité de Londres représente tout ce qu'il y a de ressources, pour la civilisation comme pour la guerre, dans un commerce qui embrasse l'univers. Quelque

[1] En anglais.

flatteurs que soient vos éloges, je les accepte, parce qu'ils s'adressent bien plus à la France qu'à moi-même; ils s'adressent à la nation dont les intérêts aujourd'hui sont partout confondus avec les vôtres; ils s'adressent à l'armée et à la marine, unies aux vôtres par une si héroïque communauté de périls et de gloire; ils s'adressent à cette politique des deux gouvernements qui s'appuie sur la vérité, sur la modération, sur la justice.

Quant à moi, j'ai conservé sur le trône pour le peuple anglais les sentiments d'estime et de sympathie que je professais dans l'exil, lorsque je jouissais ici de l'hospitalité de la Reine; et si j'ai conformé ma conduite à ma conviction, c'est que l'intérêt de la nation qui m'avait élu, comme celui de la civilisation tout entière, m'en faisait un devoir.

En effet, l'Angleterre et la France se trouvent naturellement d'accord sur les grandes questions de politique ou d'humanité qui agitent le monde. Depuis les rivages de l'Atlantique jusqu'à ceux de la Méditerranée, depuis la Baltique jusqu'à la mer Noire, depuis l'abolition de l'esclavage jusqu'aux vœux pour l'amélioration du sort des contrées de l'Europe, je ne vois dans le monde moral comme dans le monde politique, pour nos deux nations, qu'une même route à suivre, qu'un même but à atteindre. Il n'y a donc que des intérêts secondaires ou des rivalités mesquines qui pourraient les diviser. Le bon sens à lui seul nous répond de l'avenir.

Vous avez raison de croire que ma présence

parmi vous atteste encore mon énergique concours pour la guerre, si nous ne parvenons pas à obtenir une paix honorable; et dans ce cas, malgré des difficultés sans nombre, nous devons compter sur le succès; car, non-seulement nos soldats et nos marins sont d'une valeur éprouvée, non-seulement nos deux pays possèdent d'incomparables ressources, mais surtout, et c'est là leur immense avantage, ils sont à la tête de toutes les idées généreuses. Les regards de ceux qui souffrent se tournent toujours instinctivement vers l'Occident. Aussi nos deux nations sont encore plus fortes par les idées qu'elles représentent que par les bataillons et par les vaisseaux dont elles disposent.

Je suis bien reconnaissant envers la Reine de ce qu'elle m'a procuré cette occasion solennelle de vous exprimer mes sentiments et ceux de la France, dont je suis l'interprète. Je vous remercie, en mon nom et en celui de l'Impératrice, de la franche et chaleureuse cordialité avec laquelle vous nous avez accueillis. Nous remporterons en France l'impression profonde que laisse dans les âmes faites pour le comprendre le spectacle imposant qu'offre l'Angleterre, où la vertu sur le trône dirige les destinées du pays, sous l'empire d'une liberté sans dangers pour sa grandeur.

DISCOURS DE L'EMPEREUR A L'OUVERTURE DE LA SESSION
LÉGISLATIVE EXTRAORDINAIRE DE 1855.

Palais des Tuileries, le 2 juillet 1855.

Messieurs les Sénateurs,
Messieurs les Députés,

Les négociations diplomatiques entamées pendant le cours de votre dernière session vous avaient fait pressentir que je serais obligé de vous rappeler lorsqu'elles seraient arrivées à leur terme. Malheureusement, les conférences de Vienne ont été impuissantes à amener la paix. Je viens donc de nouveau faire appel au patriotisme du pays et au vôtre.

Avons-nous manqué de modération dans le règlement des conditions? Je ne crains pas d'examiner la question devant vous. Il y avait un an environ que la guerre avait commencé, et déjà la France et l'Angleterre avaient sauvé la Turquie, gagné deux batailles, forcé la Russie à évacuer les Principautés et à épuiser ses forces pour défendre la Crimée. Enfin, nous avions en notre faveur l'adhésion de l'Autriche et l'approbation morale du reste de l'Europe.

Dans cette situation, le cabinet de Vienne nous demanda si nous consentirions à traiter sur des bases déjà vaguement formulées avant nos succès. Un refus de notre part devait sembler naturel. Ne devait-on pas croire, en effet, que les exigences de la

France et de l'Angleterre se seraient accrues en proportion de la grandeur de la lutte et des sacrifices déjà faits? Eh bien, la France et l'Angleterre ne se sont pas prévalues de leurs avantages, ni même des droits que leur offraient les traités en vigueur, tant elles avaient à cœur de rendre la paix plus facile et de donner une irrécusable preuve de leur modération.

Nous nous sommes bornés à demander, dans l'intérêt de l'Allemagne, la libre navigation du Danube et une digue contre le flot russe qui vient sans cesse obstruer l'embouchure de ce grand fleuve; dans l'intérêt de la Turquie et de l'Autriche, une meilleure constitution des Principautés, afin qu'elles servent de rempart contre les invasions sans cesse renaissantes du Nord; dans un intérêt d'humanité et de justice, les mêmes garanties pour les chrétiens de toutes les communions sous la protection exclusive du Sultan; dans l'intérêt de la Porte comme dans celui de l'Europe, nous avons demandé que la Russie limitât à un chiffre raisonnable le nombre des vaisseaux qu'elle entretient à l'abri de toute attaque dans la mer Noire, et qu'elle ne peut entretenir que dans un but d'agression.

Eh bien, toutes ces propositions, que j'appellerai magnanimes par leur désintéressement et qui avaient été approuvées en principe par l'Autriche, par la Prusse et par la Russie elle-même, se sont évanouies dans les conférences. La Russie qui avait consenti théoriquement à mettre fin à sa prépondérance dans la mer Noire, a refusé toute limitation de ses forces navales, et nous en sommes encore à attendre que l'Autriche exécute ses engagements qui consistaient à rendre notre traité d'alliance offensif·et défensif si les négociations n'aboutissaient pas.

L'Autriche, il est vrai, nous a proposé de garantir avec elle par un traité l'indépendance de la Turquie et de considérer à l'avenir comme *casus belli* le cas où le nombre des vaisseaux de la Russie aurait dépassé celui qui existait avant la guerre. Accepter une semblable proposition était impossible, car elle ne liait en rien la Russie, et au contraire nous paraissions sanctionner sa prépondérance dans la mer Noire par une convention. La guerre a dû suivre son cours.

L'admirable dévouement de l'armée et de la flotte amènera bientôt, je l'espère, un résultat heureux ; c'est à vous de me donner les moyens de continuer la lutte. (En ce moment le Corps législatif se lève tout entier et répond, au nom de la France : Oui ! oui !) Le pays a déjà montré quelles étaient ses ressources et sa confiance en moi. Il avait offert il y a quelques mois 1,700 millions de plus que je ne lui demandais ; une partie suffira pour soutenir son honneur militaire et ses droits comme grande nation.

J'avais résolu d'aller me placer au milieu de cette vaillante armée où la présence du souverain n'eût pas été sans produire une influence heureuse, et, témoin des héroïques efforts de nos soldats, j'aurais été fier de pouvoir les diriger; mais les graves questions agitées à l'étranger sont toujours demeurées en suspens, et la nature des circonstances a exigé à l'intérieur de nouvelles et importantes mesures. C'est donc avec douleur que j'ai abandonné ce projet.

Mon Gouvernement vous proposera de voter la loi annuelle de recrutement. Il n'y aura point de levée extraordinaire, et l'on rentrera dans les voies accoutumées qui nécessitent pour la régularité de l'administration le vote de la levée une année à l'avance.

En terminant, Messieurs, payons ici solennellement un juste tribut d'éloges à ceux qui combattent pour la patrie, associons-nous à ses regrets pour ceux dont elle déplore la perte. L'exemple de tant d'abnégation et de constance n'aura pas été en vain donné au monde. Que les sacrifices nécessaires ne nous découragent pas, car, vous le savez, une nation doit ou abdiquer tout rôle politique, ou, si elle a l'instinct et la volonté d'agir conformément à sa nature généreuse, à son histoire séculaire, à sa mission providentielle, elle doit par intervalles savoir supporter des épreuves qui seules peuvent la retremper et la porter au rang qui lui est dû.

Confiance en Dieu, persévérance dans nos efforts, et nous arriverons à une paix digne de l'alliance de deux grands peuples.

LETTRE DE L'EMPEREUR AU GÉNÉRAL PÉLISSIER.

Palais de Saint-Cloud, le 20 août 1855.

Général,

La nouvelle victoire remportée sur la Tchernaïa prouve, pour la troisième fois depuis le début de la guerre, la supériorité des armées alliées sur l'ennemi lorsqu'il est en rase campagne ; mais si elle fait honneur au courage des troupes, elle ne témoigne pas moins des bonnes dispositions que vous aviez prises. Adressez mes félicitations à l'armée et recevez-les aussi pour votre part. Dites à ces braves soldats qui, depuis plus d'un an, ont supporté des fatigues inouïes, que le terme de leurs épreuves n'est pas éloigné. Sébastopol, je l'espère, tombera bientôt sous leurs coups ; et, l'événement fût-il retardé, l'armée russe, je le sais par des renseignements qui paraissent positifs, ne pourrait plus, pendant l'hiver, soutenir la lutte dans la Crimée. Cette gloire acquise en Orient a ému vos compagnons d'armes en France ; ils brûlent tous de partager vos dangers. Aussi, dans le double but de répondre à leur noble désir et de procurer du repos à ceux qui ont déjà tant fait, j'ai donné des ordres au ministre de la guerre afin que tous les régiments restés en France aillent, au fur et à mesure, remplacer en Orient ceux qui rentreraient. Vous savez, général, combien j'ai gémi d'être retenu loin de cette armée qui ajoutait encore à l'éclat de nos aigles ; mais, aujourd'hui, mes regrets diminuent, puisque vous me faites entrevoir le succès prochain et décisif qui doit couronner tant d'héroïques efforts.

Sur ce, général, je prie Dieu qu'il vous ait en sa sainte garde.

Napoléon.

DISCOURS DE L'EMPEREUR DISTRIBUANT DES RÉCOMPENSES, A LA SUITE DE L'EXPOSITION UNIVERSELLE.

Palais de l'Industrie, le 16 novembre 1855.

Messieurs,

L'Exposition qui va finir offre au monde un grand spectacle. C'est pendant une guerre sérieuse que de tous les points de l'univers sont accourus à Paris, pour y exposer leurs travaux, les hommes les plus distingués de la science, des arts et de l'industrie. Ce concours dans des circonstances semblable est dû, j'aime à le croire, à cette conviction générale que la guerre entreprise ne menaçait que ceux qui l'avaient provoquée, qu'elle était poursuivie dans l'intérêt de tous, et que l'Europe, loin d'y voir un danger pour l'avenir, y trouvait plutôt un gage d'indépendance et de sécurité.

Néanmoins, à la vue de tant de merveilles étalées à nos yeux, la première impression est un désir de paix. — La paix seule, en effet, peut développer encore ces remarquables produits de l'intelligence humaine. — Vous devez donc tous souhaiter comme moi que cette paix soit prompte et durable. — Mais, pour être durable, elle doit résoudre nettement la question qui a fait entreprendre la guerre. Pour être prompte, il faut que l'Europe se prononce; car, sans la pression de l'opinion générale, les luttes entre grandes puissances menacent de se prolonger; tandis qu'au contraire, si l'Europe se décide à déclarer qui a tort ou qui a raison, ce sera un grand pas vers la solution. — A l'époque de civilisation où nous sommes, les succès des armées, quelque brillants qu'ils soient, ne sont que passagers; c'est, en définitive, l'opinion publique qui remporte toujours la dernière victoire.

Vous tous donc qui pensez que les progrès de l'agriculture, de l'industrie, du commerce d'une nation contribuent au bien-être de toutes les autres, et que plus les rapports réciproques se multiplient, plus les préjugés nationaux tendent à s'effacer, dites à vos concitoyens, en retournant dans votre patrie, que la France n'a de haine contre aucun peuple, qu'elle a de la sympathie pour tous ceux qui veulent comme elle le triomphe du droit et de la justice; dites-leur que, s'ils désirent la paix, il faut qu'ouvertement ils fassent au moins des vœux pour ou contre nous; car, au milieu d'un grave conflit européen, l'indifférence est un mauvais calcul, et le silence une erreur.

Quant à nous, peuples alliés pour le triomphe d'une grande cause, forgeons des armes sans ralentir nos usines, sans arrêter nos métiers ; soyons grands par les arts de la paix comme par ceux de la guerre ; soyons forts par la concorde, et mettons notre confiance en Dieu pour nous faire triompher des difficultés du jour et des chances de l'avenir.

HARANGUE DE L'EMPEREUR AUX RÉGIMENTS REVENUS D'ORIENT.

Place de la Bastille, le 29 décembre 1855.

Soldats,

Je viens au-devant de vous, comme autrefois le Sénat romain allait aux portes de Rome au-devant de ses légions victorieuses. Je viens vous dire que vous avez bien mérité de la patrie.

Mon émotion est grande, car au bonheur de vous revoir se mêlent de douloureux regrets pour ceux qui ne sont plus, et un profond chagrin de n'avoir pu moi-même vous conduire au combat.

Soldats de la garde comme soldats de la ligne, soyez les bienvenus.

Vous représentez tous cette armée d'Orient dont le courage et la persévérance ont de nouveau illustré nos aigles et reconquis à la France le rang qui lui est dû.

La patrie, attentive à tout ce qui s'accomplit en Orient, vous accueille avec d'autant plus d'orgueil qu'elle mesure vos efforts à la résistance opiniâtre de l'ennemi.

Je vous ai rappelés, quoique la guerre ne soit pas terminée, parce qu'il est juste de remplacer à leur tour les régiments qui ont le plus souffert. Chacun pourra ainsi aller prendre sa part de gloire, et le pays, qui entretient six cent mille soldats, a intérêt à ce qu'il y ait maintenant en France une armée nombreuse et aguerrie, prête à se porter où le besoin l'exige.

Gardez donc soigneusement les habitudes de la guerre, fortifiez-vous dans l'expérience acquise; tenez-vous prêts à répondre, s'il le faut, à mon appel; mais en ce jour, oubliez les épreuves de la vie du soldat, remerciez Dieu de vous avoir épargnés, et marchez fièrement au milieu de vos frères d'armes et de vos concitoyens, dont les acclamations vous attendent.

ANNÉE 1856.

DISCOURS ET PROCLAMATIONS.

ANNÉE 1856.

DISCOURS DE L'EMPEREUR A L'OUVERTURE DE LA SESSION LÉGISLATIVE.

Palais des Tuileries, le 3 mars 1856.

Messieurs les Sénateurs,
Messieurs les Députés,

La dernière fois que je vous ai convoqués, de graves préoccupations nous dominaient.

Les armées alliées s'épuisaient à un siége où l'opiniâtreté de la défense faisait douter du succès. L'Europe incertaine semblait attendre la fin de la lutte avant de se prononcer. Pour soutenir la guerre, je vous demandais un emprunt que vous votiez unanimement, quoiqu'il pût paraître excessif. L'élévation du prix des denrées menaçait la classe laborieuse d'un malaise général, et une perturbation dans le système monétaire faisait craindre le ralentissement des transactions et du travail. Eh bien, grâce à votre concours comme à l'énergie déployée en France et en Angleterre, grâce surtout à l'appui de la Providence, ces dangers, s'ils n'ont pas entièrement disparu, sont pour la plupart conjurés.

Un grand fait d'armes est venu décider en faveur des armées alliées une lutte acharnée, sans exemple dans l'histoire. L'opinion de l'Europe depuis ce moment s'est plus ouvertement prononcée. Partout nos alliances se sont étendues et affermies. Le troisième emprunt a été couvert sans difficultés. Le pays m'a prouvé de nouveau sa confiance, en souscrivant pour une somme cinq fois plus forte que celle que je demandais. Il a supporté avec une admirable résignation les souffrances inséparables de la cherté des vivres, souffrances allégées néanmoins par la charité privée, par le zèle des municipalités et par les 10 millions distribués aux départements. Aujourd'hui les arrivages de blés étrangers produisent une baisse sensible. Les craintes nées de la disparition de l'or se sont affaiblies; et jamais les travaux n'ont été plus actifs, les revenus plus considérables. Les hasards de la guerre ont réveillé l'esprit militaire de la nation. Jamais il n'y eut autant d'enrôlements volontaires, ni autant d'ardeur parmi les conscrits désignés par le sort.

A ce court exposé de la situation viennent se joindre des faits d'une haute signification politique.

La Reine de la Grande-Bretagne voulant donner une preuve de sa confiance, de son estime pour notre pays, et rendre nos relations plus intimes, est venue en France. L'accueil enthousiaste qu'elle y a reçu a dû lui prouver combien les sentiments inspirés par sa présence étaient profonds et de nature à fortifier l'alliance des deux peuples.

Le Roi de Piémont, qui, sans regarder derrière lui, avait embrassé notre cause avec cet élan courageux qu'il avait déjà montré sur le champ de bataille, est venu aussi en France consacrer une union déjà cimentée par la bravoure de ses soldats.

Ces souverains ont pu voir un pays naguère si agité et déshérité de son rang dans les conseils de l'Europe, aujourd'hui prospère, paisible et respecté, faisant la guerre, non pas avec le délire momentané de la passion, mais avec le calme de la justice et l'énergie du devoir. Ils ont vu la France, qui envoyait deux cent mille hommes à travers les mers, convoquer en même temps à Paris tous les arts de la paix, comme si elle eût voulu dire à l'Europe : « La » guerre actuelle n'est encore pour moi qu'un épi- » sode ; mes idées et mes forces sont en partie tou- » jours dirigées vers les arts de la paix. Ne négli- » geons rien pour nous entendre, et ne me forcez » pas à jeter sur les champs de bataille toutes les » ressources et toute l'énergie d'une grande na- » tion. »

Cet appel semble avoir été entendu, et l'hiver, en suspendant les hostilités, a favorisé l'intervention de la diplomatie. L'Autriche se résolut à une démarche décisive, qui apportait dans les délibérations toute l'influence du souverain d'un vaste empire.

La Suède se lia plus étroitement à l'Angleterre et à la France par un traité qui garantissait l'intégrité de son territoire. Enfin, de tous les cabinets arrivèrent à Saint-Pétersbourg des conseils ou des prières. L'Empereur de Russie, héritier d'une situation qu'il n'avait pas faite, sembla animé d'un sincère désir de mettre fin aux causes qui avaient amené ce sanglant conflit. Il accepta avec détermination les propositions transmises par l'Autriche. L'honneur des armes une fois satisfait, c'était s'honorer aussi que de déférer au vœu nettement formulé de l'Europe.

Aujourd'hui, les plénipotentiaires des puissances belligérantes et alliées sont réunis à Paris pour décider des conditions de la paix. L'esprit de modération et d'équité qui les anime tous doit nous faire espérer un résultat favorable ; néanmoins, attendons avec dignité la fin des conférences, et soyons également prêts, s'il le faut, soit à tirer de nouveau l'épée, soit à tendre la main à ceux que nous avons loyalement combattus.

Quoi qu'il arrive, occupons-nous de tous les moyens propres à augmenter la force et la richesse de la France. Resserrons encore, s'il est possible, l'alliance formée par une communauté de gloire et de sacrifices, et dont la paix fera encore mieux ressortir les avantages réciproques. Mettons enfin, en ce moment solennel pour les destinées du monde, notre confiance en Dieu, afin qu'il guide nos efforts dans le sens le plus conforme aux intérêts de l'humanité et de la civilisation.

RÉPONSE DE L'EMPEREUR AUX FÉLICITATIONS DU SÉNAT SUR LA NAISSANCE DU PRINCE IMPÉRIAL.

Palais des Tuileries, le 19 mars 1856.

Monsieur le Président du Sénat,

Le Sénat a partagé ma joie en apprenant que le Ciel m'avait donné un fils, et vous avez salué comme un événement heureux la venue au monde d'un *Enfant de France*. C'est avec intention que je me sers de ce mot. En effet, l'Empereur Napoléon, mon oncle, qui avait appliqué au nouveau système créé par la révolution tout ce que l'ancien régime avait de grand et d'élevé, avait repris cette ancienne dénomination des Enfants de France. C'est qu'en effet, Messieurs, lorsqu'il naît un héritier destiné à perpétuer un système national, cet Enfant n'est pas seulement le rejeton d'une famille, mais il est véritablement encore le fils du pays tout entier, et ce nom lui indique ses devoirs. Si cela était vrai sous l'ancienne monarchie, qui représentait plus exclusivement les classes privilégiées, combien à plus forte raison, aujourd'hui que le souverain est l'élu de la nation, le premier citoyen du pays et le représentant des intérêts de tous.

Je vous remercie des vœux que vous formez pour cet Enfant de la France et pour l'Impératrice.

RÉPONSE DE L'EMPEREUR AUX FÉLICITATIONS DU CORPS LÉGISLATIF SUR LA NAISSANCE DU PRINCE IMPÉRIAL.

Palais des Tuileries, le 19 mars 1856.

Monsieur le Président du Corps législatif,

J'ai été bien touché de la manifestation de vos sentiments à la naissance du fils que la Providence a bien voulu m'accorder. Vous avez salué en lui l'espoir dont on aime à se bercer de la perpétuité d'un système qu'on regarde comme la plus sûre garantie des intérêts généraux du pays, mais les acclamations unanimes qui entourent son berceau ne m'empêchent pas de réfléchir sur la destinée de ceux qui sont nés et dans le même lieu et dans des circonstances analogues. Si j'espère que son sort sera plus heureux, c'est que d'abord confiant dans la Providence, je ne puis douter de sa protection en la voyant relever par un concours de circonstances extraordinaires tout ce qu'il lui avait plu d'abattre il y a quarante ans, comme si elle avait voulu vieillir par le martyre et par le malheur une nouvelle dynastie sortie des rangs du peuple. Ensuite l'histoire a des enseignements que je n'oublierai pas. Elle me dit, d'une part, qu'il ne faut jamais abuser des faveurs de la fortune ; de l'autre, qu'une dynastie n'a de chance de stabilité que si elle reste fidèle à son origine en s'occupant uniquement des intérêts populaires pour lesquels elle a été créée. Cet Enfant, que consacrent à son berceau la paix qui se prépare, la bénédiction du Saint-Père, apportée par l'électricité une heure après sa naissance, enfin les acclamations de ce peuple français *que l'Empereur a tant aimé*, cet Enfant, dis-je, sera digne, je l'espère, des destinées qui l'attendent.

Je vous remercie, Messieurs, des vœux que vous formez pour lui et pour l'Impératrice.

RÉPONSE DE L'EMPEREUR AUX FÉLICITATIONS DU CONSEIL D'ÉTAT SUR LA NAISSANCE DU PRINCE IMPÉRIAL.

Palais des Tuileries, le 19 mars 1856.

Monsieur le Président du Conseil d'État,

Le Conseil d'État, ce conseil intime du Souverain et de son Gouvernement, qui est initié à toutes ses pensées et qui s'associe à tous ses actes, devait prendre, j'en étais bien sûr, la plus vive part et à la joie du présent et à l'espérance de l'avenir. Nul plus que vous, Messieurs, ne travaille à consolider cet avenir. Forts des grandes traditions du Conseil d'État du premier Empire, vous élaborez les lois qui, tout en consacrant les grands principes de la révolution, pacifient le pays, consolident le pouvoir, domptent les partis et préparent le règne paisible d'une sage liberté. Je compte donc sur les lumières et sur le patriotisme dont vous m'avez déjà donné tant de preuves pour faciliter à l'Enfant qui vient de naître l'accomplissement de ses destinées futures.

LETTRE DE L'EMPEREUR AU MINISTRE DES TRAVAUX PUBLICS.

Plombières, le 19 juillet 1856.

Monsieur le Ministre,

Après avoir examiné avec vous les ravages causés par les inondations, ma première préoccupation a été de rechercher les moyens de prévenir de semblables désastres. D'après ce que j'ai vu, il y a dans la plupart des localités des travaux secondaires indiqués par la nature des lieux, et que les ingénieurs habiles mis à la tête de ces travaux exécuteront facilement. Ainsi, rien de plus aisé que d'élever des ouvrages d'art qui préservent momentanément d'inondations pareilles les villes telles que Lyon, Valence, Avignon, Tarascon, Orléans, Blois et Tours. Mais quant au système général à adopter pour mettre, dans l'avenir, à l'abri de si terribles fléaux nos riches vallées traversées par de grands fleuves, voilà ce qui manque encore et ce qu'il faut absolument et immédiatement trouver.

Aujourd'hui chacun demande une digue, quitte à rejeter l'eau sur son voisin. Or, le système des digues n'est qu'un palliatif ruineux pour l'État, imparfait pour les intérêts à protéger, car, en général, les sables charriés exhaussant sans cesse le lit des fleuves, et les digues tendant sans cesse à le resserrer, il faudrait toujours élever le niveau de ces digues, les prolonger sans interruption sur les deux rives, et les soumettre à une surveillance de tous les moments. Ce système, qui coûterait seulement pour le Rhône plus de cent millions, serait insuffisant, car il serait impossible d'obtenir de tous les riverains cette surveillance de tous les moments, qui seule pourrait empêcher une rupture, et, une seule digue se rompant, la catastrophe serait d'autant plus terrible que les digues auraient été élevées plus haut. Au milieu de tous les systèmes proposés, un seul m'a paru raisonnable, pratique, d'une exécution facile et qui a déjà pour lui l'expérience.

Avant de chercher le remède à un mal, il faut en bien étudier la cause. Or, d'où viennent les crues subites de nos grands fleuves? Elles viennent de l'eau tombée dans les montagnes, et très-peu de l'eau tombée dans les plaines. Cela est si vrai que, pour la Loire, la crue se fait sentir à Roanne et à Nevers vingt ou trente heures avant d'arriver à Orléans ou à Blois. Il en est de même pour la Saône, le Rhône et la Gironde, et dans les dernières inondations, le télégraphe électrique a servi à annoncer aux populations plusieurs heures ou plusieurs jours d'avance le moment assez précis de l'accroissement des eaux.

Ce phénomène est facile à comprendre : quand la pluie tombe dans une plaine, la terre sert, pour ainsi dire, d'éponge; l'eau, avant d'arriver au fleuve, doit traverser une vaste étendue de terrains perméables, et leur faible pente retarde son écoulement. Mais, lorsque indépendamment de la fonte des neiges le même fait se représente dans les montagnes, où le terrain, la plupart du temps composé de rochers nus ou de graviers, ne retient pas l'eau, alors la rapidité des pentes porte toutes les eaux tombées aux rivières, dont le niveau s'élève subitement. C'est ce qui arrive tous les jours sous nos yeux quand il pleut : les eaux qui tombent dans nos champs ne forment que peu de ruisseaux, mais celles qui tombent sur les toits des maisons et qui sont recueillies dans les gouttières, forment à l'instant de petits cours d'eau. Eh bien, les toits sont les montagnes, et les gouttières les vallées. Or, si nous supposons une vallée de deux lieues de largeur sur quatre lieues de longueur, et qu'il soit tombé dans les vingt-quatre heures 0,10 c. d'eau sur cette surface, nous aurons dans ce même espace de temps 12 millions 800 mille mètres cubes d'eau qui se seront écoulés dans la rivière, et ce phénomène se renouvellera pour chaque affluent du fleuve : ainsi, supposons que le Rhône ou la Loire ait dix grands affluents, nous aurons le volume immense de 128 millions de mètres cubes d'eau qui se seront écoulés dans le fleuve en vingt-quatre heures ; mais si ce volume d'eau peut être retenu de manière que l'écoulement ne se fasse qu'en deux ou trois fois plus de temps, alors, on le conçoit, l'inondation sera rendue deux ou trois fois moins dangereuse.

Tout consiste donc à retarder l'écoulement des eaux. Le moyen d'y parvenir est d'élever dans tous les affluents des rivières ou des fleuves, au débouché des vallées et partout où les cours d'eau sont encaissés, des barrages qui laissent dans leur milieu un étroit passage pour les eaux, les retiennent lorsque leur volume augmente, et forment ainsi en amont des réservoirs qui ne se vident que lentement. Il faut faire en petit ce que la nature a fait en grand. Si le lac de Constance et le lac de Genève n'existaient pas, la vallée du Rhin et la vallée du Rhône ne formeraient que deux vastes étendues d'eau; car, tous les ans, les lacs ci-dessus, sans pluie extraordinaire, et seulement par la fonte des neiges, augmentent leur niveau de 2 ou 3 mètres; ce qui fait pour le lac de Constance une augmentation d'environ 2 milliards et demi de mètres cubes d'eau, et pour le lac de Genève de 1 milliard 770 millions. On conçoit que si cet immense volume d'eau n'était pas retenu par les montagnes qui, au débouché de ces deux lacs, l'arrêtent et n'en permettent l'écoulement que suivant la largeur et la profondeur du fleuve, une effroyable inondation aurait lieu tous les ans. Eh bien, on a suivi cette indication naturelle, il y a plus de cent cinquante ans, en élevant dans la Loire un barrage d'eau dont l'utilité est démontrée par le rapport fait à la Chambre, en 1847, par M. Collignon, alors député de la Meurthe. Voici comment il en rend compte :

« La digue de Pinay, construite en 1711, est à 12 kilomètres environ en amont de Roanne. Cet ouvrage, s'appuyant sur les rochers qui resserrent la vallée, et enveloppant les restes d'un ancien pont que la tradition fait remonter aux Romains, réduit en cet endroit le débouché du fleuve à une largeur de 20 mètres ; sa hauteur au-dessus de l'étiage est également de 20 mètres, et c'est par cette espèce, de pertuis que la Loire entière est forcée de passer dans les plus grands débordements.

» L'influence de la digue de Pinay est d'autant plus digne d'attention qu'elle a été créée, comme le montre l'arrêt du Conseil du 23 juin 1711, dans le but spécial de modérer les crues et d'opposer à leur brusque irruption un obstacle artificiel tenant lieu des obstacles naturels, qui avaient été imprudemment détruits dans la partie supérieure du fleuve. Eh bien, la digue de Pinay a heureusement rempli son office au mois d'octobre dernier : elle a soutenu les eaux jusqu'à une hauteur de 21 mètres 47 centimètres au-dessus de l'étiage ; elle a ainsi arrêté et refoulé dans la plaine du Forez une masse d'eau qui est évaluée à plus de 100 millions de mètres cubes, et la crue avait atteint son maximum de hauteur à Roanne quatre ou cinq heures avant que cet immense réservoir fût complétement rempli.

» Si la digue de Pinay n'avait pas existé, non-seulement la crue serait arrivée beaucoup plus vite à Roanne, mais encore le volume d'eau roulé par l'inondation aurait augmenté d'environ 2,500 mètres cubes par seconde ; la durée de l'inondation aurait été plus courte, mais l'imagination s'effraye de tout ce que cette circonstance aurait pu ajouter au désastre déjà si grand dont la vallée de la Loire a été le théâtre.

» D'ailleurs, l'élévation des eaux en amont de la digue de Pinay n'a produit aucun désordre ; bien loin de là : la plaine du Forez ressentira pendant plusieurs années l'action fécondante des limons que l'eau, graduellement amoncelée par la résistance de la digue, y a déposés.

» Tel a été le rôle de cet ouvrage, qu'une sage prévoyance a élevé pour notre sécurité et nous servir d'exemple. Or, il existe dans les gorges d'où sortent les affluents de nos fleuves un grand nombre de points où l'expérience de Pinay peut être renouvelée économiquement si les points sont bien choisis, utilement pour modérer l'écoulement des eaux, et sans inconvénient, et, le plus souvent, avec un grand profit pour l'agriculture.

» Au lieu de ces digues ouvertes dans toute leur hauteur, on a proposé de construire aussi des barrages pleins, munis d'une vanne de fond et d'un déversoir superficiel. Les réservoirs ainsi formés, pouvant retenir à volonté les eaux d'inondation, permettraient de les affecter, dans les temps de sécheresse, aux besoins de l'agriculture et au maintien d'une utile portée d'étiage pour les rivières. »

L'édit de 1711, dont parle M. Collignon, indique parfaitement bien le rôle que les digues sont appelées à jouer. On y lit le passage suivant :

« Il est indispensablement nécessaire de faire trois digues dans l'intervalle du lit de la rivière où les bateaux ne passent point : la première aux piles de

Pinay, la seconde à l'endroit du château de la Roche, et la troisième aux piles et culées d'un ancien pont qui était construit sur la Loire au bout du village de Saint-Maurice; et, avec le secours de ces digues, les passages étant resserrés, lorsqu'il y arrive de grandes crues, les eaux qui s'écoulaient en deux jours auraient peine à passer en quatre ou cinq. Le volume des eaux, étant diminué de plus de la moitié, ne causera plus de ravages pareils à ceux qui sont survenus depuis trois ans. »

En effet, en 1856, comme en 1846, les digues de Pinay et de la Roche ont sauvé Roanne d'un désastre complet.

Remarquons, en outre, que, suivant M. Boulangé, ancien ingénieur en chef du département de la Loire, la digue de Pinay n'a coûté que 170,000 fr., et celle de la Roche 40,000 fr., et il ne compte qu'une dépense de 3,400,000 fr. pour la création de cinq nouvelles grandes digues et de vingt-quatre barrages dont il propose la construction sur les affluents de la Loire. D'ailleurs, M. Polonceau, ancien inspecteur divisionnaire des ponts et chaussées, qui admet en partie le même système, pense qu'on pourrait faire ces mêmes digues en gazon, en planches et en madriers, ce qui serait encore plus économique.

Maintenant, comme il est très-important que les crues de chaque petit affluent n'arrivent pas en même temps dans la rivière principale, on pourrait peut-être, en multipliant dans les uns ou en restreignant dans les autres le nombre de barrages, retarder le cours de certains affluents, de telle sorte que les crues des uns arrivent toujours après les autres.

D'après ce qui précède, et d'après l'exemple de Pinay, ces barrages, loin de nuire à l'agriculture, lui seront favorables par le dépôt de limon qui se formera dans les lacs artificiels et servira à fertiliser les terres.

Là où les rivières charrient des sables, ces barrages auraient l'avantage de retenir une grande partie de ces sables, et, en augmentant le courant au milieu des rivières, d'en rendre le thalweg plus profond. Mais quand même ces barrages feraient quelques torts aux cultures des vallées, il faudrait bien en prendre son parti, quitte à indemniser les propriétaires, car il faut se résoudre à faire la part de l'eau comme on fait la part du feu dans un incendie, c'est-à-dire sacrifier des vallées étroites peu fertiles au salut des riches terrains des plaines.

Ce système ne peut être efficace que s'il est généralisé, c'est-à-dire appliqué aux plus petits affluents des rivières. Il sera peu coûteux si l'on multiplie les petits barrages au lieu d'en élever quelques-uns d'un grand relief. Mais il est clair que cela n'empêchera pas les travaux secondaires qui doivent protéger les villes et certaines plaines plus exposées.

Je voudrais donc que vous fissiez étudier ce système le plus tôt possible sur les lieux mêmes par les hommes compétents de votre ministère.

Je voudrais qu'indépendamment des digues qui

doivent être élevées sur les points les plus menacés, on fît à Lyon un déversoir semblable à celui qui existe à Blois ; il aurait l'avantage de préserver la ville et d'augmenter beaucoup la défense de cette place forte.

Je voudrais que dans le lit de la Loire on élevât pendant les basses eaux, et parallèlement au cours du fleuve, des digues faites en branchages, ouvertes en amont, formant des bassins de limonage, ainsi que le propose M. Fortin, ingénieur des ponts et chaussées. Ces digues auraient l'avantage d'arrêter les sables sans arrêter les eaux, et de creuser le lit de la rivière.

Je voudrais que le système proposé pour le Rhône par M. Vallée, inspecteur général des ponts et chaussées, fût sérieusement étudié avec le concours du gouvernement suisse. Il consiste à abaisser les eaux du Rhône à l'endroit où il débouche du lac de Genève, et à y construire un barrage. Par ce moyen on obtiendrait, selon lui, un abaissement des hautes eaux du Léman utile au Valais, au pays de Vaud et à la Savoie ; une navigation meilleure du lac, des embellissements pour Genève, des inondations moins désastreuses dans la vallée du Rhône, une navigation meilleure de ce fleuve.

Enfin je voudrais que, comme cela existe déjà pour quelques-uns, le régime des grands fleuves fût confié à une seule personne, afin que la direction fût unique et prompte dans le moment du danger. Je voudrais que les ingénieurs qui ont acquis une longue expérience dans le régime des cours d'eau pussent avancer sur place et ne pas être distraits tout à coup de leurs travaux particuliers; car il arrive souvent qu'un ingénieur qui a consacré une partie de sa vie à étudier soit des travaux maritimes au bord de la mer, soit des travaux hydrauliques à l'intérieur, est tout à coup, par avancement, employé à un autre service, où l'État perd le fruit de ses connaissances spéciales, résultat d'une longue pratique.

Ce qui est arrivé après la grande inondation de 1846 doit nous servir de leçon : on a beaucoup parlé aux Chambres, on a fait des rapports très-lumineux, mais aucun système n'a été adopté, aucune impulsion nettement définie n'a été donnée, et l'on s'est borné à faire des travaux partiels qui, au dire de tous les hommes de science, n'ont servi, à cause de leur défaut d'ensemble, qu'à rendre les effets du dernier fléau plus désastreux.

Sur ce je prie Dieu, Monsieur le Ministre, qu'il vous ait en sa sainte garde.

NAPOLÉON.

Plombières, le 19 juillet 1856.

ANNÉE 1857.

DISCOURS ET PROCLAMATIONS.

ANNÉE 1857.

DISCOURS DE L'EMPEREUR A L'OUVERTURE DE LA SESSION LÉGISLATIVE.

Palais des Tuileries, le 16 février 1857.

Messieurs les Sénateurs,
Messieurs les Députés,

L'année dernière, mon discours d'ouverture se terminait par une invocation à la protection divine; je lui demandais de guider nos efforts dans le sens le plus conforme aux intérêts de l'humanité et de la civilisation; cette prière semble avoir été entendue.

La paix a été signée, et les difficultés de détail qu'entraînait l'exécution du Traité de Paris ont fini par être heureusement surmontées.

Le conflit engagé entre le Roi de Prusse et la Confédération helvétique a perdu tout caractère belliqueux, et il nous est permis d'espérer bientôt une solution favorable.

L'entente rétablie entre les trois puissances protectrices de la Grèce rend désormais inutile la prolongation du séjour des troupes anglaises et françaises au Pirée.

Si un désaccord regrettable s'est élevé au sujet des affaires de Naples, il faut encore l'imputer à ce désir qui anime également le Gouvernement de la Reine Victoria et le mien, d'agir partout en faveur de l'humanité et de la civilisation.

Aujourd'hui que la meilleure intelligence règne entre toutes les grandes puissances, nous devons travailler sérieusement à régler et à développer à l'intérieur les forces et les richesses de la nation. Nous devons lutter contre les maux dont n'est pas exempte une société qui progresse.

La civilisation, quoiqu'elle ait pour but l'amélioration morale et le bien-être matériel du plus grand nombre, marche, il faut le reconnaître, comme une armée. Ses victoires ne s'obtiennent pas sans sacrifices et sans victimes : ces voies rapides qui facilitent les communications, ouvrent au commerce de nouvelles routes, déplacent les intérêts et rejettent en arrière les contrées qui en sont encore privées; ces machines si utiles qui multiplient le travail de l'homme, le remplacent d'abord et laissent momentanément bien des bras inoccupés; ces mines qui répandent dans le monde une quantité de numéraire inconnue jusqu'ici, cet accroissement de la fortune publique qui décuple la consommation, tendent à faire varier et à élever la valeur de toutes choses; cette source inépuisable de richesse qu'on nomme *crédit* enfante des merveilles, et cependant l'exagération de la spéculation entraîne bien des ruines individuelles. De là la nécessité, sans arrêter le progrès, de venir en aide à ceux qui ne peuvent suivre sa marche accélérée.

Il faut stimuler les uns, modérer les autres, alimenter l'activité de cette société haletante, inquiète, exigeante, qui, en France, attend tout du gouvernement, et à laquelle cependant il doit opposer les bornes du possible et les calculs de la raison.

Éclairer et diriger, voilà notre devoir. Le pays prospère, il faut en convenir, car, malgré la guerre et la disette, le mouvement du progrès ne s'est pas ralenti. Le produit des impôts indirects, qui est le signe certain de la richesse publique, a dépassé, en 1856, de plus de 50 millions le chiffre déjà si exceptionnel de 1855. Depuis le rétablissement de l'Empire, ces revenus se sont accrus d'eux-mêmes de 210 millions, abstraction faite des impôts nouveaux. Néanmoins, il y a une grande souffrance dans une partie du peuple, et tant que la Providence ne nous enverra pas une bonne récolte, les millions donnés par la charité privée et par le Gouvernement ne seront que de faibles palliatifs.

Redoublons d'efforts pour porter remède à des maux au-dessus de la prévoyance humaine.

Plusieurs départements ont été atteints cette année par le fléau de l'inondation. Tout me fait espérer que la science parviendra à dompter la nature. Je tiens à honneur qu'en France les fleuves, comme la révolution, rentrent dans leur lit, et qu'ils n'en puissent plus sortir.

Une cause de malaise non moins grave réside dans les esprits. Lorsqu'une crise survient, il n'est sorte de faux bruits ou de fausses doctrines que l'ignorance ou la malveillance ne propagent. On est même parvenu dernièrement à inquiéter l'industrie nationale, comme si le Gouvernement pouvait vouloir autre chose que son développement et sa prospérité.

Aussi le devoir des bons citoyens est de répandre partout les sages doctrines de l'économie politique, et principalement de fortifier ces cœurs vacillants qui, au premier souffle, je ne dirai pas de la mauvaise fortune, mais au moindre temps d'arrêt de la prospérité, sèment le découragement, et augmentent le malaise par leurs alarmes imaginaires.

En présence des exigences diverses de la situation, j'ai résolu de réduire les dépenses sans suspendre les grands travaux, sans compromettre les existences acquises ; de diminuer certains impôts sans porter atteinte aux finances de l'État.

Le budget de 1858 vous sera présenté en équilibre ; toutes les dépenses prévues y ont été portées.

Le produit des emprunts suffira pour solder les frais de la guerre.

Tous les services pourront être assurés sans que nous ayons besoin de recourir de nouveau au crédit public.

Les budgets de la guerre et de la marine ont été

réduits dans de justes limites, de manière à conserver les cadres, à respecter les grades si glorieusement gagnés, et à maintenir une force militaire digne de la grandeur du pays. C'est dans cette pensée que le contingent annuel a été fixé à cent mille hommes; ce chiffre est de vingt mille au-dessus de celui des appels ordinaires en temps de paix; mais, d'après le système que j'ai adopté, et auquel j'attache une grande importance, les deux tiers environ de ces conscrits ne resteront que deux ans sous les drapeaux, et formeront ensuite une réserve qui fournira au pays, dès la première apparition du danger, une armée de plus de six cent mille hommes exercés.

La réduction dans l'effectif permettra d'améliorer la solde des grades inférieurs et de la troupe, mesure que la cherté des subsistances rend indispensable. Par la même raison, le budget alloue une somme de cinq millions pour commencer l'augmentation des plus faibles traitements d'une partie des petits employés civils, qui, au milieu des plus rudes privations, ont donné le bon exemple de la probité et du dévouement.

On n'a pas oublié non plus une allocation pour établir les paquebots transatlantiques, dont la création est demandée depuis si longtemps.

Malgré ces accroissements de dépenses, je vous proposerai de supprimer, à partir du 1er janvier 1858, le nouveau décime de guerre sur les droits d'enregistrement. Cette suppression est un sacrifice de

23 millions; mais en compensation, et conformément au vœu exprimé plusieurs fois par le Corps législatif, je fais étudier l'établissement d'un nouveau droit sur les valeurs mobilières.

Une pensée toute philanthropique avait engagé le Gouvernement à transférer les bagnes à la Guyane. Malheureusement, la fièvre jaune, étrangère à ces contrées depuis cinquante ans, est venue arrêter le progrès de la colonisation. On élabore un projet destiné à transporter ces établissements en Afrique ou ailleurs.

L'Algérie, qui, dans des mains habiles, voit ses cultures et son commerce s'étendre de jour en jour, mérite de fixer particulièrement nos regards. Le décret de décentralisation rendu récemment favorisera les efforts de l'administration, et je ne négligerai rien pour vous présenter, suivant les circonstances, les mesures les plus propres au développement de la colonie.

J'appelle votre attention sur une loi qui tend à fertiliser les landes de Gascogne. Les progrès de l'agriculture doivent être un des objets de notre constante sollicitude, car de son amélioration ou de son déclin datent la prospérité ou la décadence des empires.

Un autre projet de loi, dû à l'initiative du maréchal ministre de la guerre, vous sera présenté : c'est un code pénal militaire complet qui réunit en un seul corps, en les mettant en harmonie avec nos institutions, les lois éparses et souvent contradictoires rendues depuis 1790. Vous serez heureux, je n'en doute pas, d'attacher votre nom à une œuvre de cette importance.

Messieurs les Députés, puisque cette session est la dernière de votre législature, permettez-moi de vous remercier du concours si dévoué et si actif que vous m'avez prêté depuis 1852. Vous avez proclamé l'Empire; vous vous êtes associés à toutes les mesures qui ont rétabli l'ordre et la prospérité dans le pays; vous m'avez énergiquement soutenu pendant la guerre; vous avez partagé mes douleurs pendant l'épidémie et pendant la disette; vous avez partagé ma joie quand le Ciel m'a donné une paix glorieuse et un Fils bien-aimé; votre coopération loyale m'a permis d'asseoir en France un régime basé sur la volonté et les intérêts populaires. C'était une tâche difficile à remplir, et pour laquelle il fallait un véritable patriotisme, que d'habituer le pays à de nouvelles institutions. Remplacer la licence de la tribune, et les luttes émouvantes qui amenaient la chute ou l'élévation des ministères par une discussion libre, mais calme et sérieuse, était un service signalé rendu au pays et à la liberté même, car la liberté n'a pas d'ennemis plus redoutables que les emportements de la passion et la violence de la parole.

Fort du concours des grands Corps de l'État et du dévouement de l'armée, fort surtout de l'appui de ce peuple qui sait que tous mes instants sont consacrés à ses intérêts, j'entrevois pour notre Patrie un avenir plein d'espoir.

La France, sans froisser les droits de personne, a repris dans le monde le rang qui lui convenait, et peut se livrer avec sécurité à tout ce que produit de grand le génie de la paix. Que Dieu ne se lasse pas de la protéger, et bientôt l'on pourra dire de notre époque ce qu'un homme d'État, historien illustre et national, a écrit du Consulat : « *La satisfaction était partout, et quiconque n'avait pas dans le cœur les mauvaises passions des partis, était heureux du bonheur public.* »

LETTRE DE L'EMPEREUR AU MINISTRE DE LA GUERRE.

Palais des Tuileries, le 26 avril 1857.

Maréchal,

Après les conférences que j'ai eues tant avec vous qu'avec les autres maréchaux, mes idées sur l'organisation de la garde se sont fixées comme il suit :

La garde impériale doit être considérée comme une réserve puissante sur le champ de bataille, et comme une troupe d'élite offrant à l'armée un nouveau moyen de récompense pour tous ceux qui se sont distingués par des services ou par des actions d'éclat.

Une comparaison fera mieux comprendre d'abord sa véritable situation. Il faut qu'elle soit à la troupe de ligne ce que, dans l'infanterie, les compagnies d'élite sont aux compagnies du centre : un objet d'émulation et non de jalousie.

L'émulation, en effet, naît en présence d'une position plus élevée à laquelle chacun peut atteindre par son mérite et par l'accomplissement de conditions bien définies ; la jalousie, au contraire, naît en présence d'une position privilégiée qui n'est pas accessible à tous, et où la faveur semblerait dominer.

Ainsi, dans notre hiérarchie militaire, les grades supérieurs n'excitent aucune jalousie, parce que tous peuvent y parvenir, et qu'on n'avance qu'en obéissant à des règles fixes. Il en est de même pour les compagnies d'élite. Celles-ci sont commandées, en général, par les officiers les plus anciens et les plus méritants. Elles sont, en grande partie, formées des meilleurs et des plus anciens sous-officiers et soldats.

Les mêmes règles doivent s'appliquer au recrutement de la garde.

L'entrée dans ce corps d'élite doit être soumise à des conditions précises et toujours ouverte à l'armée ; de là découle le principe d'exclure tout engagement volontaire, puisque l'admission est la rémunération de services rendus, et d'interdire tout avancement dans la garde même, depuis le sous-officier jusqu'au général de division ; car, autrement, les officiers et sous-officiers promus jouiraient d'un double avantage, et les candidats de la ligne se verraient presque complètement exclus.

Ainsi donc, sauf les actions d'éclat, il faudra pour entrer dans la garde :

Pour les soldats une bonne conduite pendant au moins deux ans de service ;

Pour les sous-officiers, un an de grade ;

Pour tous les officiers, depuis le lieutenant jusqu'au général de division, deux ans de grade ;

Pour les sous-lieutenants, seulement une année de grade, parce que, si l'on exigeait plus d'ancienneté, beaucoup de sous-lieutenants, en entrant dans la garde, perdraient leurs chances d'avancement dans leur régiment.

D'après ce qui précède, tout officier ou sous-officier promu passera dans la ligne. Il n'y aura d'exception que pour les sous-lieutenants. Ils resteront lieutenants dans la garde, parce que ce grade se trouvant celui où, comparativement, on reste le moins de temps, les sous-lieutenants de la ligne n'auraient aucun avantage à entrer dans un corps d'élite où ils ne feraient pour ainsi dire que passer.

Toutes les vacances, dans la garde, seront remplies par des officiers de la ligne. Quant aux sous-officiers, ils y entreront dans une certaine proportion.

La garde doit jouir de certains avantages, mais elle ne doit avoir aucun privilége, si ce n'est celui de garder le Souverain.

Elle doit être soumise aux mêmes règlements que la ligne, et, pour le dévouement, la discipline et l'instruction, servir constamment d'exemple.

D'après ces principes, la garde étant pour toute l'armée un juste moyen de distinction, il faut faire en sorte que cette distinction atteigne les plus méritants. Il est donc essentiel de recommander aux chefs de corps et aux inspecteurs de porter la plus scrupuleuse attention aux propositions qu'ils seront à même de faire, et vous me signalerez tous les ans, dans un rapport, les officiers supérieurs qui auraient pu manquer à ce devoir important.

L'observation de ces règles aura l'avantage d'exciter dans l'armée une noble émulation sans froisser les droits de personne, de consacrer l'illustration du champ de bataille où la garde a recruté ses plus glorieux soldats, et de doter le pays et l'armée d'un nouvel élément de force et de puissance.

Sur ce, Maréchal, je prie Dieu qu'il vous ait en sa sainte garde.

Signé Napoléon.

DISCOURS DE L'EMPEREUR A L'INAUGURATION DU NOUVEAU LOUVRE.

Paris, le 14 août 1857.

Messieurs,

Je me félicite avec vous de l'achèvement du Louvre. Je me félicite surtout des causes qui l'ont rendu possible. Ce sont, en effet, l'ordre, la stabilité rétablis et la prospérité toujours croissante du pays, qui m'ont permis de terminer cette œuvre nationale.

Je l'appelle ainsi, puisque tous les gouvernements qui se sont succédé ont tenu à honneur de finir la demeure royale commencée par François I*er*, embellie par Henri II.

D'où vient cette persévérance et même cette popularité pour l'exécution d'un palais ? C'est que le caractère d'un peuple se reflète dans ses institutions comme dans ses mœurs, dans les faits qui l'enthousiasment comme dans les monuments qui deviennent l'objet de son intérêt principal. Or la France, monarchique depuis tant de siècles, qui voyait sans cesse dans le pouvoir central le représentant de sa grandeur et de sa nationalité, voulait que la demeure du Souverain fût digne du pays, et le meilleur moyen de répondre à ce sentiment était d'entourer cette demeure des chefs-d'œuvre divers de l'intelligence humaine.

Au moyen âge, le roi habitait une forteresse hérissée de moyens de défense. Bientôt le progrès de la civilisation remplaça les créneaux et les armes de guerre par les produits des sciences, des lettres et des arts.

Aussi l'histoire des monuments a-t-elle sa philosophie comme l'histoire des faits.

De même qu'il est remarquable que sous la première révolution le comité de salut public ait continué à son insu l'œuvre de Louis XI, de Richelieu, de Louis XIV, en portant le dernier coup à la féodalité et en poursuivant le système d'unité et de centralisation, but constant de la monarchie ; de même n'y a-t-il pas un grand enseignement à voir pour le Louvre la pensée de Henri IV, de Louis XIII, de Louis XIV, de Louis XV, de Louis XVI, de Napoléon, adoptée par le pouvoir éphémère de 1848?

L'un des premiers actes, en effet, du gouvernement provisoire fut de décréter l'achèvement du palais de nos rois. Tant il est vrai qu'une nation puise dans ses antécédents, comme un individu dans son éducation, des idées que les passions du moment ne parviennent pas à détruire. Lorsqu'une impulsion morale est la conséquence de l'état social d'un pays, elle se transmet à travers les siècles et les formes diverses des gouvernements, jusqu'à ce qu'elle atteigne le but proposé.

Ainsi l'achèvement du Louvre, auquel je vous rends grâce d'avoir concouru avec tant de zèle et d'habileté, n'est pas le caprice d'un moment, c'est la réalisation d'un plan conçu pour la gloire et soutenu par l'instinct du pays pendant plus de trois cents ans.

ORDRE DU JOUR DE L'EMPEREUR AUX TROUPES DU CAMP DE CHALONS.

Camp de Châlons, le 30 août 1857.

Soldats,

Je vous ai réunis ici sous mon commandement, parce qu'il est utile que l'armée puise dans la vie commune des camps, le même esprit, la même discipline, la même instruction. Or, la garde, comme corps d'élite, doit la première, par des efforts constants, se maintenir au rang que lui donnent ses anciennes traditions et ses services récents sur le champ de bataille.

Les Romains, dit Montesquieu, considéraient la paix comme un exercice, la guerre comme une application ; et, en effet, les succès obtenus par de jeunes armées ne sont, en général, que l'*application* d'études sérieuses faites pendant la paix.

Je ne doute pas qu'officiers et soldats ne s'efforcent de concourir avec zèle au but que je me propose. Je recommande aux uns une sévérité paternelle ; aux autres, une obéissance nécessaire, à tous, la bonne volonté et l'observation rigoureuse de la tenue ; car la tenue c'est le respect de l'uniforme, et l'uniforme est l'emblème de ce noble métier d'abnégation et de dévouement dont vous devez être fiers. N'oublions pas que tout signe caractéristique de l'armée, à commencer par le drapeau, représente une idée morale, et que votre devoir est de l'honorer.

Ce camp ne sera donc pas un vain spectacle offert à la curiosité publique, mais une école grave que nous saurons rendre profitable par des travaux soutenus, et dont les résultats seraient évidents si jamais la patrie avait besoin de vous.

NAPOLÉON.

ORDRE DU JOUR AUX TROUPES DU CAMP DE CHALONS.

Camp de Châlons, le 8 octobre 1857.

Soldats!

Le temps que nous venons de passer ensemble n'aura pas été perdu. Votre instruction militaire s'est accrue, et les liens qui nous unissaient se sont resserrés.

Lorsque le général Bonaparte eut conclu la paix glorieuse de Campo-Formio, il se hâta de remettre les vainqueurs de l'Italie à l'école de peloton et de bataillon, montrant ainsi combien il croyait utile, même pour de vieux soldats, de revenir sans cesse aux règles fondamentales de la théorie. Cet enseignement n'a pas été oublié : à peine de retour d'une glorieuse campagne, vous vous êtes remis avec zèle à l'étude pratique des évolutions, et vous avez inauguré le camp de Châlons, qui va servir pour toute l'armée de grande école de manœuvres. La garde impériale donnera donc ainsi toujours le bon exemple, dans la paix comme dans la guerre. Instruite, disciplinée, prête à tout entreprendre et à tout supporter pour le bien de la patrie, elle sera pour la ligne, dont elle sort, un juste objet d'émulation, et contribuera avec elle à conserver intacte cette vieille réputation de nos immortelles phalanges, qui n'ont succombé que par l'excès de leur gloire et de leurs triomphes.

Napoléon.

ANNÉE 1858.

DISCOURS ET PROCLAMATIONS.

ANNÉE 1858.

DISCOURS DE L'EMPEREUR A L'OUVERTURE DE LA SESSION LÉGISLATIVE.

Palais des Tuileries, le 19 janvier 1858.

Messieurs les Sénateurs,
Messieurs les Députés,

Tous les ans, à l'époque de la réunion des Chambres, je vous rends compte de ce qui s'est fait pendant votre absence, et je demande votre concours pour les mesures à prendre.

Depuis l'année dernière, le Gouvernement a suivi sa marche progressive et régulière, exempte de toute vaine ostentation.

On a souvent prétendu que, pour gouverner la France, il fallait sans cesse donner comme aliment à l'esprit public quelque grand incident théâtral. Je crois, au contraire, qu'il suffit de chercher exclusivement à faire le bien pour mériter la confiance du pays.

L'action du Gouvernement s'est donc simplement bornée à faire ce qu'il y avait de plus utile, suivant les circonstances, dans les branches diverses de l'administration.

Dans l'intérêt de l'agriculture, l'exportation et la distillation des grains ont été autorisées de nouveau, et l'appui de la Banque est venu donner de la force au crédit foncier. Les landes commencent à se défricher.

Dans les travaux publics, les résultats les plus importants sont : 1,330 kilomètres de chemins de fer livrés, en 1857, à la circulation ; 2,600 kilomètres nouveaux concédés ; des routes nouvelles créées ; le bassin à flot de Saint-Nazaire et le canal de Caen à la mer ouverts à la navigation ; des études sérieuses terminées pour prévenir le fléau des inondations ; l'amélioration de nos ports, et, entre autres du Havre, de Marseille, de Toulon, de Bayonne ; au nord et à l'est de la France, l'exploitation de nouvelles richesses houillères ; à Paris, l'inauguration du Louvre et de l'Asile de Vincennes ; enfin, dans la capitale comme à Lyon, des quartiers ouverts, pour la première fois depuis des siècles, à l'air et à la lumière ; et, sur toute la France, les édifices religieux se construisant à nouveau ou se relevant de leurs ruines.

L'instruction donnée par l'État se développe à côté de l'enseignement libre, loyalement protégé.

En 1857, le nombre des élèves des lycées s'est accru de 1,500. L'enseignement, redevenu plus religieux et plus moral, se relève avec une tendance vers les saines humanités et les sciences utiles. Le Collége de France a été réorganisé ; l'instruction primaire se répand avec succès.

La volonté du Gouvernement est que le principe de la liberté des cultes soit sincèrement appliqué, sans oublier que la religion catholique est celle de la grande majorité des Français. Aussi cette religion n'a jamais été ni plus respectée, ni plus libre. Les conciles provinciaux s'assemblent sans entraves, et les évêques jouissent en toute plénitude de l'exercice de leur saint ministère.

Les cultes luthérien et réformé, ainsi que les Israélites, participent dans une juste proportion aux subventions de l'État et en sont également protégés.

L'accroissement de valeur de toutes choses nous a obligés, dès l'année dernière, à augmenter les appointements attachés aux fonctions les moins rétribuées. L'ordinaire du soldat a été amélioré, et la solde des officiers de grade inférieur augmentée. Le budget de 1859 élève le traitement des desservants, celui des professeurs et des instituteurs, enfin celui des juges de paix.

Parmi les mesures d'assistance, je signalerai la propagation des sociétés de secours mutuels ; dans les campagnes, celle des médecins cantonaux ; dans les villes, l'établissement des fourneaux économiques. Un million a été distribué pour venir en aide aux populations le plus gravement atteintes par l'interruption accidentelle du travail.

Le budget de 1859, qui vous sera présenté, se soldera par un excédant de recettes, et l'action de l'amortissement pourra être rétablie, le grand-livre fermé, la réduction de la dette flottante assurée.

Le commerce a éprouvé en dernier lieu des souffrances et un temps d'arrêt; mais la fermeté de son attitude au milieu d'une crise pour ainsi dire universelle, est, aux yeux de tous, un honneur pour la France, et justifie les principes économiques conseillés par le Gouvernement en matière de commerce, de finances et de crédit.

L'accroissement des revenus directs et indirects pendant l'année qui vient de finir a été de 30 millions.

Parmi les divers projets de loi d'intérêt général qui vous seront soumis, j'indiquerai : une loi sur les patentes, qui dégrève les petits contribuables; un nouveau code militaire de la marine ; une proposition d'affecter les 20 millions qui restent des emprunts à l'achèvement des travaux destinés à mettre les villes à l'abri des inondations.

L'Algérie, reliée à la France par le fil électrique, a vu nos troupes se couvrir d'une nouvelle gloire par la soumission de la Kabylie. Cette expédition, habilement conduite et vigoureusement exécutée, a complété notre domination. L'armée, qui n'a plus d'ennemis à combattre, aura à lutter contre des difficultés nouvelles en ouvrant des voies ferrées, si nécessaires au développement de la prospérité de notre colonie.

En France, l'armée trouvera dans le camp de Châlons une grande école qui maintiendra, à la hauteur où ils se sont élevés, l'esprit et l'instruction militaires.

L'Empereur Napoléon avait légué à ses anciens compagnons de gloire son domaine privé et son domaine extraordinaire ; l'État les a absorbés sous la Restauration. C'est pour exécuter en quelque sorte ce legs pieux que vous avez voté, d'une part, une somme de 8 millions, et de l'autre, près de 3 millions de secours annuels pour les anciens militaires. Néanmoins, j'ai voulu qu'une médaille vînt rappeler à tous ceux qui avaient servi dans nos armées la dernière pensée de leur ancien chef. Plus de trois cent mille hommes, en France et à l'étranger, ont demandé cette médaille, souvenir de l'épopée impériale, et, en la recevant, ils ont pu se dire avec fierté : « ET MOI AUSSI, JE FAISAIS PARTIE DE LA GRANDE ARMÉE, » paroles que l'Empereur à Austerlitz avait raison de leur montrer dans l'avenir comme un titre de noblesse.

Notre marine, dont les arsenaux sont occupés aux transformations si nécessaires de la flotte, maintient sur toutes les mers l'honneur de notre drapeau. En Chine, elle lutte de concert avec la flotte anglaise pour obtenir le redressement de griefs communs, et pour venger le sang de nos missionnaires cruellement massacrés.

Les relations de la France avec les puissances étrangères n'ont jamais été meilleures ; nos anciens alliés, fidèles aux sentiments nés d'une cause commune, nous témoignent la même confiance, et les nouveaux, par leurs bons procédés, par leur concours loyal dans toutes les grandes questions, nous feraient presque regretter de les avoir combattus. J'ai pu me convaincre, à Osborne comme à Stuttgard, que mon désir de conserver l'intimité des anciens liens, comme celui d'en former de nouveaux, était partagé également par les chefs de deux grands empires.

Si la politique de la France est appréciée comme elle le mérite en Europe, c'est que nous avons le bon esprit de ne nous mêler que des questions qui nous intéressent directement, soit comme nation, soit comme grande puissance européenne ; aussi me suis-je gardé de m'immiscer dans la question des Duchés, qui agite aujourd'hui l'Allemagne ; car cette question, purement allemande, restera telle tant que l'intégrité du Danemark ne sera pas menacée. Si je me suis occupé au contraire de l'affaire de Neufchâtel, c'est que le roi de Prusse avait réclamé mes bons offices, et j'ai été heureux dans cette occasion, de contribuer à la conclusion définitive d'un différend qui aurait pu devenir dangereux pour le repos de l'Europe.

A l'égard des Principautés, on s'est étonné de notre désaccord avec plusieurs de nos alliés : c'est que la France, dans sa politique désintéressée, a toujours protégé, autant que les traités le permettaient, les vœux des populations qui avaient tourné leurs regards vers elle. Néanmoins, les conférences qui vont s'ouvrir à Paris nous verront apporter un esprit de conciliation de nature à atténuer les difficultés inséparables de la divergence des opinions.

Telle est, Messieurs, en résumé, notre situation. Je pourrais donc terminer ici mon discours, mais je crois utile, au commencement d'une nouvelle législature, d'examiner avec vous ce que nous sommes et ce que nous voulons. Il n'y a que les causes bien définies, nettement formulées, qui créent des convictions profondes; il n'y a que les drapeaux hautement déployés qui inspirent des dévouements sincères.

Qu'est-ce que l'Empire? Est-ce un gouvernement rétrograde, ennemi des lumières, désireux de comprimer les élans généreux et d'empêcher dans le monde le rayonnement pacifique de tout ce que les grands principes de 89 ont de bon et de civilisateur?

Non, l'Empire a inscrit ces principes en tête de sa Constitution; il adopte franchement tout ce qui peut ennoblir les cœurs et exalter les esprits pour le bien; mais aussi, ennemi de toute théorie abstraite, il veut un Pouvoir fort, capable de vaincre les obstacles qui arrêteraient sa marche, car, ne l'oublions pas, la marche de tout Pouvoir nouveau est longtemps une lutte.

D'ailleurs, il est une vérité écrite à chaque page de l'histoire de la France et de l'Angleterre, c'est qu'une liberté sans entraves est impossible tant qu'il existe dans un pays une fraction obstinée à méconnaître les bases fondamentales du Gouvernement. Car alors, la liberté au lieu d'éclairer, de contrôler, d'améliorer, n'est plus, dans la main des partis, qu'une arme pour renverser.

Aussi, comme je n'ai pas accepté le pouvoir de la nation dans le but d'acquérir cette popularité éphémère, prix trompeur de concessions arrachées à la faiblesse, mais afin de mériter un jour l'approbation de la postérité en fondant en France quelque chose de durable, je ne crains pas de vous le déclarer aujourd'hui, le danger, quoi qu'on dise, n'est pas dans les prérogatives excessives du Pouvoir, mais plutôt dans l'absence de lois répressives. Ainsi, les dernières élections, malgré leur résultat satisfaisant, ont offert en certains lieux un affligeant spectacle, les partis hostiles en ont profité pour agiter le pays, et on a vu quelques hommes, s'avouant hautement ennemis des institutions nationales, tromper les électeurs par de fausses promesses, et, après avoir brigué leurs suffrages, les rejeter ensuite avec dédain. Vous ne permettrez pas qu'un tel scandale se renouvelle, et vous obligerez tout éligible à prêter serment à la Constitution avant de se porter candidat.

La pacification des esprits devant être le but constant de nos efforts, vous m'aiderez à rechercher les moyens de réduire au silence les oppositions extrêmes et factieuses.

En effet, n'est-il pas pénible, dans un pays calme, prospère, respecté en Europe, de voir, d'un côté, des personnes décrier un Gouvernement auquel elles doivent la sécurité dont elles jouissent, tandis que d'autres ne profitent du libre exercice de leurs droits politiques que pour miner les institutions ?

J'accueille avec empressement, sans m'arrêter à leurs antécédents, tous ceux qui reconnaissent la volonté nationale; quant aux provocateurs de troubles et aux organisateurs de complots, qu'ils sachent bien que leur temps est passé!

Je ne puis terminer sans vous parler de la criminelle tentative qui vient d'avoir lieu. Je remercie le Ciel de la protection visible dont il nous a couverts, l'Impératrice et moi, et je déplore qu'on fasse tant de victimes pour attenter à la vie d'un seul. Cependant ces complots portent avec eux plus d'un enseignement utile : le premier, c'est que les partis qui recourent à l'assassinat prouvent par ces moyens désespérés leur faiblesse et leur impuissance; le second, c'est que jamais un assassinat, vînt-il à réussir, n'a servi la cause de ceux qui avaient armé le bras des assassins. Ni le parti qui frappa César, ni celui qui frappa Henri IV ne profitèrent de leur meurtre. Dieu permet quelquefois la mort du juste, mais il ne permet jamais le triomphe de la cause du crime. Aussi ces tentatives ne peuvent troubler ni ma sécurité dans le présent, ni ma foi dans l'avenir: si je vis, l'Empire vit avec moi, et si je succombais, l'Empire serait encore affermi par ma mort même, car l'indignation du peuple et de l'armée serait un nouvel appui pour le Trône de mon fils.

Envisageons donc l'avenir avec confiance, livrons-nous sans préoccupations inquiètes à nos travaux de tous les jours pour le bien et la grandeur du pays. *Dieu protége la France!*

MESSAGE DE L'EMPEREUR AU SÉNAT.

Palais des Tuileries, le 1er février 1858.

Messieurs les Sénateurs,

Le sénatus-consulte du 17 juillet 1856 laisse une incertitude que je trouve utile de faire cesser dès aujourd'hui. En effet, il ne confère la Régence à l'Impératrice, ou, à son défaut, aux Princes français, que si l'Empereur n'en a autrement disposé par acte public ou secret.

Je crois satisfaire au vœu public, en même temps que j'obéis à mes sentiments de haute confiance pour l'Impératrice, en la désignant comme Régente. Mû par les mêmes sentiments, je désigne, à son défaut, pour lui succéder dans la Régence, les Princes français suivant l'ordre de l'hérédité de la Couronne.

J'ai voulu aussi prévenir les hésitations que pourraient amener, en ce qui concerne le Conseil de Régence, les alternatives laissées par l'article 18 du sénatus-consulte du 17 juillet. En conséquence, j'ai institué un Conseil privé qui, avec l'adjonction des deux Princes français les plus proches dans l'ordre d'hérédité, deviendra Conseil de Régence par le seul fait de l'avénement de l'Empereur mineur, si, à ce moment, je n'en ai pas constitué un autre par acte public. Ce Conseil privé, composé d'hommes ayant ma confiance, sera consulté sur les grandes affaires de l'État et se préparera, par l'étude des devoirs et des nécessités du Gouvernement, au rôle important que l'avenir peut lui réserver.

Sur ce, je prie Dieu qu'il vous ait en sa sainte garde.

NAPOLÉON.

DISCOURS DE L'EMPEREUR A L'INAUGURATION DU BOULEVARD DE SÉBASTOPOL.

Paris, le 5 avril 1858.

Messieurs les membres du Conseil municipal,

L'inauguration du boulevard de Sébastopol m'offre une occasion naturelle de vous remercier de la persévérance de vos efforts pour embellir la capitale et augmenter le bien-être de ceux qui l'habitent. Nous sommes à une époque où la création des chemins de fer change toutes les conditions économiques d'un pays, car, non-seulement pour leur création, ils absorbent la plupart des capitaux disponibles, mais, quand ils sont créés, ils favorisent l'agglomération dans les villes et modifient les rapports entre le producteur et le consommateur. Le

Conseil municipal avait donc une œuvre multiple à accomplir : il fallait d'abord assurer les ressources financières de Paris, favoriser les constructions nouvelles afin de pouvoir loger un excédant soudain de population, et, d'un autre côté il était indispensable de démolir afin de créer des voies nouvelles qui faisaient pénétrer la lumière et la salubrité dans les quartiers malsains, et formaient de grandes artères favorables au développement de la ville, en rapprochant le centre des extrémités. Ce double résultat a été obtenu : les constructions ont été dix fois plus considérables que les démolitions; mais là ne se sont point bornés vos efforts : pendant les années de disette, grâce à l'institution de la Caisse de la boulangerie, vous avez donné à la population le pain à meilleur marché. Aucun système d'amélioration et de bienfaisance n'a été omis par vous. Tout en fondant de nouveaux hôpitaux, vous avez multiplié les secours à domicile; vous avez bâti de nouvelles églises et de nouvelles écoles ; vous avez secondé l'approvisionnement de Paris par l'établissement des halles centrales; vous avez commencé l'assainissement de la ville par un ouvrage gigantesque de galeries souterraines, dignes des travaux qui existent dans l'ancienne Rome ; enfin, vous avez partout réuni à l'utile ce qui pouvait satisfaire les yeux et inspirer des sentiments élevés.

Quand les générations qui se succèdent traverseront notre grande ville, non-seulement elles acquerront le goût du beau par le spectacle de ces œuvres de l'art, mais en lisant les noms inscrits sur nos ponts et sur nos rues, elles se rappelleront la gloire de nos armes depuis Rivoli jusqu'à Sébastopol.

Tous ces grands résultats, je les dois au concours du Corps législatif, qui, abdiquant tout sentiment d'égoïsme de province, a compris qu'un pays comme la France devait avoir une capitale digne d'elle, et n'a pas hésité à accorder la subvention que le Gouvernement lui a demandée. Je les dois aussi à la coopération éclairée du Conseil municipal ; mais je dois surtout leur prompte et judicieuse exécution au magistrat éclairé que j'ai placé à la tête du département de la Seine, qui, tout en maintenant dans les finances de la ville un ordre digne d'éloges, a su en si peu de temps mener à fin de si nombreuses entreprises, et cela au milieu des obstacles suscités sans cesse par l'esprit de routine et de dénigrement. Je suis heureux de lui donner ici le témoignage de mon entière satisfaction.

Mais notre tâche, Messieurs, est loin d'être accomplie ; vous avez approuvé un plan général qui doit continuer ce que vous avez si bien commencé. La Chambre, je l'espère, le votera bientôt, et nous verrons ainsi chaque année de grandes artères s'ouvrir, les quartiers populeux s'assainir, les loyers tendre à s'abaisser par la multiplicité des constructions, la classe ouvrière s'enrichir par le travail ; la misère diminuer par une meilleure organisation de la bienfaisance, et Paris répondre ainsi de plus en plus à sa haute destination.

TOAST DE L'EMPEREUR AU DINER OFFERT PAR SA MAJESTÉ
A LA REINE D'ANGLETERRE.

Vaisseau *la Bretagne* (rade de Cherbourg), le 5 août 1858.

Je bois à la santé de S. M. la Reine d'Angleterre, à celle du Prince qui partage son trône, et à la famille royale. En portant ce toast en leur présence, à bord du vaisseau amiral français, dans le port de Cherbourg, je suis heureux de montrer les sentiments qui nous animent envers eux. En effet, les faits parlent d'eux-mêmes, et ils prouvent que les passions hostiles, aidées par quelques incidents malheureux, n'ont pu altérer ni l'amitié qui existe entre les deux couronnes, ni le désir des deux peuples de rester en paix. Aussi ai-je le ferme espoir que si l'on voulait réveiller les rancunes et les passions d'une autre époque, elles viendraient échouer devant le bon sens public, comme les vagues se brisent devant la digue qui protège en ce moment contre la violence de la mer les escadres des deux Empires.

DISCOURS DE L'EMPEREUR A L'INAUGURATION DE LA
STATUE ÉQUESTRE DE NAPOLÉON Ier.

Cherbourg, le 8 août 1858.

Messieurs, en vous remerciant, à mon arrivée à Cherbourg, de votre chaleureuse adresse, je vous disais qu'il semblait être dans ma destinée de voir s'accomplir par la paix les grands desseins que l'Empereur avait conçus pendant la guerre. En effet, non-seulement les travaux gigantesques dont il avait eu la pensée s'achèvent, mais encore, dans l'ordre moral, les principes qu'il avait voulu faire prévaloir par les armes triomphent aujourd'hui par le simple effet de la raison. Ainsi, l'une des questions pour lesquelles il avait lutté le plus énergiquement, la liberté des mers que consacre le droit des neutres, est résolue d'un commun accord. Tant il est vrai que la postérité se charge toujours de réaliser les idées d'un grand homme. Mais, tout en rendant justice à l'Empereur, nous ne saurions oublier en ces lieux les efforts persévérants des gouvernements qui l'ont précédé et qui l'ont suivi. L'idée première de la création du port de Cherbourg remonte, vous le savez, à celui qui créa tous nos ports militaires et toutes nos places fortes, à Louis XIV, secondé du génie de Vauban. Louis XVI continua activement les travaux. Le chef de ma famille leur donna une impulsion décisive, et, depuis, chaque gouvernement a regardé comme un devoir de la suivre. Je remercie la ville de Cherbourg d'avoir élevé une statue à l'Empereur dans les lieux qu'il a entourés de toute sa sollicitude. Vous avez voulu rendre hommage à celui qui, malgré les guerres continentales, n'a jamais perdu de vue l'importance de la marine. Cependant, lorsque aujourd'hui s'inaugurent à la fois la statue du grand capitaine et l'achèvement de ce port militaire, l'opinion ne saurait s'alarmer. Plus une nation est puissante, plus elle est respectée. Plus un gouvernement est fort, plus il apporte de modération à ses conseils, de justice dans ses résolutions. On ne risque pas alors le repos du pays pour satisfaire un vain orgueil ou pour obtenir une popularité éphémère. Un gouvernement qui s'appuie sur la volonté des masses n'est l'esclave d'aucun parti; il ne fait la guerre que lorsqu'il y est forcé pour défendre l'honneur national ou les grands intérêts des peuples. Continuons donc en paix à développer également les ressources diverses de la France, invitons les étrangers à assister à nos travaux; qu'ils y viennent en amis, non en rivaux. Montrons-leur qu'une nation où règnent l'unité, la confiance et l'union, résiste aux emportements d'un jour, et que, maîtresse d'elle-même, elle n'obéit qu'à l'honneur ou à la raison !

DISCOURS PRONONCÉ PAR L'EMPEREUR AU DÉJEUNER OFFERT A LEURS MAJESTÉS PAR LA VILLE DE RENNES ET LES DÉPUTATIONS DE TOUTE LA BRETAGNE.

Rennes, le 20 août 1858.

Messieurs,

Je suis venu en Bretagne par devoir comme par sympathie. Il était de mon devoir de connaître une partie de la France que je n'avais pas encore visitée. Il était dans mes sympathies de me trouver au milieu du peuple breton, qui est avant tout monarchique, catholique et soldat.

On a voulu souvent représenter les départements de l'Ouest comme animés de sentiments différents de ceux du reste de la nation. Les acclamations chaleureuses qui ont accueilli l'Impératrice et moi dans tout notre voyage, démentent une assertion pareille. Si la France n'est pas complétement homogène dans sa nature, elle est unanime dans ses sentiments. Elle veut un gouvernement assez stable pour enlever toutes chances à de nouveaux bouleversements ; assez éclairé pour favoriser le véritable progrès et le développement des facultés humaines ; assez juste pour appeler à lui tous les honnêtes gens, quels que soient leurs antécédents politiques ; assez consciencieux pour déclarer qu'il protége hautement la religion catholique, tout en acceptant la liberté des cultes ; enfin un gouvernement assez fort par son union intérieure pour être respecté comme il convient dans les conseils de l'Europe ; et, c'est parce que, élu de la nation, je représente ces idées, que j'ai vu partout le peuple accourir sur mes pas et m'encourager par ses démonstrations.

Croyez, Messieurs, que le souvenir de notre voyage en Bretagne restera profondément gravé dans le cœur de l'Impératrice et dans le mien. Nous n'oublierons pas la touchante sollicitude que nous avons rencontrée pour le Prince impérial, dans les villes et dans les campagnes, partout les populations s'informant de notre fils comme du gage de leur avenir.

Je vous remercie, Messieurs, d'avoir organisé

cette réunion qui m'a permis de vous exprimer ma pensée, et je termine en portant un toast à la Bretagne, si honorablement représentée ici.

Que bientôt son agriculture se développe, que ses voies de communication s'achèvent, que ses ports s'améliorent, que son industrie et son commerce prospèrent, que les sciences et les arts y fleurissent, mon appui ne leur manquera pas; mais que tout en hâtant sa marche dans les voies de la civilisation, elle conserve intacte la tradition des nobles sentiments qui l'ont distinguée depuis des siècles. Qu'elle conserve cette simplicité de mœurs, cette franchise proverbiale, cette fidélité à la foi jurée, cette persévérance dans le devoir, cette soumission à la volonté de Dieu, qui veille sur le plus humble foyer domestique comme sur les plus hautes destinées des empires!

Tels sont mes vœux : soyez-en, Messieurs, les dignes interprètes.

ANNÉE 1859.

DISCOURS ET PROCLAMATIONS.

ANNÉE 1859.

DISCOURS DE L'EMPEREUR A L'OUVERTURE DE LA SESSION LÉGISLATIVE.

Palais des Tuileries, le 8 février 1859.

Messieurs les Sénateurs,
Messieurs les Députés,

La France, vous le savez, a vu depuis six ans son bien-être augmenter, ses richesses s'accroître, ses dissensions intestines s'éteindre, son prestige se relever, et cependant il surgit par intervalles, au milieu du calme et de la prospérité générale, une inquiétude vague, une sourde agitation, qui, sans cause bien définie, s'empare de certains esprits et altère la confiance publique.

Je déplore ces découragements périodiques sans m'en étonner. Dans une société bouleversée comme la nôtre par tant de révolutions, le temps seul peut affermir les convictions, retremper les caractères et créer la foi politique.

L'émotion qui vient de se produire, sans apparence de dangers imminents, a droit de surprendre, car elle témoigne en même temps et trop de défiance et trop d'effroi. On semble avoir douté, d'un côté, de la modération dont j'ai donné tant de preuves ; de l'autre, de la puissance réelle de la France. Heureusement la masse du peuple est loin de subir de pareilles impressions.

Aujourd'hui il est de mon devoir de vous exposer de nouveau ce qu'on semble avoir oublié.

Quelle a été constamment ma politique ? Rassurer l'Europe, rendre à la France son véritable rang, cimenter étroitement notre alliance avec l'Angleterre, et régler avec les Puissances continentales de l'Europe le degré de mon intimité d'après la conformité de nos vues et la nature de leurs procédés vis-à-vis de la France.

C'est ainsi qu'à la veille de ma troisième élection, je faisais, à Bordeaux, cette déclaration : *L'Empire, c'est la paix ;* voulant prouver par là que si l'héritier de l'Empereur Napoléon remontait sur le trône, il ne recommencerait pas une ère de conquêtes, mais il inaugurerait un système de paix qui ne pourrait être troublé que pour la défense de grands intérêts nationaux.

Quant à l'alliance de la France et de l'Angleterre, j'ai mis toute ma persévérance à la consolider, et j'ai trouvé de l'autre côté du détroit une heureuse réciprocité de sentiments de la part de la Reine de la Grande-Bretagne, comme de la part des hommes d'État de toutes les opinions. Aussi, pour atteindre ce but si utile à la paix du monde, ai-je mis sous mes pieds, en toute occasion, les souvenirs irritants du passé, les attaques de la calomnie, les préjugés même nationaux de mon pays. Cette alliance a porté ses fruits : non-seulement nous avons acquis ensemble une gloire durable en Orient ; mais encore, à l'extrémité du monde, nous venons d'ouvrir un immense empire aux progrès de la civilisation et de la religion chrétienne.

Depuis la conclusion de la paix, mes rapports avec l'Empereur de Russie ont pris le caractère de la plus franche cordialité, parce que nous avons été d'accord sur tous les points en litige.

J'ai également à me féliciter de mes relations avec la Prusse, qui n'ont cessé d'être animées d'une bienveillance mutuelle.

Le cabinet de Vienne et le mien, au contraire, je le dis avec regret, se sont trouvés souvent en dissidence sur les questions principales, et il a fallu un grand esprit de conciliation pour parvenir à les résoudre. Ainsi, par exemple, la reconstitution des Principautés danubiennes n'a pu se terminer qu'après de nombreuses difficultés qui ont nui à la pleine satisfaction de leurs désirs les plus légitimes; et si l'on me demandait quel intérêt la France avait dans ces contrées lointaines qu'arrose le Danube, je répondrais que l'intérêt de la France est partout où il y a une cause juste et civilisatrice à faire prévaloir.

Dans cet état de choses, il n'y avait rien d'extraordinaire que la France se rapprochât davantage du Piémont, qui avait été si dévoué pendant la guerre, si fidèle à notre politique pendant la paix. L'heureuse union de mon bien-aimé cousin le Prince Napoléon avec la fille du roi Victor-Emmanuel n'est donc pas un de ces faits insolites auxquels il faille chercher une raison cachée, mais la conséquence naturelle de la communauté d'intérêts des deux pays et de l'amitié des deux Souverains.

Depuis quelque temps l'état de l'Italie et sa situation anormale, où l'ordre ne peut être maintenu que par des troupes étrangères, inquiètent justement la diplomatie. Ce n'est pas, néanmoins, un motif suffisant de croire à la guerre. Que les uns l'appellent de tous leurs vœux, sans raisons légitimes; que les autres, dans leurs craintes exagérées, se plaisent à montrer à la France les périls d'une nouvelle coalition, je resterai inébranlable dans la voie du droit, de la justice, de l'honneur national; et mon Gouvernement ne se laissera ni entraîner ni intimider, parce que ma politique ne sera jamais ni provocatrice ni pusillanime.

Loin de nous donc ces fausses alarmes, ces défiances injustes, ces défaillances intéressées. La paix, je l'espère, ne sera point troublée. Reprenez donc avec calme le cours habituel de vos travaux.

Je vous ai expliqué franchement l'état de nos relations extérieures; et cet exposé, conforme à tout ce que je me suis efforcé de faire connaître depuis deux mois à l'intérieur comme à l'étranger, vous prouvera, j'aime à le croire, que ma politique n'a pas cessé un instant d'être la même : ferme, mais conciliante.

Aussi je compte toujours avec confiance sur votre concours comme sur l'appui de la nation qui m'a confié ses destinées. Elle sait que jamais un intérêt personnel ou une ambition mesquine ne dirigeront mes actions. Lorsque, soutenu par le vœu et le sentiment populaires, on monte les degrés d'un trône, on s'élève, par la plus grave des responsabilités, au-dessus de la région infime où se débattent des intérêts vulgaires, et l'on a pour premiers mobiles comme pour derniers juges : Dieu, sa conscience et la postérité.

PROCLAMATION AU PEUPLE FRANÇAIS.

Palais des Tuileries, le 3 mai 1859.

Français !

L'Autriche, en faisant entrer son armée sur le territoire du Roi de Sardaigne, notre allié, nous déclare la guerre. Elle viole ainsi les traités, la justice, et menace nos frontières. Toutes les grandes puissances ont protesté contre cette agression. Le Piémont ayant accepté les conditions qui devaient assurer la paix, on se demande quelle peut être la raison de cette invasion soudaine : c'est que l'Autriche a amené les choses à cette extrémité, qu'il faut qu'elle domine jusqu'aux Alpes, ou que l'Italie soit libre jusqu'à l'Adriatique ; car, dans ce pays, tout coin de terre demeuré indépendant est un danger pour son pouvoir.

Jusqu'ici la modération a été la règle de ma conduite ; maintenant l'énergie devient mon premier devoir.

Que la France s'arme et dise résolûment à l'Europe : Je ne veux pas de conquête, mais je veux maintenir sans faiblesse ma politique nationale et traditionnelle ; j'observe les traités, à condition qu'on ne les violera pas contre moi ; je respecte le territoire et les droits des puissances neutres, mais j'avoue hautement ma sympathie pour un peuple dont l'histoire se confond avec la nôtre, et qui gémit sous l'oppression étrangère.

La France a montré sa haine contre l'anarchie ; elle a voulu me donner un pouvoir assez fort pour réduire à l'impuissance les fauteurs de désordre et les hommes incorrigibles de ces anciens partis qu'on voit sans cesse pactiser avec nos ennemis ; mais elle n'a pas pour cela abdiqué son rôle civilisateur. Ses alliés naturels ont toujours été ceux qui veulent l'amélioration de l'humanité, et quand elle tire l'épée, ce n'est point pour dominer, mais pour affranchir.

Le but de cette guerre est donc de rendre l'Italie à elle-même et non de la faire changer de maître, et nous aurons à nos frontières un peuple ami, qui nous devra son indépendance.

Nous n'allons pas en Italie fomenter le désordre ni ébranler le pouvoir du Saint-Père, que nous avons replacé sur son trône, mais le soustraire à cette pression étrangère qui s'appesantit sur toute la Péninsule, contribuer à y fonder l'ordre sur des intérêts légitimes satisfaits.

Nous allons enfin sur cette terre classique, illustrée par tant de victoires, retrouver les traces de nos pères ; Dieu fasse que nous soyons dignes d'eux !

Je vais bientôt me mettre à la tête de l'armée. Je laisse en France l'Impératrice et mon fils. Secondée par l'expérience et les lumières du dernier frère de l'Empereur, elle saura se montrer à la hauteur de sa mission.

Je les confie à la valeur de l'armée qui reste en France pour veiller sur nos frontières, comme pour protéger le foyer domestique ; je les confie au patriotisme de la garde nationale ; je les confie enfin au peuple tout entier, qui les entourera de cet amour et de ce dévouement dont je reçois chaque jour tant de preuves.

Courage donc, et union ! Notre pays va encore montrer au monde qu'il n'a pas dégénéré. La Providence bénira nos efforts ; car elle est sainte aux yeux de Dieu la cause qui s'appuie sur la justice, l'humanité, l'amour de la patrie et de l'indépendance.

Napoléon.

ORDRE DU JOUR DE L'EMPEREUR A L'ARMÉE D'ITALIE.

Gênes, le 12 mai 1859.

Soldats!

Je viens me mettre à votre tête pour vous conduire au combat. Nous allons seconder la lutte d'un peuple revendiquant son indépendance, et le soustraire à l'oppression étrangère. C'est une cause sainte qui a les sympathies du monde civilisé.

Je n'ai pas besoin de stimuler votre ardeur : chaque étape vous rappellera une victoire. Dans la voie Sacrée de l'ancienne Rome les inscriptions se pressaient sur le marbre pour rappeler au peuple ses hauts faits; de même aujourd'hui, en passant par Mondovi, Marengo, Lodi, Castiglione, Arcole, Rivoli, vous marcherez dans une autre voie Sacrée, au milieu de ces glorieux souvenirs.

Conservez cette discipline sévère qui est l'honneur de l'armée. Ici, ne l'oubliez pas, il n'y a d'ennemis que ceux qui se battent contre vous. Dans la bataille demeurez compactes et n'abandonnez pas vos rangs pour courir en avant. Défiez-vous d'un trop grand élan; c'est la seule chose que je redoute.

Les nouvelles armes de précision ne sont dangereuses que de loin; elles n'empêcheront pas la baïonnette d'être, comme autrefois, l'arme terrible de l'infanterie française.

Soldats! faisons tous notre devoir et mettons en Dieu notre confiance. La patrie attend beaucoup de vous. Déjà d'un bout de la France à l'autre retentissent ces paroles d'un heureux augure : La nouvelle armée d'Italie sera digne de sa sœur aînée.

Napoléon.

PROCLAMATION DE L'EMPEREUR A L'ARMÉE D'ITALIE.

Quartier général de Milan, le 8 juin 1859.

Soldats !

Il y a un mois, confiant dans les efforts de la diplomatie, j'espérais encore la paix, lorsque tout à coup l'invasion du Piémont par les troupes autrichiennes nous appela aux armes. Nous n'étions pas prêts : les hommes, les chevaux, le matériel, les approvisionnements manquaient, et nous devions, pour secourir nos alliés, déboucher à la hâte par petites fractions au delà des Alpes, devant un ennemi redoutable, préparé de longue main.

Le danger était grand, l'énergie de la nation et votre courage ont suppléé à tout. La France a retrouvé ses anciennes vertus, et, unie dans un même but comme en un seul sentiment, elle a montré la puissance de ses ressources et la force de son patriotisme. Voici dix jours que les opérations ont commencé, et déjà le territoire piémontais est débarrassé de ses envahisseurs.

L'armée alliée a livré quatre combats heureux et remporté une victoire décisive qui lui ont ouvert les portes de la capitale de la Lombardie; vous avez mis hors de combat plus de 35,000 Autrichiens, pris 17 canons, 2 drapeaux, 8,000 prisonniers; mais tout n'est pas terminé; nous aurons encore des luttes à soutenir, des obstacles à vaincre.

Je compte sur vous; courage donc, braves soldats de l'armée d'Italie! Du haut du Ciel vos pères vous contemplent avec orgueil.

NAPOLÉON.

PROCLAMATION DE L'EMPEREUR AUX ITALIENS.

Quartier général de Milan, le 8 juin 1859.

Italiens!

La fortune de la guerre me conduit aujourd'hui dans la capitale de la Lombardie, je viens vous dire pourquoi j'y suis.

Lorsque l'Autriche attaqua injustement le Piémont, je résolus de soutenir mon allié le roi de Sardaigne, l'honneur et les intérêts de la France m'en faisant un devoir. Vos ennemis, qui sont les miens, ont tenté de diminuer la sympathie universelle qu'il y avait en Europe pour votre cause, en faisant croire que je ne faisais la guerre que par ambition personnelle, ou pour agrandir le territoire de la France. S'il y a des hommes qui ne comprennent pas leur époque, je ne suis pas du nombre.

Dans l'état éclairé de l'opinion publique, on est plus grand aujourd'hui par l'influence morale qu'on exerce que par des conquêtes stériles, et cette influence morale je la recherche avec orgueil en contribuant à rendre libre une des plus belles parties de l'Europe. Votre accueil m'a déjà prouvé que vous m'avez compris. Je ne viens pas ici avec un système préconçu pour déposséder les souverains ni pour vous imposer ma volonté; mon armée ne s'occupera que de deux choses : combattre vos ennemis, et maintenir l'ordre intérieur; elle ne mettra aucun obstacle à la libre manifestation de vos vœux légitimes. La Providence favorise quelquefois les peuples comme les individus en leur donnant l'occasion de grandir tout à coup; mais c'est à la condition qu'ils sachent en profiter. Profitez donc de la fortune qui s'offre à vous.

Votre désir d'indépendance si longtemps exprimé, si souvent déçu, se réalisera si vous vous en montrez dignes. Unissez-vous donc dans un seul but, l'affranchissement de votre pays. Organisez-vous militairement. Volez sous les drapeaux du roi Victor-Emmanuel, qui vous a déjà si noblement montré la voie de l'honneur. Souvenez-vous que sans discipline il n'y a pas d'armée; et, animés du feu sacré de la patrie, ne soyez aujourd'hui que soldats, demain, vous serez citoyens libres d'un grand pays.

Napoléon.

ORDRE DU JOUR DE L'EMPEREUR A L'ARMÉE D'ITALIE.

Quartier général de Cavriana, le 25 juin 1859.

Soldats!

L'ennemi croyait nous surprendre et nous rejeter au delà de la Chiese. C'est lui qui a repassé le Mincio.

Vous avez dignement soutenu l'honneur de la France, et la bataille de Solferino égale et dépasse même les souvenirs de Lonato et de Castiglione.

Pendant douze heures, vous avez repoussé les efforts désespérés de plus de 150,000 hommes. Ni la nombreuse artillerie de l'ennemi, ni les positions formidables qu'il occupait sur une profondeur de trois lieues, ni la chaleur accablante n'ont arrêté votre élan.

La patrie reconnaissante vous remercie par ma bouche de tant de persévérance et de courage; mais elle pleure avec moi ceux qui sont morts au champ d'honneur.

Nous avons pris trois drapeaux, trente canons et six mille prisonniers.

L'armée sarde a lutté avec la même bravoure contre des forces supérieures. Elle est bien digne de marcher à vos côtés.

Soldats! tant de sang versé ne sera pas inutile pour la gloire de la France et pour le bonheur des peuples.

NAPOLÉON.

ORDRE DU JOUR A L'ARMÉE D'ITALIE.

Quartier général de Valeggio, le 10 juillet 1859.

Soldats!

Une suspension d'armes a été conclue le 8 juillet, entre les parties belligérantes, jusqu'au 15 août prochain. Cette trêve vous permet de vous reposer de vos glorieux travaux, et de puiser, s'il le faut, de nouvelles forces pour continuer l'œuvre que vous avez si bravement inaugurée par votre courage et votre dévouement. Je retourne à Paris, et je laisse le commandement provisoire de mon armée au maréchal Vaillant, major général. Mais dès que l'heure des combats aura sonné, vous me reverrez au milieu de vous pour partager vos dangers.

NAPOLÉON.

PROCLAMATION DE L'EMPEREUR A L'ARMÉE D'ITALIE.

Quartier général de Valeggio, le 12 juillet 1859.

Soldats!

Les bases de la paix sont arrêtées avec l'Empereur d'Autriche, le but principal de la guerre est atteint, l'Italie va devenir pour la première fois une nation. Une Confédération de tous les États de l'Italie, sous la présidence honoraire du Saint-Père, réunira en un faisceau les membres d'une même famille; la Vénétie reste, il est vrai, sous le sceptre de l'Autriche : elle sera néanmoins une province italienne faisant partie de la Confédération.

La réunion de la Lombardie au Piémont nous crée de ce côté des Alpes un allié puissant qui nous devra son indépendance ; les gouvernements restés en dehors du mouvement ou rappelés dans leurs possessions comprendront la nécessité des réformes salutaires. Une amnistie générale fera disparaître les traces des discordes civiles. L'Italie, désormais maîtresse de ses destinées, n'aura plus qu'à s'en prendre à elle-même si elle ne progresse pas régulièrement dans l'ordre et la liberté.

Vous allez bientôt retourner en France, la patrie reconnaissante accueillera avec transport ces soldats qui ont porté si haut la gloire de nos armes à Montebello, à Palestro, à Turbigo, à Magenta, à Marignan et à Solferino ; qui en deux mois ont affranchi le Piémont et la Lombardie, et ne se sont arrêtés que parce que la lutte allait prendre des proportions qui n'étaient plus en rapport avec les intérêts que la France avait dans cette guerre formidable.

Soyez donc fiers de vos succès, fiers des résultats obtenus, fiers surtout d'être les enfants bien-aimés de cette France qui sera toujours la grande nation, tant qu'elle aura un cœur pour comprendre les nobles causes et des hommes comme vous pour les défendre.

NAPOLÉON.

RÉPONSE DE L'EMPEREUR AUX DISCOURS DES GRANDS CORPS DE L'ÉTAT, A L'OCCASION DE SA RENTRÉE A PARIS.

Palais de Saint-Cloud, le 19 juillet 1859.

Messieurs,

En me retrouvant au milieu de vous, qui, pendant mon absence, avez entouré l'Impératrice et mon Fils de tant de dévouement, j'éprouve le besoin de vous remercier d'abord, et ensuite de vous expliquer quel a été le mobile de ma conduite.

Lorsque après une heureuse campagne de deux mois, les armées française et sarde arrivèrent sous les murs de Vérone, la lutte allait inévitablement changer de nature, tant sous le rapport militaire que sous le rapport politique. J'étais fatalement obligé d'attaquer de front un ennemi retranché derrière de grandes forteresses, protégé contre toute diversion sur ses flancs par la neutralité des territoires qui l'entouraient; et, en commençant la longue et stérile guerre des siéges, je trouvais en face l'Europe en armes, prête soit à disputer nos succès, soit à aggraver nos revers.

Néanmoins la difficulté de l'entreprise n'aurait ni ébranlé ma résolution, ni arrêté l'élan de mon armée, si les moyens n'eussent pas été hors de proportion avec les résultats à attendre. Il fallait se résoudre à briser hardiment les entraves opposées par les territoires neutres et alors accepter la lutte sur le Rhin comme sur l'Adige. Il fallait partout franchement se fortifier du concours de la révolution. Il fallait répandre encore un sang précieux qui n'avait que trop coulé déjà : en un mot, pour triompher, il fallait risquer ce qu'il n'est permis à un souverain de mettre en jeu que pour l'indépendance de son pays.

Si je me suis arrêté, ce n'est donc pas par lassitude ou par épuisement, ni par abandon de la noble cause que je voulais servir, mais parce que dans mon cœur quelque chose parlait plus haut encore : l'intérêt de la France.

Croyez-vous donc qu'il ne m'en ait pas coûté de mettre un frein à l'ardeur de ces soldats qui, exaltés par la victoire, ne demandaient qu'à marcher en avant ?

Croyez-vous qu'il ne m'en ait pas coûté de retrancher ouvertement devant l'Europe de mon programme le territoire qui s'étend du Mincio à l'Adriatique ?

Croyez-vous qu'il ne m'en ait pas coûté de voir dans des cœurs honnêtes de nobles illusions se détruire, de patriotiques espérances s'évanouir ?

Pour servir l'indépendance italienne, j'ai fait la guerre contre le gré de l'Europe; dès que les destinées de mon pays ont pu être en péril, j'ai fait la paix.

Est-ce à dire maintenant que nos efforts et nos sacrifices aient été en pure perte? Non. Ainsi que je l'ai dit dans les adieux à mes soldats, nous avons droit d'être fiers de cette courte campagne. En quatre combats et deux batailles, une armée nombreuse, qui ne le cède à aucune en organisation et en bravoure, a été vaincue. Le Roi de Piémont, appelé jadis le gardien des Alpes, a vu son pays délivré de l'invasion et la frontière de ses États portée du Tessin au Mincio. L'idée d'une nationalité italienne est admise par ceux qui la combattaient le plus. Tous les souverains de la Péninsule comprennent enfin le besoin impérieux de réformes salutaires.

Ainsi, après avoir donné une nouvelle preuve de la puissance militaire de la France, la paix que je viens de conclure sera féconde en heureux résultats; l'avenir les révélera chaque jour davantage, pour le bonheur de l'Italie, l'influence de la France, le repos de l'Europe.

TOAST PORTÉ PAR L'EMPEREUR AU BANQUET DONNÉ PAR SA MAJESTÉ AUX PRINCIPAUX CHEFS DE L'ARMÉE.

Palais du Louvre, le 14 août 1859.

Messieurs,

La joie que j'éprouve en me retrouvant avec la plupart des chefs de l'armée d'Italie serait complète s'il ne venait s'y mêler le regret de voir se séparer bientôt les éléments d'une force si bien organisée et si redoutable. Comme souverain et comme général en chef, je vous remercie encore de votre confiance.

Il était flatteur pour moi, qui n'avais pas commandé d'armée, de trouver une telle obéissance de la part de ceux qui avaient une grande expérience de la guerre. Si le succès a couronné nos efforts, je suis heureux d'en reporter la meilleure part à ces généraux habiles et dévoués qui m'ont rendu le commandement facile, parce que, animés du feu sacré, ils ont sans cesse donné l'exemple du devoir et du mépris de la mort.

Une partie de nos soldats va retourner dans ses foyers : vous-mêmes vous allez reprendre les occupations de la paix. N'oubliez pas néanmoins ce que nous avons fait ensemble. Que le souvenir des obstacles surmontés, des périls évités, des imperfections signalées, revienne souvent à votre mémoire, car, pour tout homme de guerre, le souvenir est la science même.

En commémoration de la campagne d'Italie, je ferai distribuer une médaille à tous ceux qui y ont pris part, et je veux que vous soyez aujourd'hui les premiers à la porter. Qu'elle me rappelle parfois à votre pensée, et qu'en lisant les noms glorieux qui y sont gravés, chacun se dise : Si la France a tant fait pour un peuple ami, que ne ferait-elle pas pour son indépendance ?

Je porte un toast à l'armée.

RÉPONSE DE L'EMPEREUR AU DISCOURS DU CARDINAL-ARCHEVÊQUE DE BORDEAUX.

Bordeaux, le 11 octobre 1859.

Je remercie Votre Éminence des sentiments qu'elle vient de m'exprimer. Elle rend justice à mes intentions sans méconnaître néanmoins les difficultés qui les entravent, et elle me semble bien comprendre sa haute mission en cherchant à fortifier la confiance plutôt qu'à répandre d'inutiles alarmes.

Je vous remercie d'avoir rappelé mes paroles, car j'ai le ferme espoir qu'une nouvelle ère de gloire se lèvera pour l'Église le jour où tout le monde partagera ma conviction que le pouvoir temporel du Saint-Père n'est pas opposé à la liberté et à l'indépendance de l'Italie.

Je ne puis ici entrer dans les développements qu'exigerait la grave question que vous avez touchée, et je me borne à rappeler que le Gouvernement qui a ramené le Saint-Père sur son trône ne saurait lui faire entendre que des conseils inspirés par un respectueux et sincère dévouement à ses intérêts ; mais il s'inquiète avec raison du jour qui ne saurait être éloigné où Rome sera évacuée par nos troupes; car l'Europe ne peut permettre que l'occupation qui dure depuis dix années se prolonge indéfiniment; et, quand notre armée se retirera, que laissera-t-elle derrière elle ? l'anarchie, la terreur ou la paix ? Voilà des questions dont l'importance n'échappe à personne. Mais, croyez-le bien, à l'époque où nous vivons, pour les résoudre, il faut, au lieu d'en appeler aux passions ardentes, rechercher avec calme la vérité, et prier la Providence d'éclairer les peuples et les rois sur le sage exercice de leurs droits comme sur l'étendue de leurs devoirs.

Je ne doute pas que les prières de Votre Éminence et celles de son clergé ne continuent à attirer sur l'Impératrice, mon Fils et moi, les bénédictions du Ciel.

LETTRE DE L'EMPEREUR AU ROI DE PIÉMONT.

Palais de Saint-Cloud, le 20 octobre 1859.

Monsieur mon Frère

J'écris aujourd'hui à Votre Majesté pour lui exposer la situation actuelle, lui rappeler le passé, et régler avec elle la meilleure marche à suivre dans l'avenir. Les circonstances sont graves ; il faut donc laisser de côté les illusions, les regrets stériles, et examiner nettement l'état réel des choses. Ainsi, il ne s'agit pas aujourd'hui de savoir si j'ai bien ou mal fait de conclure la paix à Villafranca, mais de tirer du traité les conséquences les plus favorables à la pacification de l'Italie et au repos de l'Europe.

Avant d'entrer dans l'examen de cette question, je tiens à rappeler de nouveau à Votre Majesté les obstacles qui rendaient toute négociation et tout traité définitif si difficiles.

En effet, la guerre a souvent de moindres complications que la paix; dans la première, deux intérêts seuls sont en présence : l'attaque et la défense; dans la seconde, au contraire, il s'agit de concilier une foule d'intérêts souvent opposés.

C'est ce qui est arrivé au moment de la paix; il fallait faire un traité qui assurât le mieux possible l'indépendance de l'Italie, qui satisfît le Piémont et les vœux des populations, qui cependant ne blessât pas le sentiment catholique, ni les droits des souverains auxquels l'Europe s'intéressait. Je crus alors que si l'Empereur d'Autriche voulait s'entendre franchement avec moi pour amener cet important résultat, les causes d'antagonisme qui, depuis des siècles, divisent ces deux empires, disparaîtraient, et que la régénération de l'Italie s'accomplirait d'un commun accord, sans nouvelle effusion de sang.

Voici, selon moi, les conditions essentielles de cette régénération :

L'Italie serait composée de plusieurs États indépendants, unis par un lien fédératif.

Chacun de ces États adopterait un système représentatif particulier et des réformes salutaires.

La Confédération consacrerait donc le principe de la nationalité italienne; elle n'aurait qu'un drapeau, qu'un système de douanes et qu'une monnaie.

Le centre directeur serait à Rome; il serait formé de représentants nommés par les souverains sur une liste proposée par les chambres, afin que, dans cette espèce de diète, l'influence des familles régnantes, suspectes de partialité pour l'Autriche, fût balancée par l'élément sorti de l'élection.

En décernant au Saint-Père la présidence honoraire de la Confédération, on satisfait le sentiment religieux de l'Europe catholique, on augmente l'influence morale du Pape dans toute l'Italie, et cela lui permet de faire des concessions conformes aux désirs légitimes des populations.

Eh bien, ce plan que j'avais formé à la conclusion de la paix, peut encore se réaliser, si Votre Majesté emploie son influence à le faire prévaloir. D'ailleurs, de grands pas ont déjà été faits dans cette voie.

La cession de la Lombardie avec une dette restreinte est un fait accompli.

L'Autriche a renoncé à son droit de garnison dans les places de Plaisance, de Ferrare, de Commacchio.

Le droit des souverains a été réservé, il est vrai ; mais l'indépendance de l'Italie centrale a été garantie également, puisque toute idée d'intervention étrangère a été formellement écartée.

Enfin la Vénétie va devenir une province purement italienne.

Le véritable intérêt de Votre Majesté, comme celui de la Péninsule, est de me seconder dans le développement de ce plan pour en faire ressortir les meilleures conséquences, car, elle ne doit pas l'oublier, je suis lié par le traité, et je ne saurais dans le Congrès qui va s'ouvrir, me départir de mes engagements. Le rôle de la France y est tracé à l'avance.

Nous demanderons que Parme et Plaisance soient réunis au Piémont, parce que ce territoire lui est stratégiquement indispensable;

Nous demanderons que la duchesse de Parme soit appelée à Modène;

Que la Toscane, accrue peut-être de quelques territoires, soit rendue au grand-duc Ferdinand;

Qu'un système de sage liberté soit adopté dans tous les Etats de l'Italie;

Que l'Autriche se dégage franchement d'une cause incessante d'embarras pour l'avenir, et qu'elle consente à compléter la nationalité de la Vénétie, non-seulement en créant une représentation et une administration séparées, mais encore une armée italienne;

Nous demanderons que les forteresses de Mantoue et de Peschiera soient reconnues forteresses fédérales;

Enfin, qu'une confédération basée sur les besoins réels comme sur les traditions de la péninsule, et sur l'exclusion de toute influence étrangère, vienne assurer l'œuvre de l'indépendance de l'Italie.

Je ne négligerai rien pour arriver à ce grand résultat; que Votre Majesté en soit convaincue, mes sentiments ne sauraient varier, et, tant que les intérêts de la France ne s'y opposeront pas, je serai toujours heureux de servir la cause pour laquelle nous avons combattu ensemble.

NAPOLÉON.

LETTRE DE L'EMPEREUR AU PAPE.

Palais des Tuileries, le 31 décembre 1859.

Très-saint Père,

La lettre que Votre Sainteté a bien voulu m'écrire le 2 décembre m'a vivement touché, et je répondrai avec une entière franchise à l'appel fait à ma loyauté.

Une de mes plus vives préoccupations, pendant comme après la guerre, a été la situation des États de l'Église, et certes, parmi les raisons puissantes qui m'ont engagé à faire si promptement la paix, il faut compter la crainte de voir la révolution prendre tous les jours de plus grandes proportions. Les faits ont une logique inexorable, et malgré mon dévouement au Saint-Siége, malgré la présence de mes troupes à Rome, je ne pouvais échapper à une certaine solidarité avec les effets du mouvement national provoqué en Italie par la lutte contre l'Autriche.

La paix une fois conclue, je m'empressai d'écrire à Votre Sainteté pour lui soumettre les idées les plus propres, selon moi, à amener la pacification des Romagnes, et je crois encore que si dès cette époque Votre Sainteté eût consenti à une séparation administrative de ces provinces et à la nomination d'un gouverneur laïque, elles seraient rentrées sous son autorité. Malheureusement cela n'a pas eu lieu, et je me suis trouvé impuissant à arrêter l'établissement du nouveau régime. Mes efforts n'ont abouti qu'à empêcher l'insurrection de s'étendre, et la démission de Garibaldi a préservé les Marches d'Ancône d'une invasion certaine.

Aujourd'hui le Congrès va se réunir. Les puissances ne sauraient méconnaître les droits incontestables du Saint-Siége sur les Légations : néanmoins, il est probable qu'elles seront d'avis de ne pas recourir à la violence pour les soumettre. Car, si cette soumission était obtenue à l'aide de forces étrangères, il faudrait encore occuper les Légations militairement pendant longtemps. Cette occupation entretiendrait les haines et les rancunes d'une grande portion du peuple italien, comme la jalousie des grandes puissances : ce serait donc perpétuer un état d'irritation, de malaise et de crainte.

Que reste-t-il donc à faire? car enfin cette incertitude ne peut pas durer toujours. Après un examen sérieux des difficultés et des dangers que présentaient les diverses combinaisons, je le dis avec un regret sincère, et, quelque pénible que soit la solution, ce qui me paraîtrait le plus conforme aux véritables intérêts du Saint-Siége, ce serait de faire le sacrifice des provinces révoltées. Si le Saint-Père, pour le repos de l'Europe, renonçait à ces provinces qui, depuis cinquante ans, suscitent tant d'embarras à son gouvernement, et qu'en échange il demandât aux puissances de lui garantir la possession du reste, je ne doute pas du retour immédiat de l'ordre. Alors le Saint-Père assurerait à l'Italie reconnaissante la paix pendant de longues années, et au Saint-Siége la possession paisible des États de l'Église.

Votre Sainteté, j'aime à le croire, ne se méprendra pas sur les sentiments qui m'animent; elle comprendra la difficulté de ma situation; elle interprétera avec bienveillance la franchise de mon langage, en se souvenant de tout ce que j'ai fait pour la religion catholique et pour son auguste Chef.

J'ai exprimé sans réserve toute ma pensée, et je l'ai cru indispensable avant le Congrès. Mais je prie Votre Sainteté, quelle que soit sa décision, de croire qu'elle ne changera en rien la ligne de conduite que j'ai toujours tenue à son égard.

En remerciant Votre Sainteté de la bénédiction apostolique qu'Elle a envoyée à l'Impératrice, au Prince Impérial et à moi, je lui renouvelle l'assurance de ma profonde vénération.

De Votre Sainteté

Le dévot Fils,

NAPOLÉON.

ANNÉE 1860.

DISCOURS ET PROCLAMATIONS.

ANNÉE 1860.

LETTRE DE L'EMPEREUR AU MINISTRE D'ÉTAT.

Palais des Tuileries, le 5 janvier 1860.

Monsieur le Ministre,

Malgré l'incertitude qui règne encore sur certains points de la politique étrangère, on peut prévoir avec confiance une solution pacifique. Le moment est donc venu de nous occuper des moyens d'imprimer un grand essor aux diverses branches de la richesse nationale.

Je vous adresse dans ce but les bases d'un programme dont plusieurs parties devront recevoir l'approbation des Chambres et sur lequel vous vous concerterez avec vos collègues, afin de préparer les mesures les plus propres à donner une vive impulsion à l'agriculture, à l'industrie et au commerce.

Depuis longtemps on proclame cette vérité qu'il faut multiplier les moyens d'échange pour rendre le commerce florissant; que sans concurrence l'industrie reste stationnaire et conserve des prix élevés qui s'opposent aux progrès de la consommation; que sans une industrie prospère qui développe les capitaux, l'agriculture elle-même demeure dans l'enfance. Tout s'enchaîne donc dans le développement successif des éléments de la prospérité publique! Mais la question essentielle est de savoir dans quelles limites l'État doit favoriser ces divers intérêts et quel ordre de préférence il doit accorder à chacun d'eux.

Ainsi, avant de développer notre commerce étranger par l'échange des produits, il faut améliorer notre agriculture et affranchir notre industrie de toutes les entraves intérieures qui la placent dans des conditions d'infériorité. Aujourd'hui non-seulement nos grandes exploitations sont gênées par une foule de règlements restrictifs, mais encore le bien-être de ceux qui travaillent est loin d'être arrivé au développement qu'il a atteint dans un pays voisin. Il n'y a donc qu'un système général de bonne économie politique qui puisse, en créant la richesse nationale, répandre l'aisance dans la classe ouvrière.

En ce qui touche l'agriculture, il faut la faire participer aux bienfaits des institutions de crédit: défricher les forêts situées dans les plaines et reboiser les montagnes, affecter tous les ans une somme considérable aux grands travaux de desséchement, d'irrigation et de défrichement. Ces travaux, transformant les communaux incultes en terrains cultivés, enrichiront les communes sans appauvrir l'État, qui recouvrera ses avances par la vente d'une partie de ces terres rendues à l'agriculture.

Pour encourager la production industrielle, il faut affranchir de tout droit les matières premières indispensables à l'industrie et lui prêter, exceptionnellement et à un taux modéré, comme on l'a déjà fait à l'agriculture pour le drainage, les capitaux qui l'aideront à perfectionner son matériel.

Un des plus grands services à rendre au pays est de faciliter le transport des matières de première nécessité pour l'agriculture et l'industrie ; à cet effet le ministre des travaux publics fera exécuter le plus promptement possible les voies de communication, canaux, routes et chemins de fer qui auront surtout pour but d'amener la houille et les engrais sur les lieux où les besoins de la production les réclament, et il s'efforcera de réduire les tarifs en établissant une juste concurrence entre les canaux et les chemins de fer.

L'encouragement au commerce par la multiplication des moyens d'échange viendra alors comme conséquence naturelle des mesures précédentes. L'abaissement successif de l'impôt sur les denrées de grande consommation sera donc une nécessité, ainsi que la substitution de droits protecteurs au système prohibitif qui limite nos relations commerciales.

Par ces mesures, l'agriculture trouvera l'écoulement de ses produits ; l'industrie, affranchie d'entraves intérieures, aidée par le Gouvernement, stimulée par la concurrence, luttera avantageusement avec les produits étrangers, et notre commerce, au lieu de languir, prendra un nouvel essor.

Désirant avant tout que l'ordre soit maintenu dans nos finances, voici comment, sans en troubler l'équilibre, ces améliorations pourraient être obtenues :

La conclusion de la paix a permis de ne point épuiser le montant de l'emprunt. Il reste une somme considérable disponible qui, réunie à d'autres ressources, s'élève à environ 160 millions. En demandant au Corps législatif l'autorisation d'appliquer cette somme à de grands travaux publics, et en la divisant en trois annuités, on aurait environ 50 millions par an à ajouter aux sommes considérables déjà portées annuellement au budget.

Cette ressource extraordinaire nous facilitera non-seulement le prompt achèvement des chemins de fer, des canaux, des voies de navigation, des routes, des ports, mais elle nous permettra encore de relever en moins de temps nos cathédrales, nos églises, et d'encourager dignement les sciences, les lettres et les arts.

Pour compenser la perte qu'éprouvera momentanément le Trésor par la réduction des droits sur les matières premières et sur les denrées de grande consommation, notre budget offre la ressource de l'amortissement, qu'il suffit de suspendre jusqu'à ce que le revenu public, accru par l'augmentation du commerce, permette de faire fonctionner de nouveau l'amortissement.

Ainsi en résumé : — Suppression des droits sur la laine et les cotons ;

— Réduction successive sur les sucres et les cafés ;

— Amélioration énergiquement poursuivie des voies de communication ;

— Réduction des droits sur les canaux, et par suite abaissement général des frais de transport ;

— Prêts à l'agriculture et à l'industrie ;

— Travaux considérables d'utilité publique ;

— Suppression des prohibitions ;

— Traité de commerce avec les puissances étrangères.

Telles sont les bases générales du programme sur lequel je vous prie d'attirer l'attention de vos collègues, qui devront préparer sans retard les projets de loi destinés à le réaliser.

Il obtiendra, j'en ai la ferme conviction, l'appui patriotique du Sénat et du Corps législatif, jaloux d'inaugurer avec moi une nouvelle ère de paix et d'en assurer les bienfaits à la France.

Sur ce, je prie Dieu qu'il vous ait en sa sainte garde.

Napoléon.

DISCOURS DE L'EMPEREUR A L'OUVERTURE DE LA SESSION LÉGISLATIVE.

Palais du Louvre, le 1er mars 1860.

Messieurs les Sénateurs,
Messieurs les Députés,

A l'ouverture de la dernière session, confiant dans le patriotisme de la France, je tenais à prémunir vos esprits contre les appréhensions d'une guerre probable. Aujourd'hui j'ai à cœur de vous rassurer contre les inquiétudes suscitées par la paix même. Cette paix, je la veux sincèrement, et je ne négligerai rien pour la maintenir.

Je n'ai qu'à me féliciter de mes relations amicales avec toutes les puissances de l'Europe. Les seuls points du globe où nos armes soient encore engagées sont dans l'extrême Orient; mais le courage de nos marins et de nos soldats, aidé du loyal concours de l'Espagne, amènera bientôt, sans doute, un traité de paix avec la Cochinchine. Quant à la Chine, une expédition sérieuse, combinée avec les forces de la Grande-Bretagne, lui infligera le châtiment de sa perfidie.

En Europe, les difficultés touchent, je l'espère, à leur terme ; et l'Italie est à la veille de se constituer librement. Sans revenir sur les longues négociations qui se traînent depuis tant de mois, je me bornerai à quelques points principaux.

La pensée dominante du traité de Villa-Franca était d'obtenir la dépendance presque complète de la Vénétie au prix de la restauration des archiducs. Cette transaction ayant échoué, malgré mes plus vives instances, j'en ai exprimé mes regrets à Vienne comme à Turin; car la situation, en se prolongeant, menaçait de demeurer sans issue. Pendant qu'elle était l'objet d'explications loyales entre mon Gouvernement et celui de l'Autriche, elle inspirait à l'Angleterre, à la Prusse et à la Russie des démarches dont l'ensemble atteste clairement, de la part des grandes puissances, le désir d'arriver à la conciliation de tous les intérêts. Pour seconder ces dispositions, il importait à la France de présenter la combinaison dont l'adoption avait le plus de chance d'être acceptée par l'Europe. Garantissant par mon armée l'Italie contre l'intervention étrangère, j'avais le droit de marquer les limites de cette garantie. Aussi n'ai-je pas hésité à déclarer au roi de Sardaigne que, tout en lui laissant l'entière liberté de ses actes, je ne pourrais pas le suivre dans une politique qui avait le tort de paraître, aux yeux de l'Europe, vouloir absorber tous les États de l'Italie, et menaçait de nouvelles conflagrations. Je lui ai conseillé de répondre favorablement aux vœux des provinces qui s'offraient à lui, mais de maintenir l'autonomie de la Toscane et de respecter en principe les droits du Saint-Siége. Si cet avantage ne satisfait pas tout le monde, il a l'avantage de réserver les principes, de calmer les appréhensions, et il fait du Piémont un royaume de plus de neuf millions d'âmes.

En présence de cette transformation de l'Italie du Nord, qui donne à un État puissant tous les passages des Alpes, il était de mon devoir, pour la sûreté de nos frontières, de réclamer les versants français des montagnes. Cette revendication d'un territoire de peu d'étendue n'a rien qui doive alarmer l'Europe et donner un démenti à la politique de désintéressement que j'ai proclamée plus d'une fois, car la France ne veut procéder à cet agrandissement, quelque faible qu'il soit, ni par une occupation militaire, ni par une insurrection provoquée, ni par de sourdes manœuvres, mais en exposant franchement la question aux grandes puissances. Elles comprendront sans doute, dans leur équité, comme la France le comprendrait certainement pour chacune d'elles en pareille circonstance, que l'important remaniement territorial qui va avoir lieu nous donne droit à une garantie indiquée par la nature elle-même.

Je ne puis passer sous silence l'émotion d'une partie du monde catholique; elle a cédé subitement à des impressions si irréfléchies, elle s'est jetée dans des alarmes si passionnées; le passé, qui devait être une garantie de l'avenir, a été tellement méconnu, les services rendus tellement oubliés, qu'il m'a fallu une conviction bien profonde, une confiance bien absolue dans la raison publique, pour conserver, au milieu des agitations qu'on cherchait à exciter, le calme, qui seul nous maintient dans le vrai. Les faits cependant parlaient hautement d'eux-mêmes : depuis onze ans, je soutiens seul à Rome le pouvoir du Saint-Père, sans avoir un seul jour cessé de révérer en lui le caractère sacré du chef de notre religion. D'un autre côté, les populations de la Romagne, abandonnées tout à coup à elles-mêmes, ont subi un entraînement naturel, et cherché à faire dans la guerre cause commune avec nous. Devais-je les oublier à la paix, et les livrer de nouveau, pour un temps illimité, aux chances de l'occupation étrangère? Mes premiers efforts ont été de les réconcilier avec leur souverain, et, n'ayant pas réussi, j'ai tâché du moins de sauvegarder, dans les provinces soulevées, le principe du pouvoir temporel du Pape.

D'après ce qui précède, vous voyez comment, si tout n'est pas encore terminé, il est permis, du moins, d'espérer maintenant une solution prochaine. Le moment semble donc venu de mettre un terme à de trop longues préoccupations, et de rechercher les moyens d'inaugurer hardiment en France une nouvelle ère de paix.

Déjà l'armée a été réduite de 150,000 hommes, et cette réduction eût été plus considérable sans la guerre de Chine, l'occupation de Rome et de la Lombardie.

Mon Gouvernement va immédiatement vous soumettre un ensemble de mesures qui ont pour but de faciliter la production, d'accroître, par la vie à bon marché, le bien-être de ceux qui travaillent, et de multiplier nos rapports commerciaux.

Le premier pas à faire dans cette voie était de fixer l'époque de la suppression de ces barrières infranchissables qui, sous le nom de prohibitions, en excluant de nos marchés beaucoup de produits étrangers, contraignent les autres nations à une réciprocité fâcheuse pour nous. Mais quelque chose de plus difficile nous arrêtait encore, c'était le peu de penchant pour un traité de commerce avec l'Angleterre. Aussi ai-je pris résolûment sur moi la responsabilité de cette grande mesure. Une réflexion bien simple en démontre l'avantage pour les deux pays : l'un et l'autre n'auraient pas manqué certainement, au bout de quelques années, de prendre, chacun dans son propre intérêt, l'initiative des mesures proposées; mais alors l'abaissement des tarifs n'étant pas simultané, il aurait eu lieu de part et d'autre sans compensation immédiate. Le traité n'a donc fait qu'avancer l'époque de modifications salutaires, et donner à des réformes indispensables le caractère de concessions réciproques, destinées à fortifier l'alliance de deux grands peuples.

Afin que ce traité puisse produire ses meilleurs effets, je réclame votre concours le plus énergique pour l'adoption des lois qui doivent en faciliter la mise en pratique. J'appelle surtout votre attention sur les voies de communication qui seules, par leur développement, peuvent nous permettre de lutter avec l'industrie étrangère; mais, comme les moments de transition sont toujours pénibles, et que notre devoir est de faire cesser l'incertitude, si nuisible aux intérêts, je réclame de votre patriotisme le prompt examen des lois qui vous seront soumises.

En affranchissant les matières premières de tous droits et en réduisant ceux qui pèsent sur les denrées de grande consommation, les ressources du trésor se trouveront sensiblement diminuées; néanmoins, les recettes et les dépenses de l'année 1861 seront en équilibre sans qu'il soit besoin de faire appel au crédit, ou d'avoir recours à de nouveaux impôts.

En vous traçant un fidèle tableau de notre situation politique et commerciale, j'ai voulu vous inspirer pleine confiance dans l'avenir et vous associer à l'accomplissement d'une œuvre féconde en grands résultats.

La protection de la Providence, si visible pour nous pendant la guerre, ne manquera pas à une entreprise pacifique qui a pour but l'amélioration du plus grand nombre.

Continuons donc fermement notre marche dans le progrès, sans nous laisser arrêter ni par les murmures de l'égoïsme, ni par les clameurs des partis, ni par d'injustes défiances.

La France ne menace personne; elle désire développer en paix, dans la plénitude de son indépendance, les ressources immenses que le ciel lui a données, et elle ne saurait éveiller d'ombrageuses susceptibilités, puisque, de l'état de civilisation où nous sommes, ressort, de jour en jour plus éclatante, cette vérité qui console et rassure l'humanité, c'est que *plus un pays est riche et prospère, plus il contribue à la richesse et à la prospérité des autres.*

RÉPONSE DE L'EMPEREUR A LA DÉPUTATION
DE LA SAVOIE.

Palais des Tuileries, le 21 mars 1860.

Messieurs,

Je vous remercie des sentiments que vous venez de m'exprimer, et je vous reçois avec plaisir. Le Roi de Sardaigne ayant accédé au principe de la réunion de la Savoie et du comté de Nice à la France, je puis, sans manquer à aucun devoir international, vous témoigner ma sympathie et agréer l'expression de vos vœux. Les circonstances dans lesquelles se produit cette rectification de frontières sont si exceptionnelles, que tout en répondant à des intérêts légitimes, elles ne blessent aucun principe et par conséquent n'établissent aucun précédent dangereux.

En effet, ce n'est ni par la conquête ni par l'insurrection que la Savoie et Nice seront réunies à la France, mais par le libre consentement du souverain légitime appuyé de l'adhésion populaire. Aussi tout ce qui en Europe ne cède pas à un esprit d'antagonisme d'une autre époque, regarde comme naturelle et équitable cette adjonction de territoire. L'accueil fait aux communications adressées par mon Gouvernement aux puissances représentées au congrès de Vienne autorise pour la plupart d'entre elles la juste espérance d'un examen favorable.

Mon amitié pour la Suisse m'avait fait envisager comme possible de détacher en faveur de la Confédération quelques portions du territoire de la Savoie; mais devant la répulsion qui s'est manifestée parmi vous à l'idée de voir démembrer un pays qui a su se créer à travers les siècles une individualité glorieuse et se donner ainsi une histoire nationale, il est naturel de déclarer que je ne contraindrai pas au profit d'autrui le vœu des populations. Quant aux intérêts politiques et commerciaux qui lient à la Suisse certaines parties de la Savoie, il sera facile, je crois, de les satisfaire par des arrangements particuliers.

J'espère donc, Messieurs, pouvoir bientôt vous considérer comme membres de la grande famille française. Je tiendrai à honneur de réaliser toutes vos espérances, et l'annexion d'un pays que tant de liens rattachent à la France deviendra pour lui une nouvelle cause de prospérité et de progrès.

En retournant au milieu de vos concitoyens, dites-leur combien j'ai été touché de la manifestation dont vous avez été les honorables organes. Il y a parmi vous tant de descendants de ces familles qui ont contribué à l'illustration de la France, dans la carrière des sciences comme dans celle des armes, que tout concourt à expliquer et à justifier l'œuvre d'union qui se prépare.

ALLOCUTION DE L'EMPEREUR AUX TROUPES PARTANT POUR LA SYRIE.

Au camp de Châlons, le 7 août 1860.

Soldats,

Vous partez pour la Syrie, et la France salue avec bonheur une expédition qui n'a qu'un but, celui de faire triompher les droits de la justice et de l'humanité.

Vous n'allez pas, en effet, faire la guerre à une puissance quelconque, mais vous allez aider le Sultan à faire rentrer dans l'obéissance des sujets aveuglés par un fanatisme d'un autre siècle.

Sur cette terre lointaine, riche en grands souvenirs, vous ferez votre devoir et vous vous montrerez les dignes enfants de ces héros qui ont porté glorieusement dans ce pays la bannière du Christ.

Vous ne partez pas en grand nombre, mais votre courage et votre prestige y suppléeront; car partout aujourd'hui où l'on voit passer le drapeau de la France, les nations savent qu'il y a une grande cause qui le précède, un grand peuple qui le suit.

RÉPONSE DE L'EMPEREUR AU PRÉSIDENT DE LA CHAMBRE DE COMMERCE DE LYON.

Lyon, le 25 août 1860.

Je vous remercie de la manière dont vous appréciez mes efforts pour augmenter la prospérité de la France. Uniquement préoccupé des intérêts généraux du pays, je dédaigne tout ce qui peut porter obstacle à leur développement. Aussi, les injustes défiances excitées hors de ces frontières, comme les alarmes exagérées des intérêts égoïstes à l'intérieur, me trouvent insensible. Rien ne me fera dévier de la voie de modération et de justice que j'ai suivie jusqu'à ce jour, et qui maintient la France au degré de grandeur et de prospérité que la Providence lui a assigné dans le monde. Livrez-vous donc avec confiance aux travaux de la paix; nos destinées sont entre nos mains. La France donne en Europe l'impulsion de toutes les idées grandes et généreuses; elle ne subit l'influence des mauvaises que quand elle dégénère; et croyez qu'avec l'assistance de Dieu elle ne dégénérera pas sous ma dynastie.

DISCOURS DE L'EMPEREUR PRONONCÉ AU BANQUET OFFERT A SA MAJESTÉ PAR LE COMMERCE DE MARSEILLE.

Marseille, le 11 septembre 1860.

Messieurs,

Le banquet offert par la Chambre de commerce me procure l'heureuse occasion de remercier publiquement la ville de Marseille de l'accueil chaleureux qu'elle a fait à l'Impératrice et à moi.

Les démonstrations si unanimes d'attachement que nous avons reçues depuis le commencement de notre voyage me touchent profondément, mais ne sauraient m'enorgueillir, car mon seul mérite a été d'avoir une foi entière dans la protection divine comme dans le patriotisme et le bon sens du peuple français.

C'est l'union intime entre le peuple et le Souverain qui fait notre force à l'intérieur comme à l'extérieur, et qui nous a permis, malgré de grandes difficultés, de ne jamais arrêter notre marche progressive.

Ce désir du bien, cet élan vers tout ce qui est noble et utile, ne sauraient se ralentir aujourd'hui que les circonstances sont plus favorables et que la tranquillité est le vœu de tout le monde.

Si quelques murmures envieux viennent de loin frapper nos oreilles, ne nous en inquiétons pas; ils se briseront contre notre indifférence, comme les vagues de l'Océan expirent sur nos côtes.

Travaillons donc de toutes nos forces à développer les ressources de notre pays : les travaux de la paix ont à mes yeux des couronnes aussi belles que des lauriers. Dans l'avenir de prospérité et de grandeur que je rêve pour la France, Marseille tient naturellement une large place par son énergie et l'intelligence de ses habitants, comme par sa position géographique. A proximité du port militaire de Toulon, elle me semble représenter, sur ces rives, le génie de la France tenant d'une main l'olivier, mais sentant son glaive à son côté. Qu'elle règne en paix sur cette mer, la cité phocéenne, par la douce influence du commerce; qu'elle civilise, par la multiplication des rapports, les nations barbares; qu'elle resserre les liens des nations civilisées; qu'elle engage les peuples de l'Europe à venir se donner la main sur les rives poétiques de cette mer, et ensevelir dans la profondeur de ses eaux les funestes jalousies d'un autre âge; enfin, que Marseille se montre toujours telle que je la vois, c'est-à-dire à la hauteur des destinées de la France, et un de mes souhaits les plus ardents sera accompli.

Je porte un toast à la ville de Marseille.

DISCOURS DE L'EMPEREUR PRONONCÉ AU BANQUET OFFERT A SA MAJESTÉ PAR LA VILLE D'ALGER.

Alger, le 19 septembre 1860.

Ma première pensée, en mettant le pied sur le sol africain, se porte vers l'armée, dont le courage et la persévérance ont accompli la conquête de ce vaste territoire.

Mais le Dieu des armées n'envoie aux peuples le fléau de la guerre que comme châtiment ou comme rédemption. Dans nos mains, la conquête ne peut être qu'une rédemption, et notre premier devoir est de nous occuper du bonheur des trois millions d'Arabes que le sort des armes a fait passer sous notre domination.

La Providence nous a appelés à répandre sur cette terre les bienfaits de la civilisation. Or, qu'est-ce que la civilisation? C'est de compter le bien-être pour quelque chose, la vie de l'homme pour beaucoup, son perfectionnement moral pour le plus grand bien. Ainsi, élever les Arabes à la dignité d'hommes libres, répandre sur eux l'instruction, tout en respectant leur religion, améliorer leur existence en faisant sortir de cette terre tous les trésors que la Providence y a enfouis et qu'un mauvais gouvernement laisserait stériles, telle est notre mission : nous n'y faillirons pas.

Quant à ces hardis colons qui sont venus implanter en Algérie le drapeau de la France et, avec lui, tous les arts d'un peuple civilisé, ai-je besoin de dire que la protection de la métropole ne leur manquera jamais ? Les institutions que je leur ai données leur font déjà retrouver ici leur patrie tout entière, et, en persévérant dans cette voie, nous devons espérer que leur exemple sera suivi et que de nouvelles populations viendront se fixer sur ce sol à jamais français.

La paix européenne permettra à la France de se montrer plus généreuse encore envers les colonies, et si j'ai traversé la mer pour rester quelques instants parmi vous, c'est pour y laisser comme traces de mon passage la confiance dans l'avenir et une foi entière dans les destinées de la France, dont les efforts pour le bien de l'humanité sont toujours bénis par la Providence. Je porte un toast à la prospérité de l'Afrique.

ANNÉE 1861.

DISCOURS ET PROCLAMATIONS.

ANNÉE 1861.

DISCOURS DE L'EMPEREUR A L'OUVERTURE DE LA SESSION LÉGISLATIVE.

Palais du Louvre, le 4 février 1861.

Messieurs les Sénateurs,
Messieurs les Députés,

Le discours d'ouverture de chaque année résume en peu de mots les actes passés et les projets à venir. Jusqu'à ce jour, cette communication, restreinte par sa nature, ne mettait pas mon Gouvernement en rapport assez intime avec les grands corps de l'État, et ceux-ci étaient privés de la faculté de fortifier le Gouvernement par leur adhésion publique, ou de l'éclairer par leurs conseils.

J'ai décidé que tous les ans un exposé général de la situation de l'Empire serait mis sous vos yeux, et que les dépêches les plus importantes de la diplomatie seraient déposées sur vos bureaux.

Vous pourrez également, dans une adresse, manifester votre sentiment sur les faits qui s'accomplissent, non plus, comme autrefois, par une simple paraphrase du discours du Trône, mais par la libre et loyale expression de votre opinion.

Cette amélioration initie plus amplement le pays à ses propres affaires, lui fait mieux connaître ceux qui le gouvernent comme ceux qui siégent dans les Chambres, et, malgré son importance, n'altère en rien l'esprit de la Constitution.

Autrefois, vous le savez, le suffrage était restreint. La Chambre des députés avait, il est vrai, des prérogatives plus étendues ; mais le grand nombre de fonctionnaires publics qui en faisaient partie donnait au Gouvernement une action directe sur ses résolutions. La Chambre des pairs votait aussi les lois ; mais la majorité pouvait être, à chaque instant, déplacée par l'adjonction facultative de nouveaux membres. Enfin, les lois n'étaient pas toujours discutées pour leur valeur réelle, mais suivant la chance que leur adoption ou leur rejet pouvait avoir de maintenir ou de renverser un ministère. De là peu de sincérité dans les délibérations, peu de stabilité dans la marche du Gouvernement, peu de travail utile accompli.

Aujourd'hui toutes les lois sont préparées avec soin et maturité par un conseil composé d'hommes éclairés, qui donnent leur avis sur toutes les mesures à prendre. Le Sénat, gardien du pacte fondamental, et dont le pouvoir conservateur n'use de son initiative que dans les circonstances graves, examine les lois sous le seul rapport de leur constitutionnalité; mais, véritable cour de cassation politique, il est composé d'un nombre de membres qui ne peut être dépassé. Le Corps législatif ne s'immisce pas, il est vrai, dans tous les détails de l'administration, mais il est nommé directement par le suffrage universel, et ne compte dans son sein aucun fonctionnaire public. Il discute les lois avec la plus entière liberté : si elles sont repoussées, c'est un avertissement dont le Gouvernement tient compte ; mais ce rejet n'ébranle pas le pouvoir, n'arrête pas la marche des affaires, et n'oblige pas le Souverain à prendre pour conseillers des hommes qui n'auraient pas sa confiance.

Telles sont les différences principales entre la Constitution actuelle et celle qui a précédé la révolution de Février.

Épuisez, Messieurs, pendant le vote de l'Adresse, toutes les discussions, suivant la mesure de leur gravité, pour pouvoir ensuite vous consacrer entièrement aux affaires du pays; car, si celles-ci réclament un examen approfondi et consciencieux, les intérêts, à leur tour, sont impatients de solutions promptes.

A la veille d'explications plus détaillées, je me bornerai à vous rappeler sommairement ce qui s'est fait au dedans et au dehors.

A l'intérieur, toutes les mesures prises tendent à augmenter la production agricole, industrielle et commerciale. Le renchérissement de toutes choses est la conséquence inévitable d'une prospérité croissante; mais, au moins, devions-nous chercher à rendre les objets de première nécessité le moins chers possible. C'est dans ce but que nous avons diminué les droits sur les matières premières, signé un traité de commerce avec l'Angleterre, projeté d'en contracter d'autres avec les pays voisins, facilité partout les voies de communication et les transports.

Pour réaliser ces réformes économiques, nous avons dû renoncer à 90 millions de recettes annuelles, et cependant le budget vous sera présenté en équilibre, sans qu'il ait été nécessaire de recourir ni à la création de nouveaux impôts, ni au crédit public, ainsi que je vous l'avais annoncé l'année dernière.

Les changements opérés dans l'administration de l'Algérie ont placé la direction supérieure des affaires au sein même des populations. Les services illustres du maréchal mis à la tête de la colonie sont de sûrs garants d'ordre et de prospérité.

A l'extérieur, je me suis efforcé de prouver, dans mes relations avec les puissances étrangères, que la France désirait sincèrement la paix, que, sans renoncer à une légitime influence, elle ne prétendait s'ingérer nulle part où ses intérêts n'étaient pas en jeu, enfin, que, si elle avait des sympathies pour tout ce qui est noble et grand, elle n'hésitait pas à condamner tout ce qui violait le droit des gens et la justice.

Des événements difficiles à prévoir sont venus

compliquer, en Italie, une situation déjà si embarrassée. Mon Gouvernement, d'accord avec ses alliés, a cru que le meilleur moyen de conjurer de plus grands dangers était d'avoir recours au principe de non-intervention, qui laisse chaque pays maître de ses destinées, localise les questions, et les empêche de dégénérer en conflits européens.

Certes, je ne l'ignore pas, ce système a l'inconvénient de paraître autoriser bien de fâcheux excès, et les opinions extrêmes préféreraient, les unes, que la France prît fait et cause pour toutes les révolutions; les autres, qu'elle se mît à la tête d'une réaction générale.

Je ne me laisserai détourner de ma route par aucune de ces excitations opposées. Il suffit à la grandeur du pays de maintenir son droit là où il est incontestable, de défendre son honneur là où il est attaqué, de prêter son appui là où il est imploré en faveur d'une juste cause.

C'est ainsi que nous avons maintenu notre droit en faisant accepter la cession de la Savoie et de Nice : ces provinces sont aujourd'hui irrévocablement réunies à la France.

C'est ainsi que, pour venger notre honneur à l'extrême Orient, notre drapeau, uni à celui de la Grande-Bretagne, a flotté victorieux sur les murs de Pékin, et que la croix, emblème de la civilisation chrétienne, surmonte de nouveau, dans la capitale de la Chine, les temples de notre religion, fermés depuis plus d'un siècle.

C'est ainsi qu'au nom de l'humanité nos troupes sont allées en Syrie, en vertu d'une convention européenne, protéger les chrétiens contre un fanatisme aveugle.

A Rome, j'ai cru devoir augmenter la garnison, lorsque la sécurité du Saint-Père a paru menacée.

A Gaëte, j'ai envoyé ma flotte au moment où elle semblait devoir être le dernier refuge du Roi de Naples. Après l'y avoir laissée quatre mois, je l'ai retirée, quelque digne de sympathie que fût une infortune royale si noblement supportée. La présence de nos vaisseaux nous obligeait à nous écarter tous les jours du système de neutralité que j'avais proclamé, et elle donnait lieu à des interprétations erronées. Or, vous le savez, en politique, on ne croit guère à une démarche purement désintéressée.

Tel est l'exposé rapide de la situation générale. Que les appréhensions se dissipent donc et que la confiance se raffermisse! Pourquoi les affaires commerciales et industrielles ne reprendraient-elles pas un nouvel essor?

Ma ferme résolution est de n'entrer dans aucun conflit où la cause de la France ne serait pas basée sur le droit et la justice. Qu'avons-nous alors à craindre? Est-ce qu'une nation unie et compacte, comptant 40 millions d'âmes, peut redouter soit d'être entraînée dans des luttes dont elle n'approuverait pas le but, soit d'être provoquée par une menace quelconque?

La première vertu d'un peuple est d'avoir confiance en lui-même et de ne pas se laisser émouvoir par des alarmes imaginaires. Envisageons donc l'avenir avec calme, et, dans la pleine conscience de notre force comme de nos loyales intentions, livrons-nous sans préoccupations exagérées au développement des germes de prospérité que la Providence a mis entre nos mains.

RÉPONSE DE L'EMPEREUR A L'ADRESSE DU CORPS LÉGISLATIF.

Palais des Tuileries, le 23 mars 1861.

Messieurs les Députés,

Je remercie la Chambre des sentiments qu'elle m'exprime et de la confiance qu'elle met en moi. Si cette confiance m'honore et me flatte, je m'en crois digne par ma constante sollicitude à n'envisager les questions que sous le point de vue du véritable intérêt de la France.

Être de son époque, conserver du passé tout ce qu'il avait de bon, préparer l'avenir en dégageant la marche de la civilisation des préjugés qui l'entravent ou des utopies qui la compromettent, voilà comment nous léguerons à nos enfants des jours calmes et prospères.

Malgré la vivacité de la discussion, je ne regrette nullement de voir les grands corps de l'État aborder les questions si difficiles de la politique extérieure.

Le pays en profite sous bien des rapports. Ces débats l'instruisent sans pouvoir l'inquiéter.

Je serai toujours heureux, croyez-le bien, de me trouver d'accord avec vous. Issus du même suffrage, guidés par les mêmes sentiments, aidons-nous mutuellement à concourir à la grandeur et à la prospérité de la France.

LETTRE DE L'EMPEREUR AU MINISTRE DE LA MARINE ET DES COLONIES.

Palais de Fontainebleau, le 1er juillet 1861.

Monsieur le Ministre, depuis l'émancipation des esclaves, nos colonies ont cherché à se procurer des travailleurs sur les côtes d'Afrique, par voie de rachat et au moyen de contrats d'engagement qui assurent aux nègres un salaire pour le travail qu'ils exécutent. Ces engagements sont faits pour cinq ou sept années, après lesquelles les travailleurs sont gratuitement rapatriés, à moins qu'ils ne préfèrent se fixer dans la colonie, et, en ce cas, ils sont admis à y résider au même titre que les autres habitants.

Ce mode de recrutement, il faut le reconnaître, diffère complétement de la traite ; en effet, tandis que celle-ci avait pour origine et pour but l'*esclavage*, celui-là, au contraire, conduit à la liberté. Le nègre esclave, une fois engagé comme travailleur, est libre, et n'est tenu à d'autres obligations que celles qui résultent de son contrat.

Toutefois, des doutes se sont élevés quant aux conséquences que ces engagements peuvent avoir sur les populations africaines. On s'est demandé si le prix de rachat ne constituait pas une prime à l'esclavage.

Déjà en 1859 j'ai ordonné de faire cesser tout recrutement sur la côte orientale d'Afrique, où il avait présenté des inconvénients ; puis j'ai prescrit de restreindre ces sortes d'opérations sur la côte occidentale. Enfin, j'ai voulu qu'on examinât avec le plus grand soin toutes les questions que soulève l'émigration africaine.

Aujourd'hui je signe un traité avec la reine de la Grande-Bretagne, par lequel Sa Majesté Britannique consent à autoriser dans les provinces de l'Inde soumises à sa couronne l'engagement de travailleurs pour nos colonies, aux mêmes conditions que celles observées pour les colonies anglaises.

Nous devons donc trouver dans l'Inde, dans les possessions françaises de l'Afrique, et dans les contrées où l'esclavage est proscrit, tous les travailleurs libres dont nous avons besoin. Dans de pareilles circonstances, je désire que le recrutement africain, par voie de rachat, soit complétement abandonné par le commerce français à partir du jour où le traité conclu avec Sa Majesté Britannique commencera à recevoir son exécution, et pendant tout le temps de sa durée. Si ce traité venait à cesser d'exister, ce ne serait qu'en vertu d'une autorisation expresse que ce recrutement, s'il était reconnu indispensable et sans inconvénient, pourrait être repris.

Vous voudrez donc bien prendre les mesures nécessaires pour que cette décision reçoive son effet à partir du 1er juillet 1862, et que l'introduction des nègres recrutés postérieurement à cette époque sur la côte d'Afrique soit interdite dans nos colonies.

Sur ce, je prie Dieu qu'il vous ait en sa sainte garde.

Napoléon.

DISCOURS PRONONCÉ PAR L'EMPEREUR A L'INAUGURATION DU BOULEVARD MALESHERBES.

Paris, le 13 août 1861.

Messieurs,

L'inauguration d'une voie de communication nouvelle n'a plus rien d'extraordinaire aujourd'hui, et je n'en aurais pas fait une cérémonie publique si je n'avais voulu témoigner ma sympathie au Conseil municipal, qui s'occupe avec un zèle constant des intérêts de la ville, ma satisfaction au Préfet de la Seine pour sa persévérance infatigable à poursuivre un grand but, enfin mon approbation à tous ceux dont le concours seconde si bien mes efforts.

Les embellissements de la capitale, une fois terminés, excitent l'admiration générale; mais pendant leur exécution, ils soulèvent toujours des critiques et des plaintes. C'est qu'il est impossible, dans de telles entreprises, de ne pas léser momentanément certains intérêts; le devoir de l'administration est néanmoins de les ménager sans s'écarter de la marche à suivre. — Cette marche, vous la connaissez : imprimer de l'activité au travail, une vie nouvelle aux industries et au commerce de Paris, en les dégageant des entraves qui en gênaient le développement; — protéger les classes les moins favorisées; — combattre le renchérissement des denrées les plus nécessaires.

Pour atteindre le premier de ces résultats, le Gouvernement a fait un grand pas, et, vous l'apprendrez avec plaisir, depuis le traité de commerce avec l'Angleterre, l'exportation des articles de Paris a déjà presque doublé.

Quant à ce qui concerne l'administration de la ville, en reportant le mur de l'octroi aux fortifications, en rapprochant par de larges voies les extrémités du centre, elle tend à égaliser dans cette vaste enceinte le prix de toute chose; elle donne de la vitalité, de la lumière, de la valeur à des quartiers déshérités, de l'occupation à une foule d'industries et du mouvement au commerce.

D'un autre côté, je félicite la ville des mesures prises ou adoptées pour améliorer le sort de la classe la plus nombreuse. Ainsi, elle s'occupe d'amener à Paris de l'eau qu'on payera moins cher; elle exonère de l'impôt les loyers au-dessous de 250 francs; elle a organisé la boulangerie de manière à ce que, dans un cas de disette, le pain ne pourra pas excéder un certain taux; elle cherche à diminuer le prix de la viande, non-seulement par la liberté de la boucherie, mais encore par la création d'un marché unique qui garantira mieux l'intérêt du consommateur ; enfin, elle multiplie partout les églises, les écoles et les établissements de bienfaisance.

Pour travailler suivant le même ordre d'idées, je vous recommande surtout, dans l'examen de votre budget, de réduire, autant que les finances le permettront, les droits qui pèsent sur les matières de première nécessité.

Par là vous acquerrez de nouveaux titres à ma reconnaissance, car si la capitale d'un grand empire s'honore par ces monuments qui rappellent la gloire des armes et attestent le génie des sciences et des arts, elle ne s'honore pas moins par les institutions qui témoignent d'une sollicitude incessante pour ceux qui souffrent et d'un zèle éclairé pour les intérêts généraux de cette immense agglomération, véritable cœur de la France qui bat comme elle pour sa gloire et sa prospérité.

LETTRE DE L'EMPEREUR AU MINISTRE DE L'INTÉRIEUR.

Au camp de Châlons, le 18 août 1861.

Monsieur le Ministre,

J'ai lu avec intérêt le rapport que vous m'avez adressé sur la situation du service des chemins vicinaux.

Le vœu que vous exprimez répond trop à ma solcitude en faveur de l'agriculture pour que je ne tienne pas à le voir promptement réalisé. Les communes rurales, si longtemps négligées, doivent avoir une large part aux subsides de l'État, car l'amélioration des campagnes est encore plus utile que la transformation des villes.

Il ne suffit pas d'assainir et de fertiliser de vastes étendues de territoire, de travailler à la mise en valeur des biens communaux et au reboisement des montagnes, d'organiser des concours et de multiplier les comices; il faut surtout poursuivre avec vigueur l'achèvement des chemins vicinaux. C'est le plus grand service à rendre à l'agriculture.

Les documents que vous m'avez soumis établissent qu'une allocation, sur les fonds de l'État, de 25 millions répartis sur sept exercices, permettrait de terminer en huit ans les chemins d'intérêt commun actuellement classés. Pour obtenir un si grand résultat, l'État doit faire un sacrifice. Préparez donc un projet de loi dans ce sens pour la prochaine session du Corps législatif, et, en attendant, concertez-vous avec le ministre des finances pour qu'un premier crédit affecté à cet emploi puisse être ouvert sans délai.

Sur ce, je prie Dieu qu'il vous ait en sa sainte garde.

Napoléon.

LETTRE DE L'EMPEREUR AU MINISTRE D'ÉTAT.

Palais de Compiègne, le 12 novembre 1861.

Monsieur le Ministre,

L'opinion émise ce matin sur notre situation financière par M. Fould, dans la réunion du Conseil privé et du Conseil des ministres, a toute mon approbation.

Depuis longtemps, vous le savez, ma préoccupation était de renfermer le budget dans des limites invariables, et souvent, en présidant le Conseil d'État, j'ai exprimé mon désir à cet égard.

Malheureusement des circonstances imprévues et des nécessités toujours croissantes m'ont empêché d'atteindre ce résultat. Le seul moyen efficace d'y parvenir est d'abandonner résolûment la faculté qui m'appartient d'ouvrir, en l'absence des Chambres, des crédits nouveaux. Ce système fonctionnera sans préjudice pour l'État, si, après l'examen attentif des économies possibles, une explication loyale des besoins réels de l'administration persuade le Corps législatif de la nécessité de doter convenablement les différents services.

Je viens donc vous prévenir de mon intention de réunir le 2 décembre le Sénat, pour lui faire connaître ma détermination de renoncer au pouvoir d'ouvrir, dans l'intervalle des sessions, des crédits supplémentaires ou extraordinaires. Cette résolution fera partie du sénatus-consulte qui, suivant ma promesse, réglera par grandes sections le vote du budget des différents ministères.

En renonçant au droit qui était également celui des souverains, même constitutionnels, qui m'ont précédé, je pense faire une chose utile à la bonne gestion de nos finances. Fidèle à mon origine, je ne puis regarder les prérogatives de la Couronne ni comme un dépôt sacré auquel on ne saurait toucher, ni comme l'héritage de mes pères, qu'il faille avant tout transmettre intact à mon fils. Élu du peuple, représentant ses intérêts, j'abandonnerai toujours sans regret toute prérogative inutile au bien public, de même que je conserverai inébranlable dans mes mains tout pouvoir indispensable à la tranquillité et à la prospérité du pays.

Sur ce, Monsieur le Ministre, je prie Dieu qu'il vous ait en sa sainte garde.

NAPOLÉON.

ANNÉE 1862.

DISCOURS ET PROCLAMATIONS.

ANNÉE 1862.

DISCOURS DE L'EMPEREUR A L'OUVERTURE DE LA SESSION LÉGISLATIVE.

Palais du Louvre, le 27 janvier 1862.

Messieurs les Sénateurs,
Messieurs les Députés,

L'année qui vient de s'écouler a vu, malgré certaines inquiétudes, la paix se consolider. Toutes les rumeurs propagées à dessein sur des prétentions imaginaires sont tombées d'elles-mêmes devant la simple réalité des faits.

Mes relations avec les puissances étrangères me donnent la plus entière satisfaction, et la visite de plusieurs souverains a contribué encore à resserrer nos liens d'amitié. Le roi de Prusse, en venant en France, a pu juger par lui-même de notre désir de nous unir davantage à un gouvernement et à un peuple qui marchent d'un pas calme et sûr vers le progrès.

J'ai reconnu le royaume d'Italie avec la ferme intention de contribuer, par des conseils sympathiques et désintéressés, à concilier deux causes dont l'antagonisme trouble partout les esprits et les consciences.

La guerre civile qui désole l'Amérique est venue compromettre gravement nos intérêts commerciaux. Cependant, tant que les droits des neutres seront respectés, nous devons nous borner à faire des vœux pour que ces dissensions aient bientôt un terme.

Notre établissement en Cochinchine s'est consolidé par la valeur de nos soldats et de nos marins. Les Espagnols, associés à notre entreprise, trouveront, je l'espère, dans ces contrées, le prix de leur courageux concours. Les Annamites résistent faiblement à notre domination, et nous ne serions en lutte avec personne si, au Mexique, les procédés d'un gouvernement sans scrupules ne nous avaient obligés de nous réunir à l'Espagne et à l'Angleterre pour protéger nos nationaux et réprimer des attentats contre l'humanité et le droit des gens.

Il ne peut sortir de ce conflit rien qui soit de nature à altérer la confiance dans l'avenir. Libre de préoccupations extérieures, j'ai porté plus spécialement mon attention sur l'état de nos finances.

Un exposé sincère vous en a fait connaître la véritable situation. Je ne dirai à ce sujet que quelques mots.

Le public s'est ému du chiffre de 963 millions

auquel s'est élevée la dette flottante ; mais cette dette, en l'arrêtant désormais, n'a rien d'inquiétant, car elle avait déjà atteint ce chiffre avant 1848, alors que les revenus de la France étaient loin d'approcher de ce qu'ils sont aujourd'hui. D'ailleurs, qu'on retranche de cette somme, d'abord, les 652 millions qui grevaient l'État à une époque antérieure à l'Empire ; ensuite, les 78 millions remboursés aux rentiers à l'époque de la conversion ; enfin les 233 millions montant des découverts qu'ont amenés dans les deux derniers exercices des expéditions lointaines, et qu'il eût été possible de demander à un emprunt, on verra que depuis l'établissement de l'Empire, grâce, il est vrai, aux consolidations successivement opérées, les découverts ne se sont pas accrus en proportion des nécessités auxquelles il a fallu pourvoir et des avantages obtenus depuis dix ans.

En effet, Messieurs, il ne serait pas juste d'oublier :

L'accroissement de dépenses exigé par le service annuel des emprunts contractés pour deux guerres qui n'ont pas été sans gloire ;

Les 622 millions employés par le Trésor aux grands travaux d'utilité publique, indépendamment des trois milliards affectés par les Compagnies à l'achèvement de 6,553 kilomètres de chemins de fer ;

L'exécution du réseau télégraphique ;

L'amélioration du sort de presque tous les serviteurs de l'État ;

L'augmentation du bien-être du soldat, les cadres

de l'armée mis en proportion de ce qu'exige en temps de paix la dignité de la France ;

La transformation de la flotte et de tout notre matériel d'artillerie ;

La réédification de nos édifices religieux et de nos monuments publics.

Ces dépenses ont imprimé à tous les travaux utiles, sur la surface de l'Empire, une impulsion féconde. N'avons-nous pas vu les villes se transformer, les campagnes s'enrichir par les progrès de l'agriculture, et le commerce extérieur s'élever de deux milliards six cents millions à cinq milliards huit cents millions ? Enfin, par le seul accroissement de la prospérité publique, les revenus de l'État se sont accrus de plusieurs centaines de millions.

Cette énumération nous montre toute l'étendue des ressources financières de la France, et, pourtant, quelle que fût l'origine des découverts, quelque légitimes que fussent les dépenses, il était prudent de ne plus les augmenter.

Dans ce but, j'ai proposé au Sénat un moyen radical, qui confère au Corps législatif une plus grande faculté de contrôle et l'associe de plus en plus à ma politique. Mais cette mesure n'était point, comme il est facile de s'en convaincre, un expédient pour alléger ma responsabilité : c'était une réforme spontanée et sérieuse devant nous forcer à l'économie.

En renonçant au droit d'ouvrir des crédits supplémentaires et extraordinaires dans l'intervalle des sessions, il était cependant essentiel de se réserver la faculté de pourvoir à des nécessités imprévues. Le système des virements en fournit les moyens, et il a l'avantage de limiter cette faculté aux besoins vraiment urgents et indispensables.

L'application sévère de ce nouveau système nous aidera à asseoir notre régime financier sur des bases inébranlables. Je compte sur votre patriotisme et vos lumières pour seconder mes efforts par un concours empressé.

Le budget vous sera présenté dès l'ouverture de la session.

Ce n'est pas sans regret que je me suis décidé à vous proposer le remaniement de plusieurs impôts; mais, par l'accroissement de nos revenus, l'aggravation, j'en suis convaincu, ne sera que temporaire.

Vous voudrez bien vous occuper d'abord du projet de loi relatif à l'échange des titres de la rente 4 1/2 0/0, projet qui a pour but, en conciliant équitablement les intérêts du Trésor et ceux de ses créanciers, de préparer l'unification de la dette.

Je vous ai exposé, Messieurs, loyalement l'état des choses.

Vous le savez, à chaque occasion où se présentait une réforme utile, j'en ai pris résolûment l'initiative. Cependant je n'en maintiendrai pas moins intactes les bases fondamentales de la Constitution qui a déjà valu au pays dix années d'ordre et de prospérité.

Le sort de tous ceux qui sont au pouvoir, je ne l'ignore pas, est de voir leurs intentions les plus pures méconnues, leurs actes les plus louables dénaturés par l'esprit de parti. Mais les clameurs sont impuissantes lorsqu'on possède la confiance de la nation et qu'on ne néglige rien pour la mériter. Ce sentiment, qui se manifeste en toutes circonstances, est ma récompense la plus précieuse et fait ma plus grande force. Survient-il de ces événements imprévus, tels que la cherté des subsistances et le ralentissement du travail, le peuple souffre, mais, dans sa justice, il ne me rend pas responsable de ses souffrances, parce qu'il sait que toutes mes pensées, tous mes efforts, toutes mes actions, tendent sans cesse à améliorer son sort et à augmenter la prospérité de la France.

Ne nous faisons pas illusion sur ce qui reste à accomplir; mais, en même temps, en jetant un regard vers le passé, félicitons-nous d'avoir traversé dix années au milieu du calme des populations satisfaites, et de l'union des grands corps de l'État. Persévérons dans notre tâche avec énergie, et confions-nous dans la Providence, qui nous a toujours donné des signes visibles de sa protection.

RÉPONSE DE L'EMPEREUR AU GÉNÉRAL DE DIVISION COMTE DE PALIKAO.

Palais des Tuileries, le 22 février 1862.

Mon cher général, la demande que vous me faites de retirer le projet de dotation vous est inspirée par un sentiment dont j'aime à vous voir animé; mais je ne retirerai pas ce projet. Le Corps législatif peut à son gré ne pas trouver digne d'une récompense exceptionnelle le chef d'une poignée d'héroïques soldats qui, à travers tant de difficultés et de dangers, oubliés le lendemain du succès, ont été au bout du monde planter le drapeau de la France dans la capitale d'un empire de 200 millions d'âmes, le chef qui, tout en maintenant la dignité et l'indépendance de son commandement, a su conserver avec nos alliés les relations les plus utiles et les plus amicales.

A chacun la liberté de ses appréciations. Quant à moi, je désire que le pays et l'armée sachent que, juge obligé des services politiques et militaires, j'ai voulu honorer par un don national une entreprise sans exemple; car les grandes actions sont le plus facilement produites là où elles sont le mieux appréciées, et les nations dégénérées marchandent seules la reconnaissance publique.

Recevez, mon cher général, l'assurance de ma sincère amitié.

Napoléon.

LETTRE DE L'EMPEREUR AU PRÉSIDENT DU CORPS LÉGISLATIF.

Palais des Tuileries, le 14 mars 1862.

Mon cher Président,

Je déplore sincèrement le malentendu qui semble régner entre le Corps législatif et moi. L'esprit de nos institutions et mes sentiments bien connus pour la Chambre auraient dû nous en préserver. En effet, aujourd'hui les conflits sont presque impossibles; les lois sont discutées pour elles-mêmes et non en vue du maintien ou du renouvellement d'un ministère.

Lorsque le Gouvernement a exprimé sans détour ses intentions, les résolutions du Corps législatif sont d'autant plus libres, que dans les cas ordinaires le désaccord ne doit troubler en rien la marche des affaires.

D'après ce système incontestable, le refus de la Chambre d'accueillir le projet de dotation m'eût été pénible, sans doute, mais il n'aurait en rien influé sur mes sentiments et sur ma conduite. Je comprends néanmoins, d'après vos explications, qu'un incident, léger d'abord, soit devenu, par les circonstances qui s'y sont rattachées, assez grave pour placer la majorité dans une fâcheuse alternative, ce qui a fait qu'un grand nombre de députés, comme vous me l'avez dit, préféreraient une loi comprenant dans son ensemble les services militaires exceptionnels. Adoptant cette idée, j'ai résolu de présenter un nouveau projet qui, soumettant à la Chambre l'appréciation d'un principe général, permette d'assurer, dans de justes limites, à toutes les actions d'éclat, depuis le maréchal jusqu'au soldat, des récompenses dignes de la grandeur du pays.

Le Corps législatif, qui m'a toujours donné un concours si loyal, qui m'a aidé à fonder l'Empire et les institutions qui doivent nous survivre, verra avec plaisir, j'aime à le penser, que je m'empresse d'adopter le moyen de rétablir la confiance mutuelle et d'effacer les traces d'un désaccord toujours regrettable entre les pouvoirs issus de la même origine et travaillant consciencieusement pour le même but.

Recevez, mon cher Président, l'assurance de ma sincère amitié.

NAPOLÉON.

RÉPONSE DE L'EMPEREUR A L'ADRESSE DU SÉNAT.

Palais des Tuileries, le 6 mars 1862.

Monsieur le Président,

Je suis heureux de l'unanimité avec laquelle le Sénat vient de voter l'Adresse que vous me présentez. C'est une preuve nouvelle que, dans les Chambres comme dans le pays, la majorité se range toujours du parti de la sagesse, qui exclut les opinions extrêmes. Après la vivacité des débats, j'ai vu avec plaisir le langage mesuré de l'Adresse réunir presque tous les suffrages, confirmant ainsi cette maxime de Bossuet : La modération appuyée sur le vrai est le plus ferme soutien des choses humaines.

Recevez donc mes remercîments sincères; car rien n'est plus favorable à la marche calme et régulière du Gouvernement que l'union des grands corps de l'État.

RÉPONSE DE L'EMPEREUR A L'ADRESSE DU CORPS LÉGISLATIF.

Palais des Tuileries, le 23 mars 1863.

Monsieur le Président,

L'adhésion du Corps législatif m'est d'autant plus précieuse, que la discussion de l'Adresse offre un spectacle digne d'attention. Comme les opinions extrêmes sont malheureusement les plus empressées à se produire, et que le respect pour la liberté de la parole les fait écouter en silence, le public prend souvent ce silence pour un acquiescement tacite; mais bientôt le vote de l'Adresse vient dissiper tous les nuages, montrer la situation sous son véritable jour et rétablir la confiance. Aussi est-ce avec une véritable satisfaction que je reçois aujourd'hui ce nouveau témoignage des sentiments du Corps législatif.

Cependant, permettez-moi de le dire, on s'est trop ému à la simple annonce de certaines mesures financières. Un système ne peut être bien apprécié que dans son ensemble. Celui qu'on vous propose renferme des aggravations et en même temps des diminutions d'impôts, des ressources pour des travaux extraordinaires qu'on peut ou développer ou restreindre. Enfin, ces questions vont être examinées d'un commun accord, et je ne doute pas qu'avec cet esprit de conciliation qui doit animer tout le monde, la commission du budget et le conseil d'État ne s'entendent pour amener une solution conforme aux vœux de la Chambre et à l'intérêt général.

Veuillez donc être mon interprète; exprimez à vos collègues ma reconnaissance pour un concours qui, j'en suis persuadé, ne me fera jamais défaut, et assurez-les que je n'ai aucun désir de me séparer trop tôt d'une Chambre dont les lumières et le patriotisme donnent au pays toutes les garanties qu'il peut souhaiter.

LETTRE DE L'EMPEREUR AU MINISTRE DES AFFAIRES ÉTRANGÈRES.

Palais des Tuileries, le 20 mai 1862.

Monsieur le Ministre,

Plus la force des choses nous maintient, relativement à la question romaine, dans une ligne de conduite également éloignée des deux partis extrêmes, plus cette ligne doit être nettement tracée, pour prévenir désormais l'accusation sans cesse renouvelée de pencher tantôt d'un côté, tantôt de l'autre.

Depuis que je suis à la tête du Gouvernement en France, ma politique a toujours été la même vis-à-vis de l'Italie : seconder les aspirations nationales, engager le Pape à en devenir le soutien plutôt que l'adversaire, en un mot, consacrer l'alliance de la religion et de la liberté.

Depuis l'année 1849, où l'expédition de Rome fut décidée, toutes mes lettres, tous mes discours, toutes les dépêches de mes ministres, ont invariablement manifesté cette tendance, et, suivant les circonstances, je l'ai soutenue avec une conviction profonde, soit à la tête d'un pouvoir limité, comme président de la république, soit à la tête d'une armée victorieuse sur les bords du Mincio.

Mes efforts, je l'avoue, sont venus jusqu'à présent se briser contre des résistances de toutes sortes, en présence de deux partis diamétralement opposés, absolus dans leurs haines comme dans leurs convictions, sourds aux conseils inspirés par le seul désir du bien. Est-ce une raison pour ne plus persévérer, et abandonner une cause grande aux yeux de tous et qui doit être féconde en bienfaits pour l'humanité?

Il y a urgence à ce que la question romaine reçoive une solution définitive, car ce n'est pas seulement en Italie qu'elle trouble les esprits; partout elle produit le même désordre moral, parce qu'elle touche à ce que l'homme a le plus au cœur, la foi religieuse et la foi politique.

Chaque parti substitue aux véritables principes d'équité et de justice son sentiment exclusif. Ainsi, les uns, oubliant les droits reconnus d'un pouvoir qui dure depuis dix siècles, proclament, sans égard pour une consécration aussi ancienne, la déchéance du Pape ; les autres, sans souci de la revendication légitime des droits des peuples, condamnent sans scrupule une partie de l'Italie à une immobilité et une oppression éternelles. Ainsi, les uns disposent d'un pouvoir encore debout comme s'il était abattu, et les autres d'un peuple qui demande à vivre comme s'il était mort.

Quoi qu'il en soit, le devoir des hommes d'État est d'étudier les moyens de réconcilier deux causes que les passions seules présentent comme irréconciliables. Échouerait-on, la tentative ne serait pas sans quelque gloire, et, dans tous les cas, il y a avantage à déclarer hautement le but vers lequel on tend.

Ce but est d'arriver à une combinaison par laquelle le Pape adopterait ce qu'il y a de grand dans la pensée d'un peuple qui aspire à devenir une nation, et, de l'autre côté, ce peuple reconnaîtrait ce qu'il y a de salutaire dans un pouvoir dont l'influence s'étend sur l'univers entier.

Au premier abord, en considérant les préjugés et les rancunes, également vivaces de chaque côté, on désespère d'un résultat favorable. Mais si, après avoir examiné le fond des choses, on interroge la raison et le bon sens, on aime à se persuader que la vérité, cette lumière divine, finira par pénétrer dans les esprits et montrer dans tout son jour l'intérêt suprême et vital qui engage, qui oblige les partisans de deux causes opposées à s'entendre et à se réconcilier.

Quel est d'abord l'intérêt de l'Italie? C'est d'écarter autant qu'il dépend d'elle les dangers qui la menacent, d'atténuer les inimitiés qu'elle a soulevées, enfin de renverser tout ce qui s'oppose à sa légitime ambition de se reconstituer. Pour vaincre tant d'obstacles, il faut les envisager froidement.

L'Italie, comme État nouveau, a contre elle tous ceux qui tiennent aux traditions du passé; comme État qui a appelé la révolution à son aide, elle inspire la défiance à tous les hommes d'ordre. Ils doutent de sa vigueur à réprimer les tendances anarchiques, et hésitent à croire qu'une société puisse s'affermir avec les mêmes éléments qui en ont bouleversé tant d'autres. Enfin, à ses portes, elle a un ennemi redoutable, dont les armées et le mauvais vouloir facile à comprendre seront longtemps encore un danger imminent.

Ces antagonismes déjà si sérieux le deviennent davantage en s'appuyant sur les intérêts de la foi catholique. La question religieuse aggrave de beaucoup la situation et multiplie les adversaires du nouvel ordre de choses établi au delà des Alpes. Il y a peu de temps, **le** parti absolutiste était le seul qui lui fût contraire. Aujourd'hui, la plupart des populations catholiques en Europe lui sont hostiles, et cette hostilité entrave non-seulement les intentions bienveillantes des gouvernements rattachés par leur foi au Saint-Siége, mais elle arrête les dispositions favorables des gouvernements protestants ou schismatiques qui ont à compter avec une fraction considérable de leurs sujets. Ainsi, partout, c'est l'idée religieuse qui refroidit le sentiment public pour l'Italie. Sa réconciliation avec le Pape aplanirait bien des difficultés et lui rallierait des millions d'adversaires.

D'autre part, le Saint-Siége a un intérêt égal, sinon plus fort, à cette réconciliation; car si le Saint-Siége a des soutiens zélés parmi tous les catholiques fervents, il a contre lui tout ce qui est libéral en Europe. Il passe pour être en politique le représentant des préjugés de l'ancien régime, et aux yeux de l'Italie, pour être l'ennemi de son indépendance, le partisan le plus dévoué de la réaction. Aussi est-il entouré des adhérents les plus exaltés des dynasties déchues, et cet entourage n'est point fait pour augmenter en sa faveur les sympathies des peuples qui ont renversé ces dynasties. Cependant, cet état de choses nuit moins encore au souverain qu'au chef de la religion. Dans les pays catholiques où les idées nouvelles ont un grand empire, les hommes même le plus sincèrement attachés à leurs croyances sentent leur conscience se troubler et le doute entrer dans leurs esprits, incertains qu'ils sont de pouvoir allier leurs convictions politiques avec des principes religieux qui sembleraient condamner la civilisation moderne. Si cette situation, pleine de périls, devait se prolonger, les dissentiments politiques risqueraient d'amener des dissidences fâcheuses dans les croyances mêmes.

L'intérêt du Saint-Siége, celui de la religion, exigent donc que le Pape se réconcilie avec l'Italie; car ce sera se réconcilier avec les idées modernes, retenir dans le giron de l'Église deux cents millions de catholiques, et donner à la religion un lustre nouveau en montrant la foi secondant les progrès de l'humanité.

Mais sur quelle base fonder une œuvre si désirable ?

Le Pape, ramené à une saine appréciation des choses, comprendrait la nécessité d'accepter tout ce qui peut le rattacher à l'Italie, et l'Italie, cédant aux conseils d'une sage politique, ne refuserait pas d'adopter les garanties nécessaires à l'indépendance du Souverain Pontife et au libre exercice de son pouvoir.

On atteindrait ce double but par une combinaison qui, en maintenant le Pape maître chez lui, abaisserait les barrières qui séparent aujourd'hui ses États du reste de l'Italie.

Pour qu'il soit maître chez lui, l'indépendance doit lui être assurée, et son pouvoir accepté librement par ses sujets. Il faut espérer qu'il en serait ainsi, d'un côté, lorsque le gouvernement italien s'engagerait vis-à-vis de la France à reconnaître les États de l'Église et la délimitation convenue ; de l'autre, lorsque le gouvernement du Saint-Siége, revenant à d'anciennes traditions, consacrerait les priviléges des municipalités et des provinces de manière qu'elles s'administrent pour ainsi dire elles-mêmes ; car, alors, le pouvoir du Pape, planant dans une sphère élevée au-dessus des intérêts secondaires de la société, se dégagerait de cette responsabilité toujours pesante et qu'un gouvernement fort peut seul supporter.

Les indications générales qui précèdent ne sont pas un *ultimatum* que j'aie la prétention d'imposer aux deux partis en désaccord, mais les bases d'une politique que je crois devoir m'efforcer de faire prévaloir par notre influence légitime et nos conseils désintéressés.

Sur ce, je prie Dieu qu'il vous ait en sa sainte garde.

NAPOLÉON.

RÉPONSE DE L'EMPEREUR A L'AMBASSADEUR DE LA REINE D'ESPAGNE.

Palais des Tuileries, le 13 août 1862.

Monsieur l'Ambassadeur,

Depuis mon avénement au trône, je n'ai négligé, vous ne l'ignorez pas, aucune occasion de témoigner à la Reine d'Espagne ma vive sympathie, comme à la nation espagnole ma profonde estime. J'ai donc été aussi surpris qu'affligé de la divergence d'opinion survenue entre nos deux gouvernements. Quoi qu'il en soit, le choix que vient de faire la Reine, pour la représenter, d'un homme si connu par la loyauté et la noblesse de ses sentiments, me fait espérer une appréciation impartiale des événements qui ont eu lieu. Vous trouverez auprès de moi l'accueil dont vous êtes digne. Je vous sais, en effet, animé pour la France des mêmes sentiments que votre prédécesseur, qui a laissé parmi nous les meilleurs souvenirs. J'apprécie, n'en doutez pas, les intentions conciliantes qui vous ont fait accepter une mission dans des circonstances délicates. Il ne dépend que de la Reine d'Espagne, vous pouvez en donner l'assurance, d'avoir toujours en moi un allié sincère et de conserver au peuple espagnol un ami loyal qui souhaite sa grandeur et sa prospérité.

DISCOURS PRONONCÉ PAR L'EMPEREUR A L'INAUGURATION DU BOULEVARD DU PRINCE EUGÈNE.

Paris, le 7 décembre 1862.

Monsieur le Préfet,

Messieurs les membres du Conseil municipal,

J'ai voulu présider à l'inauguration de ce nouveau boulevard pour vous remercier de votre infatigable dévouement aux intérêts de cette grande cité.

Transformer la capitale en la rendant et plus vaste et plus belle, ce n'est pas seulement reconstruire plus de maisons qu'on n'en abat, fournir du travail à une foule d'industries diverses, c'est encore introduire partout des habitudes d'ordre et l'amour du beau.

Ces rues spacieuses, ces maisons architecturales, ces jardins ouverts à tous, ces monuments artistiques, en augmentant le bien-être, perfectionnent le goût. Et si l'on songe qu'à côté de ces vastes travaux vous développez également l'assistance publique, vous multipliez les édifices religieux, les bâtiments destinés à l'éducation, on doit vous savoir un gré infini de faire tant de choses utiles, sans compromettre en rien l'état prospère des finances de la ville.

Ma constante préoccupation, vous le savez, est de rechercher les moyens de remédier au ralentissement momentané du travail et d'amener l'aisance dans les classes laborieuses. La question de l'alimentation publique vient encore récemment d'attirer mon attention particulière. La dernière discussion au conseil d'État fera introduire quelques réformes utiles dans la boulangerie. Je suis d'ailleurs décidé à conserver, en le modifiant, le système de la compensation et d'établir, suivant les localités, soit la taxe officielle, soit une taxe officieuse. Je tiens aussi à vous remercier du concours que vous avez tous prêté à une œuvre due à l'initiative de l'Impératrice, et qui, mettant des capitaux à la portée des artisans honnêtes et laborieux, fera mentir le vieux proverbe *qu'on ne prête qu'aux riches*. — Si, comme je l'espère, cette institution se développe, il sera consolant de penser qu'une bonne réputation est une véritable propriété offrant ses avantages et ses garanties.

Les œuvres de la paix se recommandent d'autant plus qu'on y rattache les souvenirs glorieux de notre histoire. Aussi ai-je voulu que le nouveau boulevard qui traverse l'un des faubourgs les plus industriels portât le nom du prince Eugène, de cet enfant de Paris, officier d'ordonnance du général Hoche à quatorze ans, l'un des héros de la retraite de Russie, et qui, plutôt que d'abandonner la France et l'Empereur, refusa la couronne d'Italie que lui offraient les souverains alliés.

Je ne saurais dire combien m'a touché ce mouvement spontané de la population qui a donné le nom de ma mère à l'un des boulevards voisins; mais je ne puis accepter cette désignation. Les noms à inscrire sur le marbre ne doivent pas être le privilége exclusif de ma famille; il appartient à tous ceux qui ont rendu des services au pays. Ainsi donc la nouvelle voie de communication qui remplace aujourd'hui le canal Saint-Martin s'appellera dorénavant : *Boulevard Richard Lenoir.*

Quoiqu'il existe déjà une petite rue Richard Lenoir, je désire faire paraître dans un plus grand jour le nom de cet homme qui, de simple ouvrier du faubourg Saint-Antoine, devint l'un des premiers manufacturiers de France, que l'Empereur décora de sa main pour les immenses progrès qu'il fit faire à l'industrie du coton, et qui employa une fortune noblement acquise à soutenir ses ouvriers pendant les mauvais jours, et à les armer lorsqu'il fallut repousser l'invasion étrangère.

Occupons-nous donc de tout ce qui peut à la fois améliorer la condition matérielle du peuple et élever son moral. Plaçons toujours devant ses yeux un noble but à atteindre et l'exemple de ceux qui ont conquis la fortune par le travail, l'estime par la probité, la gloire par le courage.

ANNÉE 1863.

DISCOURS ET PROCLAMATIONS.

ANNÉE 1863.

DISCOURS DE L'EMPEREUR A L'OUVERTURE DE LA SESSION LÉGISLATIVE.

Palais du Louvre, le 12 janvier 1863.

Messieurs les Sénateurs,

Messieurs les Députés,

Le Corps législatif va commencer sa dernière session. Devancer le terme fixé par la Constitution eût été, à mes yeux, un acte d'ingratitude envers la Chambre, de défiance envers le pays. Le temps n'est plus où l'on croyait nécessaire de saisir l'occasion d'un incident heureux pour s'assurer les suffrages d'un nombre restreint d'électeurs. Aujourd'hui que tout le monde vote, il n'y a plus dans les masses cette mobilité d'autrefois, et les convictions ne changent pas au moindre souffle qui semble agiter l'atmosphère politique.

Puisque nous nous trouvons réunis pour la dernière fois, il n'est pas inutile de reporter nos regards sur ce que nous avons fait ensemble depuis cinq années; car c'est seulement en embrassant une période de quelque durée qu'on peut apprécier l'esprit de suite qui a présidé à la direction des affaires.

On se plaît ordinairement à chercher dans les actes des souverains des mobiles cachés et de mystérieuses combinaisons, et cependant ma politique a été bien simple : accroître la prospérité de la France et son ascendant moral, sans abus comme sans affaiblissement du pouvoir remis entre mes mains.

A l'extérieur, favoriser, dans la mesure du droit et des traités, les aspirations légitimes des peuples vers un meilleur avenir ; développer nos relations commerciales avec les pays dont nous rapprochait une plus grande communauté d'intérêts.

Faire disparaître des cartons diplomatiques les vieilles questions en litige, afin d'enlever des prétextes de mésintelligence. Poursuivre enfin hardiment la réparation de toute insulte à notre drapeau, de tout préjudice causé à nos nationaux.

Voici comment, suivant les circonstances, il m'a été permis d'appliquer ces principes.

En Orient, le vœu national des provinces danubiennes de ne former qu'un même peuple ne pouvait nous trouver insensibles, et notre concours a contribué à cimenter leur union. Nous avons appuyé ce qu'il y avait de fondé dans les griefs de la Servie, du Monténégro et des chrétiens de Syrie, sans méconnaître les droits de la Porte Ottomane.

Nos armes ont défendu l'indépendance de l'Italie sans pactiser avec la révolution, sans altérer au delà du champ de bataille les bonnes relations avec nos adversaires d'un jour, sans abandonner le Saint-Père, que notre honneur et nos engagements passés nous obligeaient de soutenir.

Nous avons supprimé les causes de contestation auxquelles pouvaient donner lieu avec l'Espagne soit la non-délimitation des frontières, soit l'ancienne dette de 1823, et, avec la Suisse, le différend de la vallée des Dappes.

Des traités de commerce ont été ou sont à la veille d'être conclus avec l'Angleterre, la Belgique, la Prusse, l'Italie et la Suisse.

Enfin des expéditions en Chine, en Cochinchine et au Mexique, prouvent qu'il n'y a pas de contrées si lointaines où une atteinte portée à l'honneur de la France demeure impunie.

De pareils faits n'ont pu se produire sans amener des complications. Le devoir marche toujours à travers des écueils. Néanmoins la France s'est agrandie de deux provinces; les barrières qui nous séparaient de nos voisins se sont abaissées; un vaste territoire s'est ouvert à notre activité dans l'extrême Orient, et, ce qui vaut mieux que les conquêtes, nous avons acquis des titres à la sympathie des peuples sans perdre la confiance et l'estime des gouvernements.

Pendant les années qui viennent de s'écouler, il m'a été donné de me rencontrer avec la plupart des souverains, et de ces entrevues sont nées des relations amicales, qui sont autant de gages pour la paix de l'Europe. Cette paix ne saurait être troublée par les événements qui viennent d'avoir lieu en Grèce.

Ce rapide exposé du passé vous répond de l'avenir, et, malgré la pression d'événements contraires et d'opinions opposées, vous reconnaîtrez, je l'espère, que j'ai toujours suivi avec fermeté la même ligne de conduite.

En ce qui concerne plus particulièrement la situation intérieure, j'ai voulu, d'un côté, par une amnistie complète, effacer autant qu'il était en moi le souvenir de nos discordes civiles, de l'autre, accroître l'importance des grands Corps de l'État ; je vous ai appelés à prendre une part plus directe à la marche des affaires; j'ai entouré vos délibérations de toutes les garanties que la liberté de discussion pouvait réclamer. J'ai renoncé à une prérogative jugée jusqu'alors indispensable, pour permettre au Corps législatif de contrôler les dépenses d'une manière plus absolue et pour donner plus de solidité aux bases sur lesquelles repose le crédit public. Afin d'alléger nos finances, l'armée de terre et de mer a été ramenée à des proportions plus restreintes. La dette flottante a pu être réduite, et, par le succès de la conversion de la rente, un grand pas a été fait vers l'unification de la dette.

Les revenus indirects augmentent sans cesse par le simple fait de l'accroissement de la prospérité générale, et la situation de l'Empire serait florissante si la guerre d'Amérique n'était pas venue tarir une des sources les plus fécondes de notre industrie.

La stagnation forcée du travail a engendré sur plusieurs points une misère digne de toute notre sollicitude, et un crédit vous sera demandé pour secourir ceux qui supportent avec résignation les effets d'un malheur qu'il ne dépend pas de nous de faire cesser. Cependant, j'ai tenté de faire parvenir au delà de l'Atlantique des conseils inspirés par une sympathie sincère; mais les grandes puissances maritimes n'ayant pas cru pouvoir encore se joindre à moi, j'ai dû remettre à une époque plus propice l'offre d'une médiation qui avait pour but d'arrêter l'effusion du sang et de prévenir l'épuisement d'un pays dont l'avenir ne saurait nous être indifférent.

Je n'entrerai pas avec vous dans les détails de plusieurs améliorations administratives, telles que la création de la réserve de l'armée, la transformation de la flotte, les institutions favorables aux classes pauvres, les grands travaux publics, les encouragements à l'agriculture, aux sciences et aux arts; le maintien de la prospérité de nos colonies, malgré la suppression de l'émigration des noirs; l'affermissement de nos possessions d'Afrique par notre soin à gagner de plus en plus l'affection du peuple arabe et à protéger nos colons. L'exposé de la situation de l'Empire vous développera chacune de ces mesures.

Vous allez encore marquer par d'utiles travaux la

fin de votre mandat, et lorsque vous serez de retour dans vos départements, ne laissez pas ignorer que si nous avons surmonté bien des obstacles et accompli bien des choses importantes, c'est grâce au concours dévoué des grands Corps de l'État et à l'accord qui a régné entre nous ; que néanmoins il reste beaucoup à faire pour perfectionner nos institutions, répandre les idées vraies et accoutumer le pays à compter sur lui-même.

Dites à vos concitoyens que je serai prêt sans cesse à accepter tout ce qui est l'intérêt du plus grand nombre; mais s'ils ont à cœur de faciliter l'œuvre commencée, d'éviter les conflits qui n'engendrent que le malaise, de fortifier la Constitution qui est leur ouvrage, qu'ils envoient à la nouvelle Chambre des hommes qui, comme vous, acceptent sans arrière-pensée le régime actuel, qui préfèrent aux luttes stériles les délibérations sérieuses; des hommes qui, animés de l'esprit de l'époque et d'un véritable patriotisme, éclairent dans leur indépendance la marche du Gouvernement, et n'hésitent jamais à placer au-dessus d'un intérêt de parti la stabilité de l'État et la grandeur de la patrie.

DISCOURS DE L'EMPEREUR AUX EXPOSANTS FRANÇAIS QUI ONT PRIS PART A L'EXPOSITION UNIVERSELLE DE L'INDUSTRIE A LONDRES.

Palais de l'Industrie, le 25 janvier 1863.

Messieurs,

Vous avez dignement représenté la France à l'étranger. Je viens vous en remercier, car les expositions universelles ne sont pas de simples bazars, mais d'éclatantes manifestations de la force et du génie des peuples.

L'état d'une société se révèle par le degré plus ou moins avancé des divers éléments qui la composent, et, comme tous les progrès marchent de front, l'examen d'un seul des produits multiples de l'intelligence suffit pour apprécier la civilisation du pays auquel il appartient. Ainsi, lorsque aujourd'hui nous découvrons un simple objet d'art des temps anciens, nous jugeons, par sa perfection plus ou moins grande, à quelle période de l'histoire il se rapporte. S'il mérite notre admiration, soyez sûrs qu'il date d'une époque où la société bien assise était grande par les armes, par la parole, par les sciences comme par les arts. Il n'est donc pas indifférent pour le rôle réservé à la France d'avoir été placer sous les regards de l'Europe les produits de notre industrie; à eux seuls, en effet, ils témoignent de notre état moral et politique.

Je vous félicite de votre énergie et de votre persévérance à rivaliser avec un pays qui nous avait devancés dans certaines branches du travail. La voilà donc enfin réalisée cette redoutable invasion sur le sol britannique prédite depuis si longtemps ! Vous avez franchi le détroit ; vous vous êtes hardiment établis dans la capitale de l'Angleterre ; vous avez courageusement lutté avec les vétérans de l'industrie. Cette campagne n'a pas été sans gloire, et je viens aujourd'hui vous donner la récompense des braves.

Ce genre de guerre qui ne fait point de victimes a plus d'un mérite : il suscite une noble émulation, amène ces traités de commerce qui rapprochent les peuples et font disparaître les préjugés nationaux sans affaiblir l'amour de la patrie. De ces échanges matériels naît un échange plus précieux encore, celui des idées. Si les étrangers peuvent nous envier bien des choses utiles, nous avons aussi beaucoup à apprendre chez eux. Vous avez dû, en effet, être frappés en Angleterre de cette liberté sans restriction laissée à la manifestation de toutes les opinions comme au développement de tous les intérêts. Vous avez remarqué l'ordre parfait maintenu au milieu de la vivacité des discussions et des périls de la concurrence. C'est que la liberté anglaise respecte toujours les bases principales sur lesquelles reposent la société et le pouvoir. Par cela même elle ne détruit pas, elle améliore ; elle porte à la main non la torche qui incendie, mais le flambeau qui éclaire, et, dans les entreprises particulières, l'initiative individuelle s'exerçant avec une infatigable ardeur, dispense le gouvernement d'être le seul promoteur des forces vitales d'une nation ; aussi, au lieu de tout régler, laisse-t-il à chacun la responsabilité de ses actes.

Voilà à quelles conditions existent en Angleterre cette merveilleuse activité, cette indépendance absolue. La France y parviendra aussi le jour où nous aurons consolidé les bases indispensables à l'établissement d'une entière liberté. Travaillons donc de tous nos efforts à imiter de si profitables exemples : pénétrez-vous sans cesse des saines doctrines politiques et commerciales, unissez-vous dans une même pensée de conservation, et stimulez chez les individus une spontanéité énergique pour tout ce qui est beau et utile. Telle est votre tâche. La mienne sera de prendre constamment le sage progrès de l'opinion publique pour mesure des améliorations, et de débarrasser des entraves administratives le chemin que vous devez parcourir.

Chacun ainsi aura accompli son devoir, et notre passage sur cette terre n'aura pas été inutile, puisque nous aurons laissé à nos enfants de grands travaux accomplis et des vérités fécondes, debout sur les ruines de préjugés détruits et de haines à jamais ensevelies.

Je ne terminerai pas sans remercier la Commission impériale et son Président du zèle éclairé avec lequel ils ont organisé l'Exposition française, et de l'esprit d'impartiale justice qui a présidé à la proposition des récompenses. C'est un titre nouveau qu'ils ont acquis à ma confiance et à mon estime.

LETTRE DE L'EMPEREUR AU GOUVERNEUR DE L'ALGÉRIE.

Palais des Tuileries, le 6 février 1863.

Monsieur le Maréchal,

Le Sénat doit être saisi bientôt de l'examen des bases générales de la constitution de l'Algérie; mais, sans attendre sa délibération, je crois de la plus haute importance de mettre un terme aux inquiétudes excitées par tant de discussions sur la propriété arabe. La bonne foi comme notre intérêt bien compris nous en font un devoir.

Lorsque la Restauration fit la conquête d'Alger, elle promit aux Arabes de respecter leur religion et leurs propriétés. Cet engagement solennel existe toujours pour nous, et je tiens à honneur d'exécuter, comme je l'ai fait pour Abd-el-Kader, ce qu'il y avait de grand et de noble dans les promesses des gouvernements qui m'ont précédé.

D'un autre côté, quand même la justice ne le commanderait pas, il me semble indispensable, pour le repos et la prospérité de l'Algérie, de consolider la propriété entre les mains de ceux qui la détiennent. Comment, en effet, compter sur la pacification d'un pays lorsque la presque totalité de la population est sans cesse inquiétée sur ce qu'elle possède ? Comment développer sa prospérité lorsque la plus grande partie de son territoire est frappée de discrédit par l'impossibilité de vendre et d'emprunter ? Comment enfin augmenter les revenus de l'État lorsqu'on diminue sans cesse la valeur du fonds arabe qui seul paye l'impôt ?

Établissons les faits : On compte en Algérie trois millions d'Arabes et deux cent mille Européens, dont cent vingt mille Français. Sur une superficie d'environ quatorze millions d'hectares, dont se compose le *Tell*, deux millions sont cultivés par les indigènes. Le domaine exploitable de l'État est de deux millions six cent quatre-vingt-dix mille hectares, dont huit cent quatre-vingt-dix mille de terres propres à la culture, et un million huit cent mille de forêts; enfin, quatre cent vingt mille hectares ont été livrés à la colonisation européenne; le reste consiste en marais, lacs, rivières, terres de parcours et landes. Sur les quatre cent vingt mille hectares concédés aux colons, une grande partie a été soit revendue, soit louée aux Arabes par les concessionnaires, et le reste est loin d'être entièrement mis en rapport. Quoique ces chiffres ne soient qu'approximatifs, il faut reconnaître que, malgré la louable énergie des colons et les progrès accomplis, le travail des Européens s'exerce encore sur une faible étendue, et que ce n'est certes pas le terrain qui manquera de longtemps à leur activité.

En présence de ces résultats, on ne peut admettre qu'il y ait utilité à cantonner les indigènes, c'est-à-dire prendre une certaine portion de leurs terres pour accroître la part de la colonisation.

Aussi est-ce d'un consentement unanime que le projet de cantonnement soumis au conseil d'État a été retiré. Aujourd'hui il faut faire davantage : convaincre les Arabes que nous ne sommes pas venus en Algérie pour les opprimer et les spolier, mais pour leur apporter les bienfaits de la civilisation. Or, la première condition d'une société civilisée, c'est le respect du droit de chacun.

Le droit, m'objectera-t-on, n'est pas du côté des Arabes; le sultan était autrefois propriétaire de tout le territoire, et la conquête nous l'aurait transmis au même titre! Eh quoi! l'État s'armerait des principes surannés du mahométisme pour dépouiller les anciens possesseurs du sol, et sur une terre devenue française il invoquerait les droits despotiques du Grand Turc! Pareille prétention est exorbitante, et voulût-on s'en prévaloir, il faudrait refouler toute la population arabe dans le désert et lui infliger le sort des Indiens de l'Amérique du Nord, chose impossible et inhumaine.

Cherchons donc par tous les moyens à nous concilier cette race intelligente, fière, guerrière et agricole. La loi de 1851 avait consacré les droits de propriété et de jouissance existant au temps de la conquête; mais la jouissance, mal définie, était demeurée incertaine. Le moment est venu de sortir de cette situation précaire. Le territoire des tribus une fois reconnu, on le divisera par douaires, ce qui permettra plus tard à l'initiative prudente de l'administration d'arriver à la propriété individuelle.

Maîtres incommutables de leur sol, les indigènes pourront en disposer à leur gré, et de la multiplicité des transactions naîtront entre eux et les colons des rapports journaliers, plus efficaces pour les amener à notre civilisation que toutes les mesures coercitives.

La terre d'Afrique est assez vaste; les ressources à y développer sont assez nombreuses pour que chacun puisse y trouver place et donner un libre essor à son activité, suivant sa nature, ses mœurs et ses besoins.

Aux indigènes, l'élevage des chevaux et du bétail, les cultures naturelles au sol.

A l'activité et à l'intelligence européennes, l'exploitation des forêts et des mines, les desséchements, les irrigations, l'introduction des cultures perfectionnées, l'importation de ces industries qui précèdent ou accompagnent toujours les progrès de l'agriculture.

Au gouvernement local, le soin des intérêts généraux, le développement du bien-être moral par l'éducation, du bien-être matériel par les travaux publics. A lui le devoir de supprimer les réglementations inutiles et de laisser aux transactions la plus entière liberté. En outre, il favorisera les grandes associations de capitaux européens, en évitant désormais de se faire entrepreneur d'émigration et de colonisation, comme de soutenir péniblement des individus sans ressources attirés par des concessions gratuites.

Voilà, Monsieur le Maréchal, la voie à suivre résolûment; car, je le répète, l'Algérie n'est pas une colonie proprement dite, mais un royaume arabe. Les indigènes ont, comme les colons, un droit égal à ma protection, et je suis aussi bien l'Empereur des Arabes que l'Empereur des Français.

Ces idées sont les vôtres; elles sont aussi celles du ministre de la guerre et de tous ceux qui, après avoir combattu dans ce pays, allient à une pleine confiance dans son avenir une vive sympathie pour les Arabes. J'ai chargé le maréchal Randon de préparer un projet de sénatus-consulte dont l'article principal sera de *rendre les tribus, ou fractions de tribu, propriétaires incommutables des territoires qu'elles occupent à demeure fixe et dont elles ont la jouissance traditionnelle, à quelque titre que ce soit.*

Cette mesure, qui n'aura aucun effet rétroactif, n'empêchera aucun des travaux d'intérêt général, puisqu'elle n'infirmera en rien l'application de la loi sur l'expropriation pour cause d'utilité publique. Je vous prie donc de m'envoyer tous les documents statistiques qui peuvent éclairer la discussion du Sénat.

Sur ce, Monsieur le Maréchal, je prie Dieu qu'il vous ait en sa sainte garde.

Napoléon.

RÉPONSE DE L'EMPEREUR A L'ADRESSE DU CORPS LÉGISLATIF.

Palais des Tuileries, le 14 février 1863.

Monsieur le Président,

L'Adresse que vous me présentez est une nouvelle preuve de l'accord qui existe entre le Corps législatif et mon Gouvernement. Je la reçois donc avec la plus vive satisfaction. Cet accord est plus indispensable que jamais, à une époque où, sur tous les points du globe, la vérité est obscurcie par tant de passions contraires.

La France doit être forte et calme à l'intérieur, pour être toujours en mesure d'exercer sa légitime influence en faveur de la justice et du progrès, dont le triomphe est trop souvent compromis par l'exagération des partis extrêmes.

Une confiance réciproque a toujours maintenu les bonnes relations entre nous; elle est due, sans doute, au sentiment patriotique qui nous anime tous; mais, je me plais à le reconnaître, la position du Président, qui fait à la fois partie du Gouvernement et du Corps législatif, contribue aussi à cet heureux résultat. Continuez donc, Monsieur le Président, à remplir, comme par le passé, la noble mission d'adoucir et de rendre plus intimes nos rapports officiels. Ne cessez pas de me faire connaître les désirs et les observations de la Chambre, et soyez auprès d'elle l'interprète de ma gratitude et de ma sympathie.

LETTRE DE L'EMPEREUR AU GÉNÉRAL FOREY, COMMANDANT EN CHEF L'EXPÉDITION DU MEXIQUE.

Palais de Fontainebleau, le 12 juin 1863.

Général, la nouvelle de la prise de Puebla m'est parvenue avant-hier par la voie de New-York. Cet événement nous a comblés de joie.

Je sais combien il a fallu aux chefs et aux soldats de prévoyance et d'énergie pour arriver à cet important résultat.

Témoignez en mon nom à l'armée toute ma satisfaction; dites-lui combien j'apprécie sa persévérance et son courage dans une expédition si lointaine, où elle avait à lutter contre le climat, contre la difficulté des lieux et contre un ennemi d'autant plus opiniâtre qu'il était trompé sur mes intentions. Je déplore amèrement la perte probable de tant de braves; mais j'ai la consolante pensée que leur mort n'a été inutile ni aux intérêts ni à l'honneur de la France, ni à la civilisation. Notre but, vous le savez, n'est pas d'imposer aux Mexicains un gouvernement contre leur gré, ni de faire servir nos succès au triomphe d'un parti quelconque. Je désire que le Mexique renaisse à une vie nouvelle, et que, bientôt régénéré par un gouvernement fondé sur la volonté nationale, sur les principes d'ordre et de progrès, sur le respect du droit des gens, il reconnaisse par des relations amicales devoir à la France son repos et sa prospérité.

J'attends les rapports officiels pour donner à l'armée et à son chef les récompenses méritées ; mais, dès à présent, Général, recevez mes vives et sincères félicitations.

NAPOLÉON.

LETTRE DE L'EMPEREUR AU MINISTRE PRÉSIDANT LE CONSEIL D'ÉTAT.

Palais de Fontainebleau, le 24 juin 1863.

Monsieur le Président du conseil d'État,

Notre système de centralisation, malgré ses avantages, a eu le grave inconvénient d'amener un excès de réglementation. Nous avons déjà cherché, vous le savez, à y remédier ; néanmoins il reste encore beaucoup à faire. Autrefois, le contrôle incessant de l'administration sur une foule de choses avait peut-être sa raison d'être, mais aujourd'hui ce n'est plus qu'une entrave. Comment comprendre, en effet, que telle affaire communale, par exemple, d'une importance secondaire et ne soulevant d'ailleurs aucune objection, exige une instruction de deux années au moins, grâce à l'intervention obligée de onze autorités différentes ? Dans certains cas, les entreprises industrielles éprouvent tout autant de retard.

Plus je songe à cette situation et plus je suis convaincu de l'urgence d'une réforme. Mais dans ces matières où le bien public et l'intérêt privé se touchent par tant de points, le difficile est de faire à chacun sa part, en accordant au premier toute la protection, et au second toute la liberté désirables.

Cette œuvre nécessite la révision d'un grand nombre de lois, de décrets, d'ordonnances, d'instructions ministérielles, et l'on ne peut en préparer les éléments qu'en examinant avec attention chacun des détails de notre système administratif, pour en retrancher ceux qui seraient superflus.

Les diverses sections du conseil d'État m'ont paru les plus propres à cet examen, car si elles n'administrent pas, elles voient agir l'administration. Ce sont les meilleurs témoins qu'on puisse consulter.

Je vous prie donc de les charger de ce travail, et voici comme j'en comprends l'exécution. Dans le sein de chaque section, le rapporteur dresserait le tableau des formalités, des délais, des diverses autorités, des dispositions réglementaires auxquels chaque affaire aura été soumise. Un certain nombre de tableaux particuliers permettraient de résumer pour chaque catégorie la forme et la durée moyenne de l'instruction, en écartant les circonstances exceptionnelles. La section donnerait ensuite son avis sur les modifications ou sur les suppressions jugées nécessaires.

Quant aux affaires qui ne sont pas soumises au conseil d'État, les chefs de service fourniraient des documents et des états analogues qui serviraient de base à un travail général pour chaque ministère.

Comme j'attache une grande importance à cette réforme, je compte sur le zèle éclairé du conseil d'État pour arriver bientôt à une solution satisfaisante.

Sur ce, je prie Dieu qu'il vous ait en sa sainte garde.

NAPOLÉON.

LETTRE DE L'EMPEREUR AUX SOUVERAINS DE L'EUROPE.

Palais des Tuileries, le 4 novembre 1863.

.... En présence des événements qui, chaque jour, surgissent et se pressent, je crois indispensable de dire toute ma pensée aux souverains auxquels est confiée la destinée des peuples.

Toutes les fois que de profondes secousses ont ébranlé les bases et déplacé les limites des États, il est survenu des transactions solennelles pour coordonner les éléments nouveaux et consacrer, en les revisant, les transformations accomplies. Tel a été l'objet du traité de Westphalie au dix-septième siècle, et des négociations de Vienne en 1815. C'est sur ce dernier fondement que repose aujourd'hui l'édifice politique de l'Europe; et cependant, vous ne l'ignorez pas, il s'écroule de toutes parts.

Si l'on considère attentivement la situation des divers pays, il est impossible de ne pas reconnaître que, presque sur tous les points, les traités de Vienne sont détruits, modifiés, méconnus ou menacés. De là des devoirs sans règle, des droits sans titre et des prétentions sans frein. Péril d'autant plus redoutable que les perfectionnements amenés par la civilisation qui a lié les peuples entre eux par la solidarité des intérêts matériels rendraient la guerre plus destructive encore.

C'est là un sujet de graves méditations. N'attendons pas pour prendre un parti que des événements soudains, irrésistibles, troublent notre jugement, et nous entraînent, malgré nous, dans des directions contraires.

Je viens donc vous proposer de régler le présent et d'assurer l'avenir dans un congrès.

Appelé au trône par la Providence et par la volonté du peuple français, mais élevé à l'école de l'adversité, il m'est peut-être moins permis qu'à un autre d'ignorer et les droits des souverains et les légitimes aspirations des peuples.

Aussi je suis prêt, sans système préconçu, à porter dans un conseil international l'esprit de modération et de justice, partage ordinaire de ceux qui ont subi tant d'épreuves diverses.

Si je prends l'initiative d'une semblable ouverture, je ne cède pas à un mouvement de vanité; mais comme je suis le souverain auquel on prête le plus de projets ambitieux, j'ai à cœur de prouver par cette démarche franche et loyale que mon unique but est d'arriver sans secousse à la pacification de l'Europe. Si cette proposition est accueillie, je vous prie d'accepter Paris comme lieu de réunion.

Dans le cas où les Princes alliés et amis de la

France jugeraient convenable de rehausser par leur présence l'autorité des délibérations, je serai fier de leur offrir ma cordiale hospitalité. L'Europe verrait peut-être quelque avantage à ce que la capitale d'où est parti tant de fois le signal des bouleversements, devînt le siége des conférences destinées à jeter les bases d'une pacification générale.

Je saisis cette occasion, etc., etc.

Écrit à Paris, le 4 novembre de l'an de grâce 1863.

NAPOLÉON.

Contre-signé
DROUIN DE LHUYS.

DISCOURS DE L'EMPEREUR A L'OUVERTURE DE LA SESSION LÉGISLATIVE.

Palais du Louvre, 5 novembre 1863.

Messieurs les Sénateurs,
Messieurs les Députés,

La réunion annuelle des grands Corps de l'État est toujours une occasion heureuse qui rapproche les hommes dévoués au bien public et permet de manifester la vérité au pays. La franchise de nos communications mutuelles calme les inquiétudes et fortifie mes résolutions. Soyez donc les bienvenus!

Le Corps législatif a été renouvelé pour la troisième fois depuis la fondation de l'Empire, et, pour la troisième fois, malgré quelques dissidences locales, je n'ai qu'à m'applaudir du résultat des élections. Vous m'avez tous prêté le même serment; il me répond de votre concours.

Notre devoir est de faire promptement et bien les affaires du pays, en restant fidèles à la Constitution qui nous a donné onze années de prospérité et que vous avez juré de maintenir.

L'exposé de la situation intérieure vous montrera que, malgré la stagnation forcée du travail dans certaines branches, le progrès ne s'est pas ralenti. Notre industrie a lutté avec avantage contre la concurrence étrangère, et devant des faits irrécusables, les craintes suscitées par le traité de commerce avec l'Angleterre se sont évanouies.

Nos exportations dans les huit premiers mois de l'année 1863, comparées à celles des mois correspondants de l'année 1862, se sont accrues de 233 millions.

Pendant la même période, le mouvement de la navigation maritime a surpassé le chiffre de l'époque précédente de 175,000 tonneaux, dont 136,000 sous pavillon français.

La récolte abondante de cette année est un bienfait de la Providence, qui doit assurer à meilleur marché la subsistance de la population; elle constate aussi la prospérité de notre agriculture.

Les travaux publics ont été poursuivis avec activité. Environ mille kilomètres nouveaux de chemins de fer ont été livrés à la circulation. Nos ports, nos rivières, nos canaux, nos routes, ont continué à s'améliorer.

La session ayant eu lieu plus tôt que de coutume, le rapport du ministre des finances n'a pas encore été publié. Il le sera prochainement. Vous y verrez que, si nos espérances ne sont pas complétement réalisées, les revenus ont suivi une marche ascendante, et que, sans ressources extraordinaires, nous avons fait face aux dépenses occasionnées par la guerre au Mexique et en Cochinchine.

Je dois vous signaler plusieurs réformes jugées opportunes, entre autres le décret relatif à la liberté de la boulangerie, celui qui rend l'inscription maritime moins onéreuse à la population des côtes, le projet qui modifie la loi sur les coalitions, et celui qui supprime les priviléges exclusifs pour les théâtres. Je fais également étudier une loi destinée à augmenter les attributions des conseils généraux et communaux, et à remédier à l'excès de la centralisation.

En effet, simplifier les formalités administratives, adoucir la législation applicable aux classes dignes de toute notre sollicitude, ce sera là un progrès auquel vous aimerez à vous associer.

Vous aurez aussi à vous occuper de la question des sucres, qui demande enfin à être résolue par une législation plus stable. Le projet soumis au conseil d'État tend à accorder aux produits indigènes la facilité d'exportation dont jouissent les sucres des autres provenances. Une loi sur l'enregistrement fera disparaître le double décime, et remplacera cette surtaxe par une répartition plus juste.

En Algérie, malgré l'anomalie qui soumet les mêmes populations, les unes au pouvoir civil, les autres au pouvoir militaire, les Arabes ont compris combien la domination française était réparatrice et équitable, sans que les Européens aient moins de confiance dans la protection du Gouvernement.

Nos anciennes colonies ont vu disparaître les barrières gênantes pour leurs transactions; mais les circonstances n'ont pas été favorables au développement de leur commerce. L'établissement récent d'institutions de crédit viendra, je l'espère, améliorer leur sort.

Au milieu de ces soins matériels, rien de ce qui touche à la religion, à l'esprit et au moral n'a été négligé. Les œuvres religieuses de bienfaisance, les arts, les sciences et l'instruction publique ont reçu de nombreux encouragements. Depuis 1848, la population scolaire s'est accrue d'un quart. Aujourd'hui, près de cinq millions d'enfants, dont un tiers à titre gratuit, sont reçus dans les écoles primaires; mais nos efforts ne doivent pas se ralentir, puisque six cent mille encore sont privés d'instruction.

Les hautes études ont été ranimées dans les écoles secondaires, où l'enseignement spécial se réorganise.

Tel est, Messieurs, le résumé de ce que nous avons déjà fait et de ce que nous voulons faire encore.

Certes, la prospérité de notre pays prendrait un essor plus rapide si dés préoccupations politiques ne venaient la troubler ; mais dans la vie des nations se produisent des événements imprévus, inévitables, qu'elles doivent envisager sans crainte et supporter sans défaillance. De ce nombre sont : la guerre d'Amérique, l'occupation obligée du Mexique et de la Cochinchine, l'insurrection de la Pologne.

Les expéditions lointaines, objet de tant de critiques, n'ont pas été l'exécution d'un plan prémédité ; la force des choses les a amenées, et cependant elles ne sont pas à regretter.

Comment, en effet, développer notre commerce extérieur, si, d'un côté, nous renoncions à toute influence en Amérique, et si, de l'autre, en présence des vastes territoires occupés par les Anglais, les Espagnols et les Hollandais, la France restait seule sans possessions dans les mers d'Asie?

Nous avons conquis en Cochinchine une position qui, sans nous astreindre aux difficultés du gouvernement local, nous permettra d'exploiter les ressources immenses de ces contrées et de les civiliser par le commerce.

Au Mexique, après une résistance inattendue, que le courage de nos soldats et de nos marins a surmontée, nous avons vu les populations nous accueillir en libérateurs. Nos efforts n'auront pas été stériles, et nous serons largement dédommagés de nos sacrifices lorsque les destinées de ce pays, qui nous devra sa régénération, auront été remises à un prince que ses lumières et ses qualités rendent digne d'une aussi noble mission.

Ayons donc foi dans nos entreprises d'outremer; commencées pour venger notre honneur, elles se termineront par le triomphe de nos intérêts, et si des esprits prévenus ne devinent pas ce que renferment de fécond les germes déposés pour l'avenir, ne laissons pas dénigrer la gloire acquise pour ainsi dire aux deux extrémités du monde, à Pékin comme à Mexico. La question polonaise exige plus de développements.

Quand éclata l'insurrection de Pologne, les gouvernements de Russie et de France étaient dans les meilleures relations; depuis la paix, les grandes questions européennes les avaient trouvés d'accord, et, je n'hésite pas à le déclarer, pendant la guerre d'Italie, comme lors de l'annexion du comté de Nice et de la Savoie, l'empereur Alexandre m'a prêté l'appui le plus sincère et le plus cordial. Ce bon accord exigeait des ménagements, et il m'a fallu croire la cause polonaise bien populaire en France pour ne pas hésiter à compromettre une des premières alliances du continent, et à élever la voix en faveur d'une nation rebelle aux yeux de la Russie, mais aux nôtres héritière d'un droit inscrit dans l'histoire et dans les traités.

Néanmoins, cette question touchait aux plus graves intérêts européens; elle ne pouvait être traitée isolément par la France. Une offense à notre honneur ou une menace contre nos frontières nous imposent seules le devoir d'agir sans concert préalable. Il devenait dès lors nécessaire, comme à l'époque des événements d'Orient et de Syrie, de m'entendre avec les puissances qui avaient pour se prononcer des raisons et des droits semblables aux nôtres.

L'insurrection polonaise, à laquelle sa durée imprimait un caractère national, réveilla partout des sympathies, et le but de la diplomatie fut d'attirer à cette cause le plus d'adhésions possible, afin de peser sur la Russie de tout le poids de l'opinion de l'Europe. Ce concours de vœux presque unanime nous semblait le moyen le plus propre à opérer la persuasion sur le cabinet de Saint-Pétersbourg. Malheureusement, nos conseils désintéressés ont été interprétés comme une intimidation, et les démarches de l'Angleterre, de l'Autriche et de la France, au lieu d'arrêter la lutte, n'ont fait que l'envenimer. Des deux côtés se commettent des excès qu'au nom de l'humanité on doit également déplorer.

Que reste-t-il donc à faire ? Sommes-nous réduits à la seule alternative de la guerre ou du silence ? Non. — Sans courir aux armes comme sans nous taire, un moyen nous reste : c'est de soumettre la cause polonaise à un tribunal européen. La Russie l'a déjà déclaré, des conférences où toutes les autres questions qui agitent l'Europe seraient débattues ne blesseraient en rien sa dignité.

Prenons acte de cette déclaration. Qu'elle nous

serve à éteindre, une fois pour toutes, les ferments de discorde prêts à éclater de tous côtés, et que du malaise même de l'Europe, travaillée par tant d'éléments de dissolution, naisse une ère nouvelle d'ordre et d'apaisement !

Le moment n'est-il pas venu de reconstruire sur de nouvelles bases l'édifice miné par le temps et détruit pièce à pièce par les révolutions ?

N'est-il pas urgent de reconnaître par de nouvelles conventions ce qui s'est irrévocablement accompli, et d'accomplir d'un commun accord ce que réclame la paix du monde ?

Les traités de 1815 ont cessé d'exister. La force des choses les a renversés ou tend à les renverser presque partout. Ils ont été brisés en Grèce, en Belgique, en France, en Italie, comme sur le Danube. L'Allemagne s'agite pour les changer ; l'Angleterre les a généreusement modifiés par la cession des îles Ioniennes, et la Russie les foule aux pieds Varsovie.

Au milieu de ce déchirement successif du pacte fondamental européen, les passions ardentes se surexcitent, et au Midi comme au Nord de puissants intérêts demandent une solution.

Quoi donc de plus légitime et de plus sensé que de convier les puissances de l'Europe à un congrès où les amours-propres et les résistances disparaîtraient devant un arbitrage suprême ?.

Quoi de plus conforme aux idées de l'époque, aux vœux du plus grand nombre, que de s'adresser à la conscience, à la raison des hommes d'État de tous les pays, et de leur dire :

Les préjugés, les rancunes qui nous divisent n'ont-ils pas déjà trop duré ?

La rivalité jalouse des grandes puissances empêchera-t-elle sans cesse les progrès de la civilisation ?

Entretiendrons-nous toujours de mutuelles défiances par des armements exagérés ?

Les ressources les plus précieuses doivent-elles indéfiniment s'épuiser dans une vaine ostentation de nos forces ?

Conserverons-nous éternellement un État qui n'est ni la paix avec sa sécurité, ni la guerre avec ses chances heureuses ?

Ne donnons pas plus longtemps une importance factice à l'esprit subversif des partis extrêmes, en nous opposant par d'étroits calculs aux légitimes aspirations des peuples.

Ayons le courage de substituer à un état maladif et précaire une situation stable et régulière, dût-elle coûter des sacrifices.

Réunissons-nous sans système préconçu, sans ambition exclusive, animés par la seule pensée d'établir un ordre de choses fondé désormais sur l'intérêt bien compris des souverains et des peuples.

Cet appel, j'aime à le croire, sera entendu de tous. Un refus ferait supposer de secrets projets qui redoutent le grand jour; mais quand même la proposition ne serait pas unanimement agréée, elle aurait l'immense avantage d'avoir signalé à l'Europe où est le danger, où est le salut. Deux voies sont ouvertes : l'une conduit au progrès par la conciliation et la paix ; l'autre, tôt ou tard, mène fatalement à la guerre par l'obstination à maintenir un passé qui s'écroule.

Vous connaissez maintenant, Messieurs, le langage que je me propose de tenir à l'Europe. Approuvé par vous, sanctionné par l'assentiment public, il ne peut manquer d'être écouté, puisque je parle au nom de la France.

RÉPONSE DE L'EMPEREUR A L'ADRESSE DU SÉNAT.

Palais des Tuileries, le 21 décembre 1863.

Monsieur le Président,

Organe du premier corps de l'État, vous m'apportez des paroles qui me touchent profondément.

Je vois avec plaisir que les discours les plus opposés sont venus se confondre dans l'unanimité du vote de l'Adresse et me témoigner la même confiance ; elle ne sera point trompée. — Le bien, vous le savez, est l'unique mobile de mes actions. A l'intérieur comme à l'extérieur je désire l'apaisement des passions, la concorde et l'union.

J'appelle de tous mes vœux le moment où les grandes questions qui divisent les gouvernements et les peuples pourront être résolues pacifiquement par un arbitrage européen. Ce souhait était celui du chef de ma Famille, lorsqu'il s'écriait à Sainte-Hélène : « Se battre en Europe, c'est faire de la guerre civile. »

Cette grande pensée, jadis une utopie, ne peut-elle pas devenir demain une réalité ? — Quoi qu'il en soit, il y a toujours honneur à proclamer un principe qui tend à faire disparaître les préjugés d'un autre âge. Unissons nos efforts pour ce noble but ; ne nous préoccupons des obstacles que pour les vaincre, et de l'incrédulité que pour la confondre.

Veuillez être, Monsieur le Président, auprès du Sénat l'interprète de mes remercîments.

ANNÉE 1864.

DISCOURS ET PROCLAMATIONS.

ANNÉE 1864.

RÉPONSE DE L'EMPEREUR AU CARDINAL BONNECHOSE, ARCHEVÊQUE DE ROUEN.

Palais des Tuileries, le 14 janvier 1864.

Éminence, vous avez raison de dire que les honneurs de ce monde sont de lourds fardeaux que la Providence nous impose. Elle a voulu, dans sa justice, augmenter les devoirs en proportion des dignités; aussi, je me demande souvent si la bonne fortune n'a pas autant de tribulations que la mauvaise. Mais dans les deux cas, notre guide et notre soutien, c'est la foi : la foi religieuse et la foi politique, c'est-à-dire la confiance en Dieu et la conscience d'une mission à accomplir. Cette mission, vous l'avez appréciée avec l'attachement que vous m'avez toujours témoigné, et vous l'avez définie avec l'expérience du magistrat et du prêtre qui a vu de près où conduit l'abandon de tout principe, de toute règle, de toute croyance.

Aussi devez-vous être étonné, comme moi, de

voir, à un si court intervalle, des hommes à peine échappés du naufrage, appeler encore à leur aide les vents et les tempêtes. Dieu protége trop visiblement la France pour permettre que le génie du mal vienne encore l'agiter. Le cercle de notre Constitution a été largement tracé : tout homme honnête peut s'y mouvoir à l'aise, puisque chacun a la faculté d'exprimer sa pensée, de contrôler les actes du Gouvernement et de prendre sa juste part dans les affaires publiques. Aujourd'hui plus d'exclusion ; le clergé, comme vous voulez bien le rappeler, a non-seulement la liberté de s'occuper des questions religieuses, mais encore ses chefs les plus éminents trouvent leur place légitime dans le premier corps de l'État.

C'est donc avec plaisir que je verrai la haute dignité dont vous venez d'être revêtu vous donner accès au Sénat. Vous y apporterez, je n'en doute pas, cet esprit de conciliation qui ne sépare pas la cause de la religion de celle de la patrie, cet esprit de tolérance qui attire et persuade, enfin cet amour du pays qui tend sans cesse à rapprocher ceux qu'éloignent les divergences d'opinions.

Je vous remercie de la justice que vous rendez aux sentiments religieux de l'Impératrice. C'est l'heureux privilége de la femme de rester étrangère aux raisons d'État et aux froids calculs de la politique, pour se livrer tout entière aux généreuses inspirations de l'âme, et pour offrir des consolations à l'infortune, des encouragements à tout ce qui est noble et sacré.

Mon fils, que protégent les bénédictions de l'Église, apprendra de bonne heure ses devoirs de chrétien, de citoyen et de prince, et plus tard il continuera envers sa patrie, comme envers les amis de son père, à acquitter une dette de reconnaissance et d'affection.

RÉPONSE DE L'EMPEREUR A L'ADRESSE DU CORPS LÉGISLATIF.

Palais des Tuileries, le 1er février 1864.

Monsieur le Président,

L'adresse qui m'exprime l'approbation du Corps législatif me touche profondément. Les discussions sur la vérification des pouvoirs et sur l'adresse ont été longues et approfondies, et quoiqu'elles aient pris aux affaires près de trois mois, elles n'ont pas été sans utilité. Quels sont, en effet, pour tout esprit impartial, les résultats définitifs de ces débats? Des accusations habilement répandues réduites à néant; la politique du Gouvernement mieux appréciée; une majorité plus compacte et plus dévouée au maintien de nos institutions.

Ce sont là de grands avantages obtenus; car, après l'infructueux essai de tant de régimes différents, le premier besoin du pays est la stabilité. Ce n'est pas sur un terrain sans consistance et toujours remué qu'on peut fonder quelque chose de durable. Que voyons-nous, en effet, depuis soixante ans?

La liberté ne devenir entre les mains des partis qu'une arme pour renverser. De là d'incessantes fluctuations; de là tour à tour le pouvoir succombant sous la liberté, et la liberté succombant sous l'anarchie. Il ne doit plus en être ainsi, et l'exemple des dernières années prouve que l'on peut concilier ce qui a paru si longtemps inconciliable.

Le progrès vraiment fécond est le fruit de l'expérience, et sa marche ne sera pas hâtée par de systématiques et injustes attaques, mais par l'union du Gouvernement avec une majorité que le patriotisme inspire et qu'une vaine popularité ne séduit jamais.

Attendons de la concorde et du temps les améliorations possibles; que l'espoir trompeur d'un mieux chimérique ne compromette pas sans cesse le bien présent que nous avons à cœur de consolider ensemble. Restons chacun dans notre droit, vous, en éclairant et contrôlant la marche du Gouvernement; moi, en prenant l'initiative de tout ce qui est utile à la prospérité et à la grandeur de la France.

LETTRE DE L'EMPEREUR AU MINISTRE DE SA MAISON.

Vichy, le 31 juillet 1864.

Mon cher Maréchal, je viens vous faire part d'une réflexion qui m'est survenue pendant le repos dont je jouis ici. Deux grands établissements doivent être reconstruits à Paris, avec une destination bien différente : l'Opéra et l'Hôtel-Dieu. Le premier est déjà commencé; le second ne l'est pas encore. Quoique exécutés, l'Opéra aux frais de l'État, l'Hôtel-Dieu aux frais des hospices et de la ville de Paris, tous deux ne seront pas moins pour la capitale des monuments remarquables; mais comme ils répondent à des intérêts très-différents, je ne voudrais pas que l'un surtout parût plus protégé que l'autre. Les dépenses de l'Académie impériale de musique dépasseront malheureusement les prévisions, et il faut éviter le reproche d'avoir employé des millions pour un théâtre, quand la première pierre de l'hôpital le plus populaire de Paris n'a pas encore été posée. Engagez donc, je vous prie, le Préfet de la Seine à faire commencer bientôt les travaux de l'Hôtel-Dieu, et veuillez faire diriger ceux de l'Opéra de manière à ne les terminer qu'en même temps. Cette combinaison, je le reconnais, n'a aucun avantage pratique; mais, au point de vue moral, j'attache un grand prix à ce que le monument consacré au plaisir ne s'élève pas avant l'asile de la souffrance.

Recevez, mon cher Maréchal, l'assurance de ma sincère amitié.

NAPOLÉON.

ANNÉE 1865.

DISCOURS ET PROCLAMATIONS.

ANNÉE 1865.

DISCOURS DE L'EMPEREUR A L'OUVERTURE DE LA SESSION
LÉGISLATIVE.

Palais du Louvre, le 15 février 1865.

Messieurs les Sénateurs,

Messieurs les Députés,

A l'époque de votre dernière réunion, j'espérais voir aplanir par un congrès les difficultés qui menaçaient le repos de l'Europe; il en a été autrement; je le regrette, car l'épée tranche souvent les questions sans les résoudre, et la seule base d'une paix durable est la satisfaction donnée par l'accord des souverains aux véritables intérêts des peuples.

En présence du conflit qui a surgi sur les bords de la Baltique, mon Gouvernement, partagé entre ses sympathies pour le Danemark et son bon vouloir pour l'Allemagne, a observé la plus stricte neutralité. Appelé dans une conférence à émettre son avis, il s'est borné à faire valoir le principe des nationalités et le droit des populations d'être consultées sur leur sort. Notre langage, conforme à l'attitude réservée que nous entendions garder, a été modéré et amical envers les deux partis.

Dans le midi de l'Europe, l'action de la France devait s'exercer plus résolûment. J'ai voulu rendre possible la solution d'un difficile problème. La Convention du 15 septembre, dégagée d'interprétations passionnées, consacre deux grands principes : l'affermissement du nouveau royaume d'Italie et l'indépendance du Saint-Siége. L'état provisoire et précaire qui excitait tant d'alarmes va disparaître. Ce ne sont plus les membres épars de la patrie italienne cherchant à se rattacher par de faibles liens à un petit État situé au pied des Alpes, c'est un grand pays qui, s'élevant au-dessus des préjugés locaux et méprisant des excitations irréfléchies, transporte hardiment au cœur de la Péninsule sa capitale, et la place au milieu des Apennins comme dans une citadelle imprenable. Par cet acte de patriotisme, l'Italie se constitue définitivement et se réconcilie en même temps avec la catholicité ; elle s'engage à respecter l'indépendance du Saint-Siége, à protéger les frontières des États romains, et nous permet ainsi de retirer nos troupes. Le territoire pontifical, efficacement garanti, se trouve placé sous la sauvegarde d'un traité qui lie solennellement les deux gouvernements. La Convention n'est donc pas une arme de guerre, mais une œuvre de paix et de conciliation.

Au Mexique, le nouveau trône se consolide, le

pays se pacifie, ses immenses ressources se développent : heureux effet de la valeur de nos soldats, du bon sens de la population mexicaine, de l'intelligence et de l'énergie du souverain !

Au Japon, notre marine, unie à celle de l'Angleterre, de la Hollande et des États-Unis, a donné une nouvelle preuve de ce qu'elle peut et de ce qu'elle sait faire.

En Afrique, une insurrection subite est venue troubler la sécurité de nos possessions et montrer combien certaines tribus sont encore ignorantes et de notre force et de nos intentions bienveillantes. C'est au moment où, par un esprit de généreuse justice, la France assurait la propriété du sol à la population arabe; où, par des mesures libérales, nous tâchions de faire comprendre à ce peuple abusé que, loin de l'opprimer, nous voulions l'appeler aux bienfaits de la civilisation; c'est à ce moment, dis-je, qu'égarés par le fanatisme religieux, les Arabes voisins du désert ont levé l'étendard de la révolte. Malgré les difficultés des lieux et la rigueur de la saison, notre armée, conduite avec habileté, a eu bientôt raison de l'insurrection; et, après le combat, aucune répression sanglante, aucune sévérité inutile n'a attristé la victoire. Le zèle du chef expérimenté placé à la tête de l'Algérie, l'unité du commandement rétablie, la constatation des généreux desseins de la France, tout concourra, je l'espère, à prévenir le retour de semblables désordres.

Ainsi, toutes nos expéditions touchent à leur fin : nos troupes de terre ont évacué la Chine ; la marine suffit à maintenir nos établissements de Cochinchine ; notre armée d'Afrique va être réduite, celle du Mexique rentre déjà en France ; la garnison de Rome reviendra bientôt, et, en fermant le temple de la guerre, nous pourrons avec fierté inscrire sur un nouvel arc de triomphe ces mots : A LA GLOIRE DES ARMÉES FRANÇAISES, POUR LES VICTOIRES REMPORTÉES EN EUROPE, EN ASIE, EN AFRIQUE ET EN AMÉRIQUE.

Livrons-nous sans inquiétude aux travaux de la paix. L'intervalle des sessions est employé à rechercher les moyens d'augmenter le bien-être moral et matériel du peuple, et toute idée utile et vraie est sûre d'être accueillie par moi et adoptée par vous. Examinons donc ensemble les mesures propres à accroître la prospérité de l'Empire.

La religion et l'instruction publique sont l'objet de mes constantes préoccupations. Tous les cultes jouissent d'une égale liberté ; le clergé catholique exerce, même en dehors de son ministère, une légitime influence ; par la loi de l'enseignement, il concourt à l'éducation de la jeunesse ; par la loi électorale, il peut entrer dans les conseils publics ; par la constitution, il siége au Sénat. Mais plus nous l'entourons de considération et de déférence, plus nous comptons qu'il respectera les lois fondamentales de l'État. Il est de mon devoir de maintenir intacts les droits du pouvoir civil, que depuis saint

Louis aucun souverain en France n'a jamais abandonnés.

Le développement de l'instruction publique mérite votre sollicitude. Dans le pays du suffrage universel, tout citoyen doit savoir lire et écrire. Un projet de loi vous sera présenté pour propager de plus en plus l'instruction primaire.

Je m'efforce tous les ans de diminuer les entraves qui s'opposent depuis si longtemps en France à la libre expansion de l'initiative individuelle. Par la loi sur les coalitions votée l'année dernière, ceux qui travaillent, comme ceux qui font travailler, ont appris à vider entre eux leurs différends, sans compter toujours sur l'intervention du Gouvernement, impuissant à régler les rapports si variables entre l'offre et la demande. Aujourd'hui, de nouveaux projets auront pour but de laisser une liberté plus grande aux associations commerciales et de dégager la responsabilité, toujours illusoire, de l'administration.

J'ai tenu à détruire tous les obstacles qui s'opposaient à la création des sociétés destinées à améliorer la condition des classes ouvrières. En permettant l'établissement de ces sociétés, sans abandonner les garanties de la sécurité publique, nous faciliterons une utile expérience.

Le Conseil d'État a étudié avec soin une loi qui tend à donner aux Conseils municipaux et généraux de plus grandes attributions. Les communes et les départements seront appelés ainsi à traiter eux-mêmes leurs affaires, qui, décidées sur place, seront plus promptement résolues. Cette réforme complétera l'ensemble des dispositions prises pour simplifier ou supprimer des règlements minutieux qui compliquaient inutilement les rouages de l'administration.

La liberté commerciale, inaugurée par le traité avec l'Angleterre, s'est étendue à nos relations avec l'Allemagne, la Suisse et les royaumes unis de Suède et de Norvége. Les mêmes principes devaient naturellement s'appliquer à l'industrie des transports maritimes. Une loi s'étudie pour établir sur mer la concurrence, qui seule excite le progrès.

Enfin l'achèvement rapide de nos chemins de fer, de nos canaux, de nos routes, est le complément obligé des améliorations commencées. Nous accomplirons cette année une partie de notre tâche, en provoquant les entreprises particulières ou en affectant aux travaux publics les ressources de l'État sans compromettre la bonne économie de nos finances et sans avoir recours au crédit. La facilité des communications, à l'intérieur comme à l'extérieur, active les échanges, stimule l'industrie et prévient la trop grande rareté ou la trop grande abondance des produits, dont les effets sont nuisibles tour à tour soit au consommateur, soit au producteur. Plus notre marine marchande prendra d'extension, plus les transports seront faciles, moins on aura à se plaindre de ces brusques changements dans le prix des denrées de première nécessité. C'est ainsi que nous pourrons conjurer le malaise partiel qui atteint aujourd'hui l'agriculture. Quelques-uns* attribuent cette souffrance momentanée à la suppression de l'échelle mobile; ils oublient qu'en 1851, lorsqu'elle existait, l'avilissement du prix des céréales était bien plus considérable, et que, cette année même, les exportations de blé dépassent de beaucoup les importations.

C'est, au contraire, grâce à une législation libérale, grâce à l'impulsion donnée à tous les éléments de la richesse nationale, que notre commerce extérieur, qui en 1851 était de 2 milliards 614 millions de francs, monte aujourd'hui au chiffre prodigieux de plus de 7 milliards.

Dans un autre ordre d'idées, de nouvelles lois vous seront proposées qui auront pour objet d'augmenter les garanties de la liberté individuelle : la première autorise la mise en liberté provisoire, avec ou sans caution, même en matière criminelle; elle diminuera les rigueurs de la détention préventive; la seconde supprime la contrainte par corps en matière civile et en matière commerciale, innovation qui n'est cependant que la réapparition d'un bien ancien principe. Dès les premiers siècles de Rome, on avait décidé que la fortune et non le corps du débiteur répondrait de la dette.

Continuons donc à suivre la marche tracée : à l'extérieur, vivons en paix avec les différentes puissances, et ne faisons entendre la voix de la France que pour le droit et la justice; à l'intérieur, protégeons les idées religieuses sans rien céder des droits du pouvoir civil; répandons l'instruction dans toutes les classes de la société; simplifions, sans le détruire, notre admirable système administratif; donnons à la commune et au département une vie plus indépendante; suscitons l'initiative individuelle et l'esprit d'association; enfin, élevons l'âme et fortifions le corps de la nation. Mais, tout en nous faisant les promoteurs ardents des réformes utiles, maintenons avec fermeté les bases de la Constitution. Opposons-nous aux tendances exagérées de ceux qui provoquent des changements dans le seul but de saper ce que nous avons fondé. L'utopie est au bien ce que l'illusion est à la vérité, et le progrès n'est point la réalisation d'une théorie plus ou moins ingénieuse, mais l'application des résultats de l'expérience consacrés par le temps et acceptés par l'opinion publique.

LETTRE DE L'EMPEREUR AU MINISTRE DE L'INTÉRIEUR.

Paris, le 20 février 1865.

Monsieur le Ministre,

A mon dernier passage à Lyon, je me suis entretenu avec le préfet, M. Chevreau, des différentes mesures d'utilité publique que je désire voir exécuter dans cette ville.

Un des premiers actes de mon Gouvernement, vous le savez, a été de réunir à Lyon la Guillotière,

Vaise et la Croix-Rousse. En fondant l'agglomération lyonnaise, en lui donnant un seul administrateur, en la plaçant sous le même régime municipal, j'ai voulu abaisser les barrières qui séparaient encore des populations déjà unies par une étroite solidarité d'intérêts ; il en est résulté un accroissement de forces et une unité de vues qui ont permis de réaliser de grands travaux. Lyon a été protégé contre les inondations ; de larges voies ont été percées au cœur même de la cité ; les ponts du Rhône ont été affranchis des droits de passage. Mais notre tâche resterait inachevée si les quartiers éloignés, que j'ai entendu relier au centre, en étaient encore séparés par des péages ou par d'autres obstacles, et si les embellissements de la ville ne s'étendaient pas jusqu'à eux. Tous les habitants de l'agglomération lyonnaise, soumis aux mêmes charges, doivent participer aux mêmes avantages.

Pour atteindre ce résultat, il est essentiel de prendre les dispositions suivantes : 1° affranchissement des ponts de la Saône ; 2° démolition du mur d'enceinte de la Croix-Rousse ; 3° dégagement des abords de l'archevêché ; 4° création d'un square à la Guillotière ; 5° création d'un square sur les terrains du grand séminaire.

La réalisation de ces projets n'imposerait pas à l'État de grands sacrifices ; mais, ayant supprimé les péages du Rhône, il est juste d'appliquer la même libéralité à la Saône, qui avoisine des quartiers habités par la classe ouvrière. La dépense exigée pour l'exécution de cette mesure s'élèverait à 4,500,000 francs; elle serait supportée par le budget de la ville et par celui de l'État. Si on adopte la même proportion que pour le rachat des ponts du Rhône, la part contributive de l'État serait de 280,000 francs par an pendant huit années, somme peu considérable en comparaison du résultat, puisqu'elle fera cesser une regrettable inégalité qui blesse les sentiments d'équité d'une partie de la population.

Les fortifications de la Croix-Rousse n'ont plus aucune raison d'être; elles sont inutiles contre l'ennemi, et nous ne sommes plus au temps où l'on se croyait obligé d'élever de redoutables défenses contre l'émeute. La population ouvrière de Lyon est trop intelligente; elle sait trop combien j'ai à cœur ses intérêts pour vouloir les compromettre en faisant naître des troubles.

Je désire donc remplacer le mur d'octroi, œuvre de défiance d'une autre époque, par un vaste boulevard planté, témoignage durable de ma confiance dans le bon sens et dans le patriotisme de la population lyonnaise.

Quant aux autres projets, ils ont pour but de faire jouir trois des quartiers les plus populeux de Lyon de l'air et du soleil, de dégager l'église primatiale, en lui donnant un accès digne d'elle, par le prolongement de l'avenue du pont de Tilsitt et des abords de la place Saint-Jean. On affecterait aux deux premiers embellissements les terrains nouvellement conquis sur le Rhône et ceux que le déplacement du grand séminaire a rendus libres. Ces terrains seraient abandonnés par l'État. Cet abandon ne serait pas une grande perte pour le domaine, car leur aliénation nuirait aux intérêts de la ville et ne rapporterait qu'une faible somme.

Je vous prie donc, Monsieur le Ministre, de vous entendre avec vos collègues pour faire démolir les fortifications de la Croix-Rousse, pour préparer un projet de loi qui autorise l'aliénation des terrains domaniaux, et pour obtenir du Corps législatif le crédit nécessaire au rachat des ponts de la Saône.

Le préfet, animé d'un louable désir de répondre à ma confiance, en s'occupant sans relâche du bien de ses administrés, mettra, je n'en doute pas, le plus grand zèle dans l'exécution de ces projets, qui doivent contribuer non-seulement à l'embellissement de la seconde ville de l'Empire, mais à la prospérité de ses habitants.

Sur ce, je prie Dieu qu'il vous ait en sa sainte garde.

NAPOLÉON.

RÉPONSE DE L'EMPEREUR A L'ADRESSE DU SÉNAT.

Palais des Tuileries, le 20 mars 1865.

Monsieur le Président,

Je reçois avec plaisir l'Adresse du Sénat. C'est toujours une vive satisfaction pour moi de voir les actes de mon Gouvernement justement appréciés par le premier corps de l'État.

Tous les ans, au commencement des discussions, on éprouve d'abord une certaine inquiétude. On dirait que les divergences d'opinions doivent empêcher toute entente commune ; mais bientôt la vérité se fait jour, les nuages se dissipent, les esprits se rassurent, et le vote presque unanime de l'Adresse vient manifester l'accord profond qui règne entre le Gouvernement et les Assemblées délibérantes.

Montesquieu dit « que l'union, dans un corps politique, réside dans cette harmonie qui fait que toutes les parties, quelque opposées qu'elles paraissent, concourent au bien général, comme les dissonances dans la musique concourent à l'accord général ». Ne nous plaignons donc pas des dissonances, tant qu'elles nous permettent de nous féliciter de cette harmonie qui unit, dans une seule pensée de stabilité, d'ordre et de progrès, les membres des Assemblées que leur mérite personnel et leurs services passés ont désignés soit au choix du peuple, soit au choix du Souverain.

Je vous prie d'être auprès du Sénat l'interprète de mes sentiments et de ma confiance dans ses lumières comme dans son patriotisme.

RÉPONSE DE L'EMPEREUR A L'ADRESSE DU CORPS
LÉGISLATIF.

Palais des Tuileries, le 16 avril 1865.

Monsieur le Président,

En recevant l'Adresse, ma première pensée est de remercier le Corps législatif de son concours et de me féliciter de voir ma conduite comme mes intentions loyalement comprises et énergiquement soutenues par les députés du pays.

Vous défendez tous les ans avec fermeté nos lois fondamentales, qui maintiennent un juste équilibre entre les pouvoirs de l'État. — Le pays vous en sait gré. Sous le régime actuel, sa vie se développe; il voit ses entraves administratives disparaître, le progrès assuré, la sécurité garantie. — Par le mouvement électoral, le retentissement de la tribune et de la presse, il sent bien qu'il est libre. Aussi, loin de vouloir abattre l'arbre qui a porté de bon fruit, les masses qui travaillent, les classes qui possèdent, les hommes qui se souviennent, ceux qui entendent et lisent, redoutent plus encore les abus de la liberté que les abus du pouvoir.

Continuez donc avec calme vos travaux. Après avoir parcouru les sphères élevées de la théorie, occupez-vous pratiquement des lois qui vous sont proposées; elles ont pour but l'amélioration morale et matérielle de l'individu par l'éducation et le travail, de la commune et du département par l'extension de leurs attributions.

Sans vouloir sans cesse tout changer, contentons-nous d'apporter chaque jour une pierre nouvelle à l'édifice. La base est large; il ne saurait s'élever trop haut.

PROCLAMATION DE L'EMPEREUR AUX HABITANTS DE L'ALGÉRIE.

Alger, 3 mai 1865.

Je viens au milieu de vous pour connaître par moi-même vos intérêts, seconder vos efforts, vous assurer que la protection de la métropole ne vous manquera pas.

Vous luttez avec énergie depuis longtemps contre deux obstacles redoutables : une nature vierge et un peuple guerrier; mais de meilleurs jours s'annoncent. D'un côté des sociétés particulières vont, par leur industrie et leurs capitaux, développer les richesses du sol; et, de l'autre, les Arabes, contenus et éclairés sur nos intentions bienveillantes, ne pourront plus troubler la tranquillité du pays.

Ayez donc foi dans l'avenir; attachez-vous à la terre que vous cultivez comme à une nouvelle patrie, et traitez les Arabes au milieu desquels vous devez vivre comme des compatriotes.

Nous devons être les maîtres, parce que nous sommes les plus civilisés; nous devons être généreux, parce que nous sommes les plus forts. Justifions enfin, sans cesse, l'acte glorieux de l'un de mes prédécesseurs, qui, faisant planter, il y a trente-cinq ans, sur la terre d'Afrique le drapeau de la France et la croix, y arborait à la fois le signe de la civilisation, le symbole de la paix et de la charité.

NAPOLÉON.

PROCLAMATION DE L'EMPEREUR AU PEUPLE ARABE.

Alger, le 5 mai 1865.

Lorsqu'il y a trente-cinq ans, la France a mis le pied sur le sol africain, elle n'est pas venue détruire la nationalité d'un peuple, mais, au contraire, affranchir ce peuple d'une oppression séculaire ; elle a remplacé la domination turque par un gouvernement plus doux, plus juste, plus éclairé. Néanmoins, pendant les premières années, impatients de toute suprématie étrangère, vous avez combattu vos libérateurs.

Loin de moi la pensée de vous en faire un crime ; j'honore, au contraire, le sentiment de dignité guerrière qui vous a portés, avant de vous soumettre, à invoquer par les armes *le jugement de Dieu*. Mais Dieu a prononcé ; reconnaissez donc les décrets de la Providence, qui, dans ses desseins mystérieux, nous conduit souvent au bien en trompant nos espérances et faisant échouer nos efforts.

Comme vous, il y a vingt siècles, nos ancêtres

aussi ont résisté avec courage à une invasion étrangère, et, cependant, de leur défaite date leur régénération. Les Gaulois vaincus se sont assimilés aux Romains vainqueurs, et de l'union forcée entre les vertus contraires de deux civilisations opposées est née, avec le temps, cette nationalité française qui, à son tour, a répandu ses idées dans le monde entier. Qui sait si un jour la race arabe, régénérée et confondue avec la race française, ne retrouvera pas une puissante individualité, semblable à celle qui, pendant des siècles, l'a rendue maîtresse des rivages méridionaux de la Méditerranée?

Acceptez donc les faits accomplis. Votre Prophète le dit : *Dieu donne le pouvoir à qui il veut* (chapitre II, verset 248) : or, ce pouvoir que je tiens de lui, je veux l'exercer dans votre intérêt et pour votre bien.

Vous connaissez mes intentions, j'ai irrévocablement assuré dans vos mains la propriété des terres que vous occupez; j'ai honoré vos chefs, respecté votre religion; je veux augmenter votre bien-être, vous faire participer de plus en plus à l'administration de votre pays comme aux bienfaits de la civilisation; mais c'est à la condition que, de votre côté, vous respecterez ceux qui représentent mon autorité. Dites à vos frères égarés que tenter de nouvelles insurrections serait fatal pour eux. Deux millions d'Arabes ne sauraient résister à quarante millions de Français. Une lutte d'un contre vingt est insensée! Vous m'avez d'ailleurs prêté serment, et votre conscience, comme votre livre sacré, vous obligent à garder religieusement vos engagements (chapitre VIII, *Du repentir*, verset 4).

Je remercie la grande majorité d'entre vous, dont la fidélité n'a pas été ébranlée par les conseils perfides du fanatisme et de l'ignorance. Vous avez compris qu'étant votre Souverain, je suis votre protecteur; tous ceux qui vivent sous nos lois ont également droit à ma sollicitude. Déjà de grands souvenirs et de puissants intérêts vous unissent à la mère patrie; depuis dix ans, vous avez partagé la gloire de nos armes, et vos fils ont dignement combattu à côté des nôtres en Crimée, en Italie, en Chine, au Mexique. Les liens formés sur le champ de bataille sont indissolubles, et vous avez appris à connaître ce que nous valons comme amis ou comme ennemis.

Ayez donc confiance dans vos destinées, puisqu'elles sont unies à celles de la France, et reconnaissez avec le Koran, que *celui que Dieu dirige est bien dirigé* (chapitre VII, *El Araf*, verset 177).

NAPOLÉON.

LETTRE DE L'EMPEREUR A S. A. I. LE PRINCE NAPOLÉON.

Alger, le 23 mai 1865.

Monsieur et très-cher Cousin,

Je ne puis m'empêcher de vous témoigner la pénible impression que me cause la lecture de votre discours prononcé à Ajaccio.

En vous laissant, pendant mon absence, auprès de l'Impératrice et de mon fils comme vice-président du Conseil privé, j'ai voulu vous donner une preuve de mon amitié, de ma confiance, et j'espérais que votre présence, votre conduite, vos discours, témoigneraient de l'union qui règne dans notre famille.

Le programme politique que vous placez sous l'égide de l'Empereur ne peut servir qu'aux ennemis de mon Gouvernement. A des appréciations que je ne saurais admettre, vous ajoutez des sentiments de haine et de rancune qui ne sont plus de notre époque.

Pour savoir appliquer aux temps actuels les idées de l'Empereur, il faut avoir passé par les rudes épreuves de la responsabilité et du pouvoir. Et d'ailleurs, pouvons-nous réellement, pygmées que nous sommes, apprécier à sa juste valeur la grande figure historique de Napoléon? Comme devant une statue colossale, nous sommes impuissants à en saisir à la fois l'ensemble. Nous ne voyons jamais que le côté qui frappe nos regards; de là l'insuffisance de la reproduction et les divergences des opinions.

Mais ce qui est clair aux yeux de tout le monde, c'est que, pour empêcher l'anarchie des esprits, cette ennemie redoutable de la vraie liberté, l'Empereur avait établi, dans sa famille d'abord, dans son gouvernement ensuite, cette discipline sévère qui n'admettait qu'une volonté et qu'une action; je ne saurais désormais m'écarter de la même règle de conduite.

Sur ce, Monsieur et cher Cousin, je prie Dieu qu'il vous ait en sa sainte garde.

NAPOLÉON.

PROCLAMATION DE L'EMPEREUR A L'ARMÉE D'AFRIQUE.

Bougie, le 7 juin 1865.

Soldats de l'armée d'Afrique,

Je veux, avant de retourner en France, vous remercier de vos travaux et de vos fatigues. En visitant tous ces lieux paisibles aujourd'hui, mais témoins depuis trente-cinq ans de luttes héroïques, j'ai ressenti une vive émotion. Sur cette terre conquise par vos devanciers et par vous, se sont formés ces généraux illustres et ces soldats intrépides qui ont porté nos aigles glorieuses dans toutes les parties du monde. L'Afrique a été une grande école pour l'éducation du soldat; il y a acquis ces mâles vertus qui font la gloire des armées et sont les plus fermes appuis d'un empire; en apprenant à affronter le danger, à supporter les privations, à mettre l'honneur et le devoir au-dessus de toutes les jouissances matérielles, il a senti son âme s'ouvrir à tous les nobles sentiments. Aussi, jamais dans vos rangs la colère n'a survécu à la lutte; parmi vous, aucune haine contre l'ennemi vaincu, aucun désir de s'enrichir de ses dépouilles; vous êtes les premiers à tendre aux Arabes égarés une main amie et à vouloir qu'ils soient traités avec générosité et justice, comme faisant partie désormais de la grande famille française.

Honneur soit donc rendu à ceux qui ont versé leur sang sur cette terre, dont la possession depuis tant de siècles a été disputée par tant de races différentes !

Soldats de Staouëli, de Mouzaïa, de Constantine, de Mazagran, d'Isly, de Zaatcha, comme vous tous qui venez de combattre dans les plaines arides du désert ou sur les cimes presque inaccessibles de la Kabylie, vous avez bien mérité de la patrie, et par ma voix la France vous remercie.

NAPOLÉON.

ANNÉE 1866.

DISCOURS ET PROCLAMATIONS.

ANNÉE 1866.

DISCOURS DE L'EMPEREUR A L'OUVERTURE DE LA SESSION LÉGISLATIVE.

Palais des Tuileries, le 22 janvier 1866.

Messieurs les Sénateurs,
Messieurs les Députés,

L'ouverture de la session législative me permet périodiquement de vous exposer la situation de l'Empire et de vous exprimer ma pensée. Comme les années précédentes, j'examinerai avec vous les questions principales qui intéressent notre pays.

A l'extérieur, la paix semble assurée partout, car partout on cherche les moyens de dénouer amicalement les difficultés, au lieu de les trancher par les armes.

La réunion des flottes anglaise et française dans les mêmes ports a montré que les relations formées sur les champs de bataille ne sont pas affaiblies; le temps n'a fait que cimenter l'accord des deux pays.

A l'égard de l'Allemagne, mon intention est de continuer à observer une politique de neutralité qui, sans nous empêcher parfois de nous affliger ou de nous réjouir, nous laisse cependant étrangers à des questions où nos intérêts ne sont pas directement engagés.

L'Italie, reconnue par presque toutes les Puissances de l'Europe, a affirmé son unité en inaugurant sa capitale au centre de la Péninsule. Nous avons lieu de compter sur la scrupuleuse exécution du traité du 15 septembre et sur le maintien indispensable du pouvoir du Saint-Père.

Les liens qui nous attachent à l'Espagne et au Portugal se sont encore resserrés par mes dernières entrevues avec les Souverains de ces deux royaumes.

Vous avez partagé avec moi l'indignation générale produite par l'assassinat du président Lincoln, et récemment la mort du roi des Belges a causé d'unanimes regrets.

Au Mexique, le gouvernement fondé par la volonté du peuple se consolide; les dissidents, vaincus et dispersés, n'ont plus de chef; les troupes nationales ont montré leur valeur, et le pays a trouvé des garanties d'ordre et de sécurité qui ont développé ses ressources et porté son commerce avec la France seule de 21 à 77 millions. Ainsi que j'en exprimais l'espoir l'année dernière, notre expédition touche à son terme. Je m'entends avec l'empereur Maximilien pour fixer l'époque du rappel de nos troupes, afin que leur retour s'effectue sans compromettre les intérêts français que nous avons été défendre dans ce pays lointain.

L'Amérique du Nord, sortie victorieuse d'une lutte formidable, a rétabli l'ancienne union et proclamé solennellement l'abolition de l'esclavage. La France, qui n'oublie aucune noble page de son histoire, fait des vœux sincères pour la prospérité de la grande République américaine et pour le maintien de relations amicales bientôt séculaires. L'émotion produite aux États-Unis par la présence de notre armée sur le sol mexicain s'apaisera devant la franchise de nos déclarations. Le peuple américain comprendra que notre expédition, à laquelle nous l'avions convié, n'était pas opposée à ses intérêts. Deux nations également jalouses de leur indépendance, doivent éviter toute démarche qui engagerait leur dignité et leur honneur.

A l'intérieur, le calme, qui n'a pas cessé de régner, m'a permis d'aller visiter l'Algérie, où ma présence, je l'espère, n'aura pas été inutile pour rassurer les intérêts et rapprocher les races. Mon éloignement de la France a d'ailleurs prouvé que je pouvais être remplacé par un cœur droit et un esprit élevé.

C'est au milieu de populations satisfaites et confiantes que nos institutions fonctionnent. Les élections municipales se sont faites avec le plus grand ordre et la plus entière liberté. Le maire étant dans la commune le représentant du pouvoir central, la Constitution m'a conféré le droit de le prendre parmi tous les citoyens. Mais l'élection d'hommes intelligents et dévoués m'a permis presque partout de choisir le maire parmi les membres des conseils municipaux.

La loi sur les coalitions, qui avait fait naître quelques appréhensions, s'est exécutée avec une grande impartialité de la part du Gouvernement, et avec modération de la part des intéressés. La classe ouvrière, si intelligente, a compris que plus on lui accordait de facilités pour débattre ses intérêts, plus elle était tenue de respecter la liberté de chacun et la sécurité de tous. L'enquête sur les sociétés coopératives est venue démontrer combien étaient justes les bases de la loi qui vous a été présentée sur cette importante matière. Cette loi permettra l'établissement de nombreuses associations au profit du travail et de la prévoyance. Pour en favoriser le développement, j'ai décidé que l'autorisation de se réunir sera accordée à tous ceux qui, en dehors de la politique, voudront délibérer sur leurs intérêts industriels ou commerciaux. Cette faculté ne sera limitée que par les garanties qu'exige l'ordre public.

L'état de nos finances vous montrera que, si les recettes suivent leur progression ascendante, les dépenses tendent à décroître. Dans le nouveau budget, les ressources accidentelles ou extraordinaires ont été remplacées par des ressources normales et permanentes; la loi sur l'amortissement, qui vous sera soumise, dote cette institution de revenus certains et donne des garanties nouvelles aux créanciers de l'État. L'équilibre du budget est assuré par un excédant de recettes.

Pour arriver à ce résultat, des économies ont dû être imposées à la plupart des services publics, entre autres au département de la guerre. L'armée étant sur le pied de paix, il n'y avait que l'alternative de réduire ou les cadres ou l'effectif. Cette dernière mesure était irréalisable, car les régiments comptaient à peine le nombre nécessaire de soldats; le bien du service conseillait même de l'augmenter. En supprimant les cadres de 220 compagnies, de 46 escadrons, de 40 batteries, mais en versant les soldats dans les compagnies et escadrons restants, nous avons plutôt fortifié qu'affaibli nos régiments. Gardien naturel des intérêts de l'armée, je n'aurais pas consenti à ces réductions si elles avaient dû altérer notre organisation militaire ou briser l'existence d'hommes dont j'ai pu apprécier les services et le dévouement. Le maintien à la suite de tous les officiers sans troupe ne compromet aucun avenir, et l'admission dans les carrières administratives des officiers et sous-officiers qui approchent de l'époque de leur retraite rétablira bientôt le mouvement régulier de l'avancement; tous les intérêts se trouveront ainsi garantis, et la patrie ne se sera pas montrée ingrate envers ceux qui répandent leur sang pour elle.

Le budget des travaux publics et celui de l'enseignement n'ont subi aucune diminution. Il était utile de conserver aux grandes entreprises de l'État leur activité féconde, et de maintenir à l'instruction publique son énergique impulsion. Depuis quelques mois, grâce au dévouement des instituteurs, 13,000 nouveaux cours d'adultes ont été ouverts dans les communes de l'Empire.

L'agriculture a fait de grands progrès depuis 1852. Si en ce moment elle souffre de l'avilissement du prix des céréales, cette dépréciation est la conséquence inévitable de la surabondance des récoltes et non de la suppression de l'échelle mobile. Les transformations économiques développent la prospérité générale, mais elles ne peuvent pas prévenir des gênes partielles et des perturbations temporaires. J'ai pensé qu'il était utile d'ouvrir une sérieuse enquête sur l'état et les besoins de l'agriculture. Elle confirmera, j'en suis convaincu, les principes de liberté commerciale, offrira de précieux enseignements, et facilitera l'étude des moyens propres, soit à soulager les souffrances locales, soit à réaliser des progrès nouveaux.

L'essor de nos transactions internationales ne s'est pas ralenti, et le commerce général, qui, l'année dernière, était de plus de 7 milliards, s'est accru de 700 millions.

Au sein de cette prospérité toujours croissante, des esprits inquiets, sous le prétexte de hâter la marche libérale du Gouvernement, voudraient l'empêcher de marcher en lui ôtant toute force et toute initiative. Ils s'emparent d'une parole empruntée par moi à l'Empereur Napoléon Ier, et confondent l'instabilité avec le progrès. L'Empereur, en déclarant la nécessité du perfectionnement successif des institutions humaines, voulait dire que les seuls changements durables sont ceux qui s'opèrent, avec le temps, par l'amélioration des mœurs publiques.

Ces améliorations résulteront de l'apaisement des passions et non de modifications intempestives dans nos lois fondamentales. Quel avantage peut-il y avoir, en effet, à reprendre le lendemain ce qu'on a rejeté la veille ? La Constitution de 1852, soumise à l'acceptation du peuple, a entrepris de fonder un système rationnel et sagement pondéré sur le juste équilibre entre les différents pouvoirs de l'État. Elle se tient à une égale distance de deux situations extrêmes. Avec une chambre maîtresse du sort des ministres, le pouvoir exécutif est sans autorité et sans esprit de suite ; il est sans contrôle si la chambre élective n'est pas indépendante et en possession de légitimes prérogatives. Nos formes constitutionnelles, qui ont une certaine analogie avec celles des États-Unis, ne sont pas défectueuses parce qu'elles diffèrent de celles de l'Angleterre. Chaque peuple doit avoir des institutions conformes à son génie et à ses traditions. Certes, tout gouvernement a ses défauts, mais, en jetant un regard sur le passé, je m'applaudis de voir, au bout de quatorze ans, la France respectée au dehors, tranquille au dedans, sans détenus politiques dans ses prisons, sans exilés hors de ses frontières.

N'a-t-on pas assez discuté depuis quatre-vingts ans les théories gouvernementales? N'est-il pas plus utile aujourd'hui de chercher les moyens pratiques de rendre meilleur le sort moral et matériel du peuple? Employons-nous à répandre partout, avec les lumières, les saines doctrines économiques, l'amour du bien et les principes religieux; cherchons à résoudre, par la liberté des transactions, le difficile problème de la juste répartition des forces productives, et tâchons d'améliorer les conditions du travail dans les champs comme dans les ateliers.

Lorsque tous les Français, aujourd'hui investis des droits politiques, auront été éclairés par l'éducation, ils discerneront sans peine la vérité et ne se laisseront pas séduire par des théories trompeuses; lorsque tous ceux qui vivent au jour le jour auront vu s'accroître les bénéfices que procure un travail assidu, ils seront les fermes soutiens d'une société qui garantit leur bien-être et leur dignité; enfin, quand tous auront reçu, dès l'enfance, ces principes de foi et de morale qui élèvent l'homme à ses propres yeux, ils sauront qu'au-dessus de l'intelligence humaine, au-dessus des efforts de la science et de la raison, il existe une volonté suprême qui règle les destinées des individus comme celles des nations.

DISCOURS DE L'EMPEREUR EN RÉPONSE A L'ADRESSE DU SÉNAT.

Palais des Tuileries, le 18 février 1866.

Messieurs les Sénateurs,

L'Adresse du Sénat est l'éloquent commentaire de mon discours; elle développe ce que je n'ai fait qu'indiquer, elle explique tout ce que j'ai voulu faire comprendre.

Vous désirez, comme moi, la stabilité, le développement rationnel et progressif de nos institutions, l'amélioration du sort du plus grand nombre, le maintien intact de la dignité et de l'honneur national. Cet accord est une force.

Le monde moral, comme le monde physique, obéit à des lois générales qu'on ne saurait enfreindre sans danger. Ce n'est pas en ébranlant journellement les bases d'un édifice qu'on en hâte le couronnement. Mon Gouvernement n'est pas stationnaire; il marche, il veut marcher, mais sur un sol affermi, capable de supporter le pouvoir et la liberté. Appelons à notre aide le progrès sous toutes ses formes, mais bâtissons assise par assise cette grande pyramide qui a pour base le suffrage universel et pour sommet le génie civilisateur de la France.

Ces sentiments si bien exprimés dans votre Adresse m'ont vivement touché; ils sont dignes du premier corps de l'État, gardien vigilant de la Constitution et des principes qu'elle consacre.

DISCOURS DE L'EMPEREUR EN RÉPONSE A L'ADRESSE DU CORPS LÉGISLATIF.

Palais des Tuileries, le 22 mars 1866.

Monsieur le Président,
Messieurs les Députés,

La grande majorité du Corps législatif a affirmé une fois de plus, par le vote de l'Adresse, la politique qui nous a donné quinze années de calme et de prospérité. Je vous en remercie. Sans vous laisser entraîner par de vaines théories qui, sous de séduisantes apparences, s'annoncent comme pouvant seules favoriser l'émancipation de la pensée et de l'activité humaine, vous vous êtes dit que nous aussi nous voulons atteindre ce même but, en réglant notre marche sur l'apaisement des passions et sur les besoins de la société. Notre mobile n'est-il pas l'intérêt général? Et quel attrait auraient donc, pour vous votre mandat, pour moi le pouvoir, séparés de l'amour du bien? Supporteriez-vous tant de longs et de pénibles travaux si vous n'étiez animés du vrai patriotisme? Supporterais-je, depuis dix-huit ans, le fardeau du Gouvernement, les préoccupations de tous les instants et cette lourde responsabilité devant Dieu comme devant la nation, si je ne trouvais en moi la force que donnent le sentiment du devoir et la conscience d'une utile mission à remplir?

La France veut ce que nous voulons tous : la

stabilité, le progrès et la liberté, mais la liberté qui développe l'intelligence, les instincts généreux, les nobles efforts du travail, et non la liberté qui, voisine de la licence, excite les mauvaises passions, détruit toutes les croyances, ranime les haines et enfante le trouble. Nous voulons cette liberté qui éclaire, qui contrôle, qui discute les actes du Gouvernement, et non celle qui devient une arme pour le miner sourdement et le renverser.

Il y a quinze ans, chef nominal de l'État, sans pouvoir effectif, sans appui dans la Chambre, j'osai, fort de ma conscience et des suffrages qui m'avaient nommé, déclarer que la France ne périrait pas dans mes mains. J'ai tenu parole. Depuis quinze ans, la France se développe et grandit. Ses hautes destinées s'accompliront. Après nous, nos fils continueront notre œuvre. J'en ai pour garants le concours des grands Corps de l'État, le dévouement de l'armée, le patriotisme de tous les bons citoyens, enfin, ce qui n'a jamais manqué à notre patrie, la protection divine.

DISCOURS DE L'EMPEREUR A AUXERRE.

Auxerre, le 6 mai 1866.

Je vois avec bonheur que les souvenirs du premier Empire ne sont pas effacés de votre mémoire. Croyez que de mon côté j'ai hérité des sentiments du Chef de ma famille pour ces populations énergiques et patriotes qui ont soutenu l'Empereur dans la bonne comme dans la mauvaise fortune. J'ai, d'ailleurs, envers le département de l'Yonne une dette de reconnaissance à acquitter. Il a été un des premiers à me donner ses suffrages en 1848; c'est qu'il savait, comme la grande majorité du peuple français, que ses intérêts étaient les miens et que je détestais comme lui ces traités de 1815 dont on veut faire aujourd'hui l'unique base de notre politique extérieure.

Je vous remercie de vos sentiments. Au milieu de vous je respire à l'aise, car c'est parmi les populations laborieuses des villes et des campagnes que je retrouve le vrai génie de la France.

LETTRE DE L'EMPEREUR A M. DROUYN DE LHUYS SUR LES AFFAIRES D'ALLEMAGNE.

Palais des Tuileries, le 11 juin 1866.

Monsieur le Ministre, au moment où semblent s'évanouir les espérances de paix que la réunion de la conférence nous avait fait concevoir, il est essentiel d'expliquer par une circulaire aux agents diplomatiques à l'étranger les idées que mon Gouvernement se proposait d'apporter dans les conseils de l'Europe et la conduite qu'il compte tenir en présence des événements qui se préparent.

Cette communication placera notre politique dans son véritable jour.

Si la conférence avait eu lieu, votre langage, vous le savez, devait être explicite; vous deviez déclarer, en mon nom, que je repoussais toute idée d'agrandissement territorial tant que l'équilibre européen ne serait pas rompu. En effet, nous ne pourrions songer à l'extension de nos frontières que si la carte de l'Europe venait à être modifiée au profit exclusif d'une grande puissance, et si les provinces limitrophes demandaient, par des vœux librement exprimés, leur annexion à la France.

En dehors de ces circonstances, je crois plus digne de notre pays de préférer à des acquisitions de territoire le précieux avantage de vivre en bonne intelligence avec nos voisins, en respectant leur indépendance et leur nationalité.

Animé de ces sentiments et n'ayant en vue que le maintien de la paix, j'avais fait appel à l'Angleterre et à la Russie pour adresser ensemble aux parties intéressées des paroles de conciliation.

L'accord établi entre les puissances neutres restera à lui seul un gage de sécurité pour l'Europe. Elles avaient montré leur haute impartialité en prenant la résolution de restreindre la discussion de la conférence aux questions pendantes. Pour les résoudre, je croyais qu'il fallait les aborder franchement, les dégager du voile diplomatique qui les couvrait, et prendre en sérieuse considération les vœux légitimes des souverains et des peuples.

Le conflit qui s'est élevé a trois causes :

La situation géographique de la Prusse mal délimitée;

Le vœu de l'Allemagne demandant une reconstitution politique plus conforme à ses besoins généraux;

La nécessité pour l'Italie d'assurer son indépendance nationale.

Les puissances neutres ne pouvaient vouloir s'immiscer dans les affaires intérieures des pays étrangers; néanmoins les cours qui ont participé aux actes constitutifs de la Confédération germanique avaient le droit d'examiner si les changements réclamés n'étaient pas de nature à compromettre l'ordre établi en Europe.

Nous aurions, en ce qui nous concerne, désiré pour les États secondaires de la Confédération une union plus intime, une organisation plus puissante, un rôle plus important; pour la Prusse, plus d'homogénéité et de force dans le Nord; pour l'Autriche, le maintien de sa grande position en Allemagne. Nous aurions voulu en outre que, moyennant une compensation équitable, l'Autriche pût céder la Vénétie à l'Italie; car si, de concert avec la Prusse, et sans se préoccuper du traité de 1852, elle a fait au Danemark une guerre au nom de la nationalité allemande, il me paraissait juste qu'elle reconnût en Italie le même principe en complétant l'indépendance de la Péninsule.

Telles sont les idées que, dans l'intérêt du repos

de l'Europe, nous aurions essayé de faire prévaloir. Aujourd'hui il est à craindre que le sort des armes seul en décide.

En face de ces éventualités, quelle est l'attitude qui convient à la France? Devons-nous manifester notre déplaisir parce que l'Allemagne trouve les traités de 1815 impuissants à satisfaire ses tendances nationales et à maintenir sa tranquillité?

Dans la lutte qui est sur le point d'éclater, nous n'avons que deux intérêts : la conservation de l'équilibre européen, et le maintien de l'œuvre que nous avons contribué à édifier en Italie. Mais, pour sauvegarder ces deux intérêts, la force morale de la France ne suffit-elle pas? Pour que sa parole soit écoutée, sera-t-elle obligée de tirer l'épée? Je ne le pense pas. Si, malgré nos efforts, les espérances de paix ne se réalisent pas, nous sommes néanmoins assurés, par les déclarations des cours engagées dans le conflit, que, quels que soient les résultats de la guerre, aucune des questions qui nous touchent ne sera résolue sans l'assentiment de la France. Restons donc dans une neutralité attentive, et, forts de notre désintéressement, animés du désir sincère de voir les peuples de l'Europe oublier leurs querelles et s'unir dans un but de civilisation, de liberté et de progrès, demeurons confiants dans notre droit et calmes dans notre force.

Sur ce, Monsieur le Ministre, je prie Dieu qu'il vous ait en sa sainte garde.

NAPOLÉON.

LETTRE DE L'EMPEREUR AU MINISTRE D'ÉTAT
SUR L'ORGANISATION DE LA CAISSE DES INVALIDES
DU TRAVAIL.

Saint-Cloud, le 28 juillet 1866.

Monsieur le Ministre,

Le décret du 8 mars 1855, qui a fondé les asiles de Vincennes et du Vésinet, dispose que ces établissements recevront non-seulement les ouvriers convalescents mais encore les ouvriers mutilés dans le cours de leurs travaux. Pour ceux qui préféreront rester dans leurs familles, l'admission pourra être convertie en une subvention annuelle ou mensuelle, fixée par une commission administrative.

Cependant jusqu'à ce jour les crédits affectés à cette fondation et provenant du prélèvement de 1 p. 0/0 sur le montant des travaux publics adjugés dans la ville de Paris et sa banlieue, n'ont permis de secourir que les ouvriers convalescents : les ouvriers mutilés ont été privés d'assistance.

Il me paraît juste de réaliser d'une manière plus générale à l'égard de ces derniers les promesses du décret de 1855, et, à cet effet, il importe de faire appel à d'autres ressources que celles qui avaient d'abord été créées.

Je croirais utile en premier lieu de provoquer le concours des intéressés eux-mêmes, qu'il ne convient pas de décharger du soin de toute prévoyance. On pourrait leur demander une contribution volontaire et modérée. Au produit de cette cotisation viendraient s'ajouter les sommes provenant du prélèvement de 1 p. 0/0 opéré sur les travaux publics exécutés par l'État, les départements et les communes. Ce serait une sorte de caisse d'assurance subventionnée. Administrée par le Gouvernement, elle prendrait le nom de *Caisse des Invalides du travail*.

Elle aurait pour fonction de venir en aide : 1° aux ouvriers des villes et des campagnes qui, après s'être assurés, auraient été atteints, dans l'exercice de leurs travaux, de blessures entraînant une incapacité continue de travail; 2° aux veuves de ceux qui placés dans les mêmes conditions auraient perdu la vie.

Il y aurait lieu de s'entendre avec les compagnies de chemins de fer pour qu'elles consentent aux prélèvements nécessaires sur le montant de leurs travaux, en retour des mêmes avantages accordés à leurs employés.

D'après cette organisation, les individus assurés personnellement ou par leur administration auraient seuls droit, comme on voit, à une pension pour eux ou à un secours pour leur veuve.

En supposant que la retenue de 1 p. 0/0 exercée sur le montant de tous les travaux publics ci-dessus énumérés rapporte 4 millions par an et que la cotisation d'un certain nombre d'ouvriers s'élève à 1 million, les revenus de la caisse seraient annuellement de 5 millions : et, en admettant que la durée moyenne des pensions soit de vingt années, on aurait la facilité de donner environ 800 pensions, de 300 francs par an, aux victimes du travail.

Je vous prie de vous entendre avec les ministres de l'Intérieur et des Travaux publics pour rédiger sur les bases ci-dessus un projet de décret, de concert avec le Conseil d'État.

Sur ce, Monsieur le Ministre, je prie Dieu qu'il vous ait en sa sainte garde.

Napoléon.

LETTRE DE L'EMPEREUR AU ROI D'ITALIE SUR LA CESSION DE LA VÉNÉTIE.

Monsieur mon frère,

J'ai appris avec plaisir que Votre Majesté avait adhéré à l'armistice et aux préliminaires de paix signés entre le roi de Prusse et l'empereur d'Autriche. Il est donc probable qu'une nouvelle ère de tranquillité va s'ouvrir pour l'Europe. Votre Majesté sait que j'ai accepté l'offre de la Vénétie pour la préserver de toute dévastation et prévenir une effusion de sang inutile. Mon but a toujours été de la rendre à elle-même afin que l'Italie fût libre des Alpes à l'Adriatique. Maîtresse de ses destinées, la Vénétie pourra bientôt par le suffrage universel exprimer sa volonté.

Votre Majesté reconnaîtra que dans ces circonstances l'action de la France s'est encore exercée en faveur de l'humanité et de l'indépendance des peuples.

Je vous renouvelle l'assurance des sentiments de haute estime et de sincère amitié avec lesquels je suis,

De Votre Majesté,

le bon frère,

Napoléon.

Saint-Cloud, le 11 août 1866.

ANNÉE 1867.

DISCOURS ET PROCLAMATIONS.

ANNÉE 1867.

LETTRE DE L'EMPEREUR AU MINISTRE D'ÉTAT.

Palais des Tuileries, le 19 janvier 1867.

Monsieur le Ministre,

Depuis quelques années on se demande si nos institutions ont atteint leur limite de perfectionnement ou si de nouvelles améliorations doivent être réalisées; de là une regrettable incertitude qu'il importe de faire cesser.

Jusqu'ici vous avez dû lutter avec courage en mon nom pour repousser des demandes inopportunes et pour me laisser l'initiative de réformes utiles lorsque l'heure en serait venue. Aujourd'hui, je crois qu'il est possible de donner aux institutions de l'Empire tout le développement dont elles sont susceptibles et aux libertés publiques une extension nouvelle sans compromettre le pouvoir que la nation m'a confié.

Le plan que je me suis tracé consiste à corriger les imperfections que le temps a révélées et à admettre les progrès compatibles avec nos mœurs, car gouverner c'est profiter de l'expérience acquise et prévoir les besoins de l'avenir.

Le décret du 24 novembre 1860 a eu pour but d'associer plus directement le Sénat et le Corps législatif à la politique du Gouvernement, mais la discussion de l'Adresse n'a pas amené les résultats qu'on devait en attendre; elle a, parfois, passionné inutilement l'opinion, donné lieu à des débats stériles et fait perdre un temps précieux pour les affaires; je crois qu'on peut, sans amoindrir les prérogatives des pouvoirs délibérants, remplacer l'Adresse par le droit d'interpellation sagement réglementé.

Une autre modification m'a paru nécessaire dans les rapports du Gouvernement avec les grands corps de l'État; j'ai pensé que, en envoyant les ministres au Sénat et au Corps législatif, en vertu d'une délégation spéciale pour y participer à certaines discussions, j'utiliserais mieux les forces de mon Gouvernement, sans sortir des termes de la Constitution qui n'admet aucune solidarité entre les ministres et les fait dépendre uniquement du Chef de l'État.

Mais là ne doivent pas s'arrêter les réformes qu'il convient d'adopter; une loi sera proposée pour attribuer exclusivement aux tribunaux correctionnels l'appréciation des délits de presse et supprimer ainsi le pouvoir discrétionnaire du Gouvernement.

Il est également nécessaire de régler législativement le droit de réunion en le contenant dans les limites qu'exige la sûreté publique.

J'ai dit, l'année dernière, que mon Gouvernement voulait marcher sur un sol affermi, capable de supporter le pouvoir et la liberté. Par les mesures que je viens d'indiquer mes paroles se réalisent, je n'ébranle pas le sol que quinze années de calme et de prospérité ont consolidé, je l'affermis davantage en rendant plus intimes mes rapports avec les grands pouvoirs publics, en assurant par la loi aux citoyens des garanties nouvelles, en achevant enfin le couronnement de l'édifice élevé par la volonté nationale.

Sur ce, Monsieur le Ministre, je prie Dieu qu'il vous ait en sa sainte garde.

NAPOLÉON.

DISCOURS D'OUVERTURE DE LA SESSION DE 1867.

Paris, le 14 février 1867.

Messieurs les Sénateurs,
Messieurs les Députés,

Depuis votre dernière session, de graves événements ont surgi en Europe. Quoiqu'ils aient surpris le monde par leur rapidité comme par l'importance de leurs résultats, il semble, d'après les prévisions de l'Empereur, qu'ils dussent fatalement s'accomplir. Napoléon disait à Sainte-Hélène : « Une de mes plus grandes pensées a été l'agglomération, la concentration des mêmes peuples géographiques qu'ont dissous, morcelés, les révolutions et la politique... Cette agglomération arrivera tôt ou tard par la force des choses; l'impulsion est donnée, et je ne pense pas qu'après ma chute et la disparition de mon système, il y ait en Europe d'autre grand équilibre possible que l'agglomération et la confédération des grands peuples. » Les transformations qui ont eu lieu en Italie et en Allemagne préparent la réalisation de ce vaste programme de l'union des États de l'Europe dans une seule confédération.

Le spectacle des efforts tentés par les nations voisines pour rassembler leurs membres épars depuis tant de siècles ne saurait inquiéter un pays comme le nôtre, dont toutes les parties, irrévocablement liées entre elles, forment un corps homogène et indestructible.

Nous avons assisté avec impartialité à la lutte qui s'est engagée de l'autre côté du Rhin. En présence de ce conflit, le pays avait hautement témoigné son désir d'y rester étranger; non-seulement j'ai déféré à ce vœu, mais j'ai fait tous mes efforts pour hâter la conclusion de la paix. Je n'ai pas armé un soldat de plus; je n'ai pas fait avancer un régiment, et cependant la voix de la France a eu assez d'influence pour arrêter le vainqueur aux portes de Vienne. Notre médiation a amené entre les belligérants un accord qui, laissant à la Prusse le résultat de ses succès, a conservé à l'Autriche, sauf une province, l'intégralité de son territoire, et, par la cession de la Vénétie, complété l'indépendance italienne. Notre action s'est donc exercée dans des vues de justice et de conciliation ; la France n'a pas tiré l'épée, parce que son honneur n'était pas engagé et qu'elle avait promis d'observer une stricte neutralité.

Dans une autre partie du globe, nous avons été obligés de recourir à la force pour redresser de légitimes griefs, et nous avons tenté de relever un ancien empire. Les heureux résultats obtenus d'abord ont été compromis par un fâcheux concours de circonstances. La pensée qui avait présidé à l'expédition du Mexique était grande : régénérer un peuple, y implanter des idées d'ordre et de progrès, ouvrir à notre commerce de vastes débouchés, et laisser, comme trace de notre passage, le souvenir de services rendus à la civilisation ; tel était mon désir et le vôtre. Mais le jour où l'étendue de nos sacrifices m'a paru dépasser les intérêts qui nous avaient appelés de l'autre côté de l'Océan, j'ai spontanément décidé le rappel de notre corps d'armée.

Le gouvernement des États-Unis a compris qu'une attitude peu conciliante n'aurait pu que prolonger l'occupation et envenimer des relations qui, pour le bien des deux pays, doivent rester amicales.

En Orient, des troubles ont éclaté ; mais les grandes puissances se concertent pour amener une situation qui satisfasse aux vœux légitimes des populations chrétiennes, réserve les droits du sultan, et prévienne des complications dangereuses.

A Rome, nous avons exécuté fidèlement la Convention du 15 septembre. Le gouvernement du Saint-Père est entré dans une nouvelle phase. Livré à lui-même, il se maintient par ses propres forces, par la vénération qu'inspire à tous le Chef de l'Église catholique, et par la surveillance qu'exerce loyalement sur ses frontières le gouvernement italien. Mais, si des conspirations démagogiques cherchaient, dans leur audace, à menacer le pouvoir temporel du Saint-Siége, l'Europe, je n'en doute pas, ne laisserait pas s'accomplir un événement qui jetterait un si grand trouble dans le monde catholique.

Je n'ai qu'à me louer de mes rapports avec les puissances étrangères. Nos liens avec l'Angleterre deviennent tous les jours plus intimes par la conformité de notre politique et par la multiplicité de nos relations commerciales. La Prusse cherche à éviter tout ce qui pourrait éveiller nos susceptibilités nationales et s'accorde avec nous sur les principales questions européennes. La Russie, animée d'intentions conciliantes, est disposée à ne pas séparer en Orient sa politique de celle de la France. Il en est de même de l'empire d'Autriche, dont la grandeur est indispensable à l'équilibre général. Un récent traité de commerce a créé de nouveaux liens entre les deux pays. Enfin, l'Espagne et l'Italie maintiennent avec nous une sincère entente.

Ainsi donc, rien, dans les circonstances présentes, ne saurait éveiller nos inquiétudes, et j'ai la ferme conviction que la paix ne sera pas troublée.

Assuré du présent, confiant dans l'avenir, j'ai cru que le moment était venu de développer nos institutions. Tous les ans vous m'en exprimiez le désir; mais, convaincus avec raison que le progrès ne doit s'accomplir que par la bonne harmonie entre les pouvoirs, vous aviez mis en moi, et je vous en remercie, votre confiance pour décider du moment où je croirais possible la réalisation de vos vœux. Aujourd'hui, après quinze années de calme et de prospérité, dues à nos efforts communs et à votre profond dévouement aux institutions de l'Empire, il m'a paru que l'heure était venue d'adopter les mesures libérales qui étaient dans la pensée du Sénat et les aspirations du Corps législatif. Je réponds donc à votre attente, et, sans sortir de la Constitution, je vous propose des lois qui offrent de nouvelles garanties aux libertés politiques.

La nation, qui rend justice à mes efforts et qui, dernièrement encore, en Lorraine, donnait des preuves si touchantes de son attachement à ma Dynastie, usera sagement de ces nouveaux droits. Justement jalouse de son repos et de sa prospérité, elle continuera à dédaigner les utopies dangereuses et les excitations des partis. Pour vous, Messieurs, dont l'immense majorité a constamment soutenu mon courage dans cette œuvre toujours difficile de gouverner un peuple, vous continuerez à être avec moi les fidèles gardiens des véritables intérêts et de la grandeur du pays.

Ces intérêts nous imposent des obligations que nous saurons remplir. La France est respectée au dehors, l'armée a montré sa valeur, mais, les conditions de la guerre étant changées, elles exigent l'augmentation de nos forces défensives, et nous devons nous organiser de manière à être invulnérables. Le projet de loi, qui a été étudié avec le plus grand soin, allége le fardeau de la conscription en temps de paix, offre des ressources considérables en temps de guerre, et, répartissant dans une juste mesure les charges entre tous, satisfait au principe d'égalité; il a toute l'importance d'une institution, et sera, j'en suis convaincu, accepté avec patriotisme. L'influence d'une nation dépend du nombre d'hommes qu'elle peut mettre sous les armes. N'oubliez pas que les États voisins s'imposent de bien plus lourds sacrifices pour la bonne constitution de leurs armées, et ont les yeux fixés sur vous pour juger, par vos résolutions, si l'influence de la France doit s'accroître ou diminuer dans le monde.

Tenons toujours à la même hauteur notre drapeau national, c'est le moyen le plus certain de conserver la paix; et cette paix, il faut la rendre féconde en allégeant les misères et en augmentant le bien-être général.

De cruels fléaux nous ont éprouvés dans le cours de l'année dernière; des inondations et des épidémies ont désolé quelques-uns de nos départements. La bienfaisance a soulagé les souffrances individuelles, et des crédits vous seront demandés pour réparer les désastres causés aux propriétés publiques. Malgré ces calamités partielles, le progrès de la prospérité générale ne s'est pas ralenti. Pendant le dernier exercice, les revenus indirects ont augmenté de 50 millions, et le commerce extérieur de plus de 1 milliard. L'amélioration graduelle de nos finances permettra bientôt de donner une large satisfaction aux intérêts agricoles et économiques mis en lumière par l'enquête ouverte sur toutes les parties du territoire. Notre sollicitude devra alors avoir pour but la réduction de certains impôts qui pèsent trop lourdement sur la propriété foncière, le prompt achèvement des voies de navigation intérieure, de nos ports, des chemins de fer et surtout de nos chemins vicinaux, agents indispensables de la bonne répartition des produits du sol.

Vous êtes saisis, depuis l'année dernière, de lois sur l'instruction primaire et sur les sociétés coopératives. Vous approuverez, je n'en doute pas, les dispositions qu'elles renferment. Elles amélioreront la condition morale et matérielle de la population rurale et des classes ouvrières de nos grandes cités.

Ainsi chaque année ouvre à nos méditations et à nos efforts un horizon nouveau. Notre tâche en ce moment est de former les mœurs publiques à la pratique d'institutions plus libérales. Jusqu'ici, en France, la liberté n'a été qu'éphémère, elle n'a pu s'enraciner dans le sol, parce que l'abus a immédiatement suivi l'usage, et que la nation a mieux aimé limiter l'exercice de ses droits que de subir le désordre dans les idées comme dans les choses. Il est digne de vous et de moi de faire une plus large application de ces grands principes qui sont la gloire de la France; leur développement ne compromettra pas, comme autrefois, le prestige nécessaire de l'autorité. Le pouvoir est aujourd'hui fondé, et les passions ardentes, seul obstacle à l'expansion de nos libertés, viendront s'éteindre dans l'immensité du suffrage universel. J'ai pleine confiance dans le bon sens et le patriotisme du peuple, et, fort de mon droit, que je tiens de lui, fort de ma conscience, qui ne veut que le bien, je vous invite à marcher avec moi d'un pas assuré dans les voies de la civilisation.

DISCOURS DE L'EMPEREUR A LA DISTRIBUTION DES RÉCOMPENSES DE L'EXPOSITION.

Paris, le 1er juillet 1867.

Messieurs,

Après un intervalle de douze ans, je viens pour la seconde fois distribuer les récompenses à ceux qui se sont le plus distingués dans ces travaux qui enrichissent les nations, embellissent la vie et adoucissent les mœurs.

Les poëtes de l'antiquité célébraient avec éclat les jeux solennels où les différentes peuplades de la Grèce venaient se disputer le prix de la course.

Que diraient-ils aujourd'hui, s'ils assistaient à ces jeux Olympiques du monde entier, où tous les peuples, luttant par l'intelligence, semblent s'élancer à la fois dans la carrière infinie du progrès, vers un idéal dont on approche sans cesse, sans jamais pouvoir l'atteindre ?

De tous les points de la terre, les représentants de la science, des arts et de l'industrie sont accourus à l'envi, et l'on peut dire que peuples et rois sont venus honorer les efforts du travail, et par leur présence les couronner d'une idée de conciliation et de paix.

En effet, dans ces grandes réunions qui paraissent n'avoir pour objet que des intérêts matériels, c'est toujours une pensée morale qui se dégage du concours des intelligences, pensée de concorde et de civilisation. Les nations, en se rapprochant, apprennent à se connaître et à s'estimer; les haines s'éteignent, et cette vérité s'accrédite de plus en plus, que la prospérité de chaque pays contribue à la prospérité de tous.

L'Exposition de 1867 peut, à juste titre, s'appeler *universelle,* car elle réunit les éléments de toutes les richesses du globe. A côté des derniers perfectionnements de l'art moderne, apparaissent les produits des âges les plus reculés, de sorte qu'elle représente à la fois le génie de tous les siècles et de toutes les nations. Elle est universelle; car, à côté des merveilles que le luxe enfante pour quelques-uns, elle s'est préoccupée de ce que réclament les nécessités du plus grand nombre. Jamais les intérêts des classes laborieuses n'ont éveillé une plus vive sollicitude. Leurs besoins moraux et matériels, l'éducation, les conditions de l'existence à bon marché, les combinaisons les plus fécondes de l'association, ont été l'objet de patientes recherches et de sérieuses études. Ainsi toutes les améliorations marchent de front. Si la science, en asservissant la matière, affranchit le travail, la culture de l'âme, en domptant les vices, les préjugés et les passions vulgaires, affranchit l'humanité.

Félicitons-nous, Messieurs, d'avoir reçu parmi nous la plupart des Souverains et des princes de l'Europe et tant de visiteurs empressés. Soyons fiers aussi de leur avoir montré la France telle qu'elle est, grande, prospère et libre. Il faut être privé de toute foi patriotique pour douter de sa grandeur, fermer les yeux à l'évidence pour nier sa prospérité, méconnaître ses institutions, qui parfois tolèrent jusqu'à la licence, pour ne pas y voir la liberté.

Les étrangers ont pu apprécier cette France jadis si inquiète et rejetant ses inquiétudes au delà de ses frontières, aujourd'hui laborieuse et calme, toujours féconde en idées généreuses, appropriant son génie aux merveilles les plus variées, et ne se laissant jamais énerver par les jouissances matérielles.

Les esprits attentifs auront deviné sans peine

que, malgré le développement de la richesse, malgré l'entraînement vers le bien-être, la fibre nationale y est toujours prête à vibrer dès qu'il s'agit d'honneur et de patrie ; mais cette noble susceptibilité ne saurait être un sujet de crainte pour le repos du monde.

Que ceux qui ont vécu quelques instants parmi nous rapportent chez eux une juste opinion de notre pays ; qu'ils soient persuadés des sentiments d'estime et de sympathie que nous entretenons pour les nations étrangères, et de notre sincère désir de vivre en paix avec elles.

Je remercie la Commission impériale, les membres du Jury et les différents comités, du zèle intelligent qu'ils ont déployé dans l'accomplissement de leur mission. Je les remercie aussi au nom du Prince Impérial, que j'ai été heureux d'associer, malgré son jeune âge, à cette grande entreprise, dont il gardera le souvenir.

L'Exposition de 1867 marquera, je l'espère, une nouvelle ère d'harmonie et de progrès. Assuré que la Providence bénit les efforts de tous ceux qui, comme nous, veulent le bien, je crois au triomphe définitif des grands principes de morale et de justice qui, en satisfaisant toutes les aspirations légitimes, peuvent seuls consolider les trônes, élever les peuples et ennoblir l'humanité.

RÉPONSE DE L'EMPEREUR A L'ADRESSE DES COMMISSAIRES ÉTRANGERS A L'EXPOSITION.

Paris, le 4 août 1867.

Messieurs,

La démarche que vous faites auprès de moi me touche profondément, et me fournit l'occasion de rendre justice à l'esprit de conciliation et d'amicale entente qui vous a constamment animés dans l'exercice de vos délicates fonctions.

Si vous rapportez chez vous un bon souvenir de l'accueil que vous avez reçu en France, de notre côté nous nous rappellerons toujours avec plaisir cette grande fête internationale où tant d'étrangers de distinction sont venus ajouter à son éclat.

Représentants de la pensée et du travail dans toutes les parties de l'univers, vous avez vécu quelque temps parmi nous d'une vie commune, et vous avez pu vous convaincre que toutes les nations civilisées tendent de plus en plus à ne former qu'une seule famille. De ce concours d'intelligences si variées, de cette fusion des intérêts de tous les peuples naîtra, je n'en doute pas, l'harmonie si nécessaire aux progrès de l'humanité.

Je vous remercie, Messieurs, des paroles que vous m'adressez pour l'Impératrice et pour mon Fils; ils partagent ma reconnaissance pour vos efforts, ma sympathie pour vos personnes, et mes vœux pour la paix du monde.

LETTRE DE L'EMPEREUR AU MINISTRE DE L'INTÉRIEUR
SUR L'ACHÈVEMENT DES VOIES DE COMMUNICATION.

Camp de Châlons, le 15 août 1867.

Monsieur le Ministre, vous savez quelle importance j'attache au prompt achèvement de nos voies de communication. Je les considère comme l'un des plus sûrs moyens d'accroître la force et la richesse de la France, car partout le nombre et le bon état des chemins sont un des signes les plus certains de l'état avancé de la civilisation des peuples.

J'ai déjà donné des instructions au ministre des travaux publics pour qu'il poursuive l'étude et prépare la concession de nouvelles lignes de chemins de fer. Il doit, en même temps, chercher les moyens d'améliorer nos canaux et la navigation de nos rivières, contre-poids modérateur du monopole des chemins de fer.

Mais là ne doivent pas se borner nos efforts. L'enquête agricole a démontré d'une manière évidente que la construction du réseau complet des chemins vicinaux est une condition essentielle de la prospérité du pays et du bien-être de ces populations rurales qui m'ont toujours montré tant de dévouement.

Préoccupé de la réalisation de ce projet, je vous avais chargé d'étudier, de concert avec le ministre des finances, un ensemble de mesures qui nous permît de terminer en dix ans le réseau des voies vicinales, par le triple concours des communes, des départements et de l'État. En outre, désireux de faciliter aux communes le moyen de participer à la dépense, je vous avais invité à préparer la création d'une caisse spéciale destinée à leur avancer les fonds nécessaires au moyen de prêts consentis à un taux modéré et remboursables à long terme.

J'approuve la note que vous m'avez adressée et les principes qui lui servent de base. Mais, comme avant de saisir le Corps législatif de résolutions définitives, il y a plusieurs questions importantes à approfondir, je vous prie de préparer des éléments d'information complets et précis. Les délibérations des conseils municipaux devront être évidemment le point de départ de ce travail. Mais je désire que, dans l'enquête qui va s'ouvrir, une large part soit faite aux membres de ces assemblées départementales dont je connais le patriotisme et le dévouement, et dont le concours, je le sais, ne me fera pas défaut.

Je compte sur le zèle éclairé et sur l'énergique activité que vous avez montrés depuis que je vous ai placé à la tête du département de l'intérieur, pour mener rapidement à fin cette enquête administrative et pour saisir le Corps législatif à sa prochaine session, d'un projet de loi qui assure l'exécution de l'œuvre que j'ai à cœur de réaliser.

Sur ce, Monsieur le Ministre, je prie Dieu qu'il vous ait en sa sainte garde.

NAPOLÉON.

DISCOURS DE L'EMPEREUR AU MAIRE D'ARRAS.

Arras, le 26 août 1867.

Monsieur le Maire, je me retrouve avec plaisir au milieu de vous après un si long espace de temps, et j'ai saisi avec empressement l'occasion d'une fête nationale pour venir connaître vos désirs et vous assurer que ma sollicitude pour tous les intérêts du pays ne vous manquera jamais.

Vous avez raison d'avoir confiance dans l'avenir; il n'y a que les gouvernements faibles qui cherchent dans les complications extérieures une diversion aux embarras de l'intérieur. Mais quand on puise sa force dans la masse de la nation, on n'a qu'à faire son devoir, à satisfaire aux intérêts permanents du pays, et, tout en maintenant haut le drapeau national, on ne se laisse pas aller à des entraînements intempestifs, quelque patriotiques qu'ils soient.

Je vous remercie des sentiments que vous m'exprimez pour l'Impératrice et pour mon Fils. Soyez sûr qu'ils partagent mon dévouement pour la France, et que leur plus grand bonheur serait de faire cesser toutes les misères et soulager toutes les infortunes.

DISCOURS DE L'EMPEREUR AU MAIRE DE LILLE.

Lille, le 27 août 1867.

Monsieur le Maire, Messieurs,

Lorsqu'il y a quelques années je vins pour la première fois visiter le département du Nord, tout souriait à mes désirs. Je venais d'épouser l'Impératrice, et je puis dire que je venais aussi de me marier avec la France devant huit millions de témoins. L'ordre était rétabli, les passions politiques étaient assoupies, et j'entrevoyais pour notre pays une nouvelle ère de grandeur et de prospérité.

A l'intérieur l'union de tous les bons citoyens faisait pressentir l'avènement paisible de la liberté, et à l'extérieur je voyais notre glorieux drapeau abriter toute cause juste et civilisatrice.

Depuis quatorze ans beaucoup de mes espérances se sont réalisées, de grands progrès se sont accomplis. Cependant des points noirs sont venus assombrir notre horizon. De même que la bonne fortune ne m'a pas ébloui, de même des revers passagers ne me décourageront pas. Et comment me découragerais-je lorsque je vois d'un bout de la France à l'autre le peuple saluer l'Impératrice et moi de ses acclamations, en y associant sans cesse le nom de mon Fils!

Aujourd'hui je ne viens pas seulement fêter un glorieux anniversaire dans la capitale des anciennes Flandres, je viens m'enquérir de vos besoins, relever le courage des uns, affermir la confiance de tous et tâcher d'accroître la prospérité de ce grand département en cherchant les moyens de développer encore davantage l'agriculture, l'industrie et le commerce.

Vous m'aiderez, Messieurs, dans cette noble tâche; mais vous n'oublierez pas que la première condition de la prospérité d'une nation comme la nôtre, c'est d'avoir la conscience de sa force, de ne pas se laisser abattre par des craintes imaginaires, et de compter sur la sagesse et le patriotisme du Gouvernement.

L'Impératrice, touchée des sentiments que vous exprimez, se joint à moi pour vous remercier de votre chaleureux et sympathique accueil.

DISCOURS DE L'EMPEREUR AU MAIRE D'AMIENS.

Amiens, le 30 août 1867.

Monsieur le Maire,

Je viens avec l'Impératrice de traverser la France de Strasbourg à Dunkerque, et partout l'accueil chaleureux et sympathique que nous avons reçu nous pénètre de la plus vive reconnaissance.

Rien, je le constate avec bonheur, n'a pu ébranler la confiance que depuis bientôt vingt ans le peuple français a mise en moi. Il apprécie à sa juste valeur les difficultés que nous avons eu à surmonter.

L'insuccès de notre politique au delà de l'Océan n'a pas diminué le prestige de nos armes, car partout le courage de nos soldats a vaincu toutes les résistances. Les événements qui se sont accomplis en Allemagne n'ont pas fait sortir notre pays d'une attitude digne et calme, et il compte avec raison sur le maintien de la paix. Les excitations d'un petit nombre n'ont pas fait perdre l'espoir de voir des institutions plus libérales s'introduire paisiblement dans les mœurs publiques; enfin la stagnation momentanée des transactions commerciales n'a pas empêché les classes industrielles de me témoigner leurs sympathies et de compter sur les efforts du Gouvernement pour donner aux affaires une nouvelle impulsion.

Ces sentiments de confiance et de dévouement, je les retrouve avec plaisir à Amiens, dans ce département de la Somme qui m'a toujours montré un sincère attachement, et où un séjour de six ans m'a prouvé que le malheur est une bonne école pour apprendre à supporter le fardeau de la puissance et à éviter les écueils de la fortune.

L'Impératrice est bien touchée de la manière dont vous lui rappelez sa visite de l'année dernière, mais Elle désire comme moi adresser ses remercîments à tous ceux qui dans les mêmes circonstances ont fait preuve de tant d'abnégation et d'énergie.

Mon Fils sera digne de l'affection dont de toutes

parts je reçois pour lui le témoignage. Il grandira avec la pensée que tout doit être sacrifié au bonheur de la patrie.

DISCOURS D'OUVERTURE DE LA SESSION LÉGISLATIVE DE 1868.

Paris, le 18 novembre 1867.

Messieurs les Sénateurs,
Messieurs les Députés,

La nécessité de reprendre l'étude interrompue de lois importantes m'a obligé de vous convoquer plus tôt que de coutume. D'ailleurs, de récents événements m'ont fait éprouver le désir de m'entourer de vos lumières et de votre concours.

Depuis que vous vous êtes séparés, de vagues inquiétudes sont venues affecter l'esprit public en Europe et restreindre partout le mouvement industriel et les transactions commerciales. Malgré les déclarations de mon Gouvernement, qui n'a jamais varié dans son attitude pacifique, on a répandu cette croyance que toute modification dans le régime intérieur de l'Allemagne devait être une cause de conflit. Cet état d'incertitude ne saurait durer plus longtemps. Il faut accepter franchement les changements survenus de l'autre côté du Rhin, proclamer que, tant que nos intérêts et notre dignité ne seront pas menacés, nous ne nous mêlerons pas des transformations qui s'opèrent par le vœu des populations.

Les inquiétudes qui se sont manifestées s'expliquent difficilement à une époque où la France a offert au monde le spectacle le plus imposant de conciliation et de paix.

L'Exposition universelle, où se sont donné rendez-vous presque tous les Souverains de l'Europe, et où se sont rencontrés les représentants des classes laborieuses de tous les pays, a resserré les liens de fraternité entre les nations. Elle a disparu, mais son empreinte marquera profondément sur notre époque, car si, après s'être élevée majestueusement, l'Exposition n'a brillé que d'un éclat momentané, elle a détruit pour toujours un passé de préjugés et d'erreurs. Entraves du travail et de l'intelligence, barrières entre les différents peuples comme entre les différentes classes, haines internationales : voilà ce qu'elle a rejeté derrière elle.

Ces gages incontestables de concorde ne sauraient nous dispenser d'améliorer les institutions militaires de la France. C'est un devoir impérieux pour les Gouvernements de poursuivre, indépendamment des circonstances, le progrès dans tous les éléments qui font la force du pays, et c'est pour nous une nécessité de perfectionner notre organisation militaire, comme nos armes et notre marine.

Le projet de loi présenté au Corps législatif répartissait entre tous les citoyens les charges du recrutement. Ce système a paru trop absolu, des transactions sont venues en atténuer la portée. Dès lors, j'ai cru devoir soumettre cette haute question à de nouvelles études. On ne saurait, en effet, approfondir avec trop de soin ce difficile problème qui touche à des intérêts si considérables et souvent si opposés.

Mon Gouvernement vous proposera des dispositions nouvelles qui ne sont que de simples modifications à la loi de 1832, mais qui atteignent le but que j'ai toujours poursuivi : réduire le service pendant la paix et l'augmenter pendant la guerre.

Vous les examinerez, ainsi que l'organisation de la garde nationale mobile, sous l'impression de cette pensée patriotique que plus nous serons forts, plus la paix sera assurée.

Cette paix que nous voulons tous conserver a semblé un instant en péril. Des agitations révolutionnaires préparées au grand jour menaçaient les États pontificaux. La convention du 15 septembre n'étant pas exécutée, j'ai dû envoyer de nouveau nos troupes à Rome et protéger le pouvoir du Saint-Siége en repoussant les envahisseurs.

Notre conduite ne pouvait avoir rien d'hostile à l'unité et à l'indépendance de l'Italie, et cette nation, un instant surprise, n'a pas tardé à comprendre les dangers que ces manifestations révolutionnaires faisaient courir au principe monarchique et à l'ordre européen. Le calme est aujourd'hui presque entièrement rétabli dans les États du Pape, et nous pouvons calculer l'époque prochaine du rapatriement de nos troupes. Pour nous la convention du 15 septembre existe tant qu'elle n'est pas remplacée par un nouvel acte international. Les rapports de l'Italie avec le Saint-Siége intéressent l'Europe entière, et nous avons proposé aux puissances de régler ces rapports dans une conférence, et de prévenir ainsi de nouvelles complications.

On s'est préoccupé de la question d'Orient, à laquelle cependant l'esprit conciliant des puissances ôte tout caractère irritant. S'il a existé quelques divergences entre elles sur le moyen d'amener la pacification de la Crète, je suis heureux de constater qu'elles sont toutes d'accord sur deux points principaux : le maintien de l'intégrité de l'Empire ottoman et l'amélioration du sort des chrétiens.

La politique étrangère nous permet donc de consacrer tous nos soins aux améliorations intérieures. Depuis votre dernière session le suffrage universel a été appelé à élire un tiers des membres des conseils généraux. Ces élections, faites avec calme et indépendance, ont partout démontré le bon esprit des populations. Le voyage que j'ai fait avec l'Impératrice dans l'est et le nord de la France a été l'occasion de manifestations de sympathie qui m'ont profondément touché. J'ai pu constater une fois de plus que rien n'a pu ébranler la confiance que le peuple a mise en moi et l'attachement qu'il porte à ma dynastie.

De mon côté, je m'efforce sans cesse d'aller au-devant de ses vœux.

L'achèvement des chemins vicinaux était réclamé par ces classes agricoles dont vous êtes les représentants éclairés. Donner satisfaction à ce besoin était pour nous un acte de justice, je dirai presque de gratitude. Une vaste enquête en prépare la solution. Il vous sera facile, de concert avec mon Gouvernement, d'assurer le succès de cette grande mesure.

La situation n'est sans doute pas exempte de certains embarras. Le mouvement industriel et commercial s'est ralenti : ce malaise est général en Europe. Il tient en grande partie à des appréhensions que la bonne entente qui règne entre les puissances fera disparaître. La récolte n'a pas été abondante, la cherté était inévitable; mais le libre commerce peut seul assurer les approvisionnements et niveler les prix.

Si ces causes diverses empêchent les recettes d'atteindre complétement les évaluations du budget, les prévisions des lois de finances ne seront pas modifiées, et il est permis d'entrevoir l'époque où des allégements d'impôts pourront être étudiés.

Cette session sera principalement employée à l'examen des lois dont j'ai pris l'initiative au mois de janvier dernier. Le temps écoulé n'a pas changé mes convictions sur l'utilité de ces réformes. Sans doute l'exercice de ces libertés nouvelles expose les esprits à des excitations et à des entraînements dangereux; mais je compte à la fois, pour les rendre impuissants, sur le bon sens du pays, le progrès des mœurs publiques, la fermeté de la répression, l'énergie et l'autorité du pouvoir.

Poursuivons donc l'œuvre que nous avons entreprise ensemble. Depuis quinze ans notre pensée a été la même : maintenir au-dessus des controverses et des passions hostiles nos lois fondamentales que le suffrage populaire a sanctionnées, mais en même temps développer nos institutions libérales sans affaiblir le principe d'autorité.

Ne cessons pas de répandre l'aisance par le prompt achèvement de nos voies de communication, de multiplier les moyens d'instruction, de rendre l'accès de la justice moins dispendieux par la simplification des procédures, de prendre toutes les mesures qui peuvent rendre prospère le sort du plus grand nombre.

Si comme moi vous demeurez convaincus que cette voie est celle du progrès véritable de la civilisation, continuons à marcher dans cet accord de vues et de sentiments, qui est une précieuse garantie du bien public.

Vous adopterez, j'en ai l'espoir, les lois qui vous sont soumises; elles contribueront à la grandeur et à la richesse du pays; de mon côté, soyez-en sûrs, je maintiendrai haut et ferme le pouvoir qui m'a été confié, car les obstacles ou les résistances injustes n'ébranleront ni mon courage ni ma foi dans l'avenir.

ANNÉE 1868.

DISCOURS ET PROCLAMATIONS.

ANNÉE 1868.

DISCOURS DE L'EMPEREUR A LA DISTRIBUTION DES RÉCOMPENSES A L'AGRICULTURE ET L'HORTICULTURE DE L'EXPOSITION UNIVERSELLE.

Paris, le 5 janvier 1868.

Messieurs,

Le succès de l'Exposition universelle a rendu bien difficile pour mon Gouvernement la tâche de récompenser tous les mérites, tant ils sont nombreux et divers. Il a fallu faire un choix entre les meilleurs, opération toujours délicate et qui laisse des regrets.

Aujourd'hui j'ai voulu distribuer moi-même les récompenses accordées par le jury, et donner la décoration de la Légion d'honneur aux personnes qui ont le plus excellé dans l'agriculture comme dans le travail manuel, et, parmi les délégués de la classe ouvrière, à ceux qui se sont le plus distingués.

J'espère que ces encouragements porteront leur fruit, que l'agriculture et l'industrie continueront leur marche ascendante, que ceux qui travaillent à féconder la terre et à transformer la matière verront leur sort s'améliorer, et que la France, enrichie par leurs efforts, sera toujours au premier rang dans les voies du progrès et de la civilisation.

TABLE DES MATIÈRES.

ANNÉE 1848.

... Décembre.	Manifeste du Prince Louis-Napoléon Bonaparte à ses concitoyens.............	3
20 —	Discours de Louis-Napoléon Bonaparte, proclamé par l'Assemblée nationale président de la République.............	7

ANNÉE 1849.

8 mai.	Lettre au général Oudinot..........	11
7 juin.	Extrait du Message du Président de la République...........	12
13 —	Proclamation au peuple...........	27
6 juillet.	Réponse au toast du maire de Chartres....	28
16 —	Discours du Président de la République à Amiens................	29
22 —	Réponse au toast du maire de Ham......	30
22 —	Discours prononcé au banquet d'Angers ...	31
30 —	Discours prononcé à Nantes.........	32
31 —	Discours prononcé au banquet de Saumur ..	33
1er août.	Discours prononcé à Tours..........	34
11 —	Discours du Président de la République à Rouen.	36
18 —	Lettre à M. Edgard Ney...........	38
31 —	Discours prononcé au banquet des exposants de l'industrie nationale............	39
3 septembre.	Inauguration du chemin de fer de Paris à Epernay................	41
9 —	Inauguration du chemin de fer de Paris à Sens.	42
31 octobre.	Message.................	43
3 novembre.	Institution de la magistrature.........	46
11 —	Distribution des récompenses à l'industrie nationale................	48
10 décembre.	Discours à l'occasion de l'anniversaire du 10 décembre...............	51

ANNÉE 1850.

7 avril.	Ouverture de la session du conseil général de l'agriculture, du commerce et des manufactures...............	57

9 juin.	Allocution aux exposants de Saint Quentin..	60
9 —	Discours du Président de la République à Saint-Quentin............	60
10 —	Discours du Président de la République à la Fère.........	62
13 août.	Réponse à M. Noisot.............	63
13 —	Réponse au toast du maire de Dijon......	65
15 —	Discours prononcé au banquet de Lyon...	66
16 —	Réponse du Président de la République à M. Vachon............	68
16 —	Inauguration de la caisse de secours mutuels et de retraite pour les ouvriers en soie...	69
16 —	Réponse au toast du président de la chambre de commerce de Lyon...........	70
22 —	Discours prononcé au banquet du commerce et de l'industrie de Strasbourg.......	72
26 —	Discours du Président de la République à Reims...........	74
4 septembre.	Discours du Président de la République à Caen............	75
6 —	Discours du Président de la République à Cherbourg...........	76
12 novembre.	Extrait du Message du Président de la République.........	78
10 décembre.	Discours prononcé au banquet anniversaire du 10 décembre.........	87

ANNÉE 1851.

24 janvier.	Message du Président de la République....	93
1er juin.	Discours prononcé au banquet de Dijon....	95
1er juillet.	Réponse au maire de Poitiers.........	97
2 —	Réponse au maire de Châtellerault.......	99
6 —	Inauguration de la statue de Jeanne Hachette.	100
11 septembre.	Pose de la première pierre des Halles de Paris.	102
4 novembre.	Message du Président de la République....	103
9 —	Discours aux officiers des régiments nouvellement arrivés à Paris	115
25 —	Discours aux exposants français à l'Exposition universelle de Londres...........	116
2 décembre.	Appel au peuple.............	119
2 —	Proclamation à l'armée............	122
6 —	Lettre au ministre de la guerre........	124

5 décembre.	Proclamation au peuple français................	125
31 —	Réception du résultat des votes sur le projet de plébiscite................	127

ANNÉE 1852.

14 janvier.	Constitution..................	131
21 mars.	Première distribution de la *Médaille militaire*.	139
29 —	Ouverture de la session du Sénat et du Corps législatif................	141
10 mai.	Distribution des aigles............	147
14 —	Allocution aux délégués de l'armée......	149
28 juin.	Message au Corps législatif.........	150
1er juillet.	Allocution aux officiers de cinq régiments..	152
20 septembre.	Inauguration de la statue équestre de Napoléon Ier, à Lyon................	154
24 —	Réponse à l'évêque de Viviers........	156
26 —	Pose de la première pierre de la cathédrale de Marseille................	156
19 octobre.	Discours de Bordeaux............	157
16 —	L'émir Abd-el-Kader est rendu à la liberté..	160
16 —	Rentrée du Prince Président à Paris.....	162
4 novembre.	Message au Sénat..............	162
7 —	Réception du sénatus-consulte relatif au rétablissement de l'Empire...........	164
25 —	Message au Corps législatif..........	165
1er décembre.	Discours de l'Empereur aux grands Corps de l'État...................	166

ANNÉE 1853.

22 janvier.	L'Empereur annonce son mariage aux grands Corps de l'État................	171
14 février.	Ouverture de la session législative......	174
28 mars.	Discours adressé à une députation du haut commerce de Londres............	177
20 septembre.	Discours adressé aux troupes réunies à Satory.	178

ANNÉE 1854.

29 janvier.	Lettre à l'empereur Nicolas..........	183
2 mars.	Ouverture de la session législative......	188
12 juillet.	Discours à l'armée expéditionnaire de la Baltique...................	194
1er août.	Lettre au ministre de la guerre........	195

15 août.	Réponse à l'évêque de Bayonne.	197
20 —	Proclamation à l'armée d'Orient.	198
2 septembre.	Ordre du jour à l'armée de Boulogne.	199
30 —	Discours aux troupes du camp de Boulogne.	201
3 octobre.	Lettre au ministre de l'intérieur (mise en liberté de Barbès).	203
24 novembre.	Lettre du général en chef de l'armée d'Orient.	204
26 décembre.	Ouverture de la session législative (1855).	205
28 —	Réception de la loi d'emprunt.	209

ANNÉE 1855.

9 janvier.	Allocution aux détachements de la garde impériale partant pour la Crimée.	213
1er mars.	Réponse à une communication de l'adresse du Canada à la reine d'Angleterre.	214
20 —	Allocution à une division de la garde impériale partant pour la Crimée.	215
21 avril.	Réponse à une adresse présentée au nom de la Cité de Londres.	215
2 juillet.	Ouverture de la session législative extraordinaire.	218
20 août.	Lettre au général Pélissier.	222
16 novembre.	Distribution des récompenses à la suite de l'Exposition universelle.	223
29 décembre.	Harangue aux régiments revenus d'Orient.	225

ANNÉE 1856.

3 mars.	Ouverture de la session législative	229
19 —	Réponses aux félicitations des grands Corps de l'État sur la naissance du Prince Impérial.	233
19 juillet.	Lettre au ministre des travaux publics	236

ANNÉE 1857.

16 février.	Ouverture de la session législative	249
26 avril.	Lettre au ministre de la guerre.	256
14 août.	Inauguration du nouveau Louvre.	259
30 —	Ordre du jour aux troupes du camp de Châlons.	261
8 octobre.	Ordre du jour à la levée du camp de Châlons.	263
10 novembre.	Lettre au ministre des finances.	264

ANNÉE 1858.

19 janvier.	Ouverture de la session législative	269
1er février.	Message au Sénat.	278

5 avril.	Inauguration du boulevard de Sébastopol. . .	279
5 août.	Toast à la reine d'Angleterre.	282
8 —	Inauguration de la statue équestre de Napoléon Ier, à Cherbourg.	282
20 —	Discours prononcé à Rennes	284

ANNÉE 1859.

8 février.	Ouverture de la session législative.	289
3 mai.	Proclamation au peuple français.	293
12 —	Ordre du jour à l'armée d'Italie.	296
8 juin.	Proclamation à l'armée d'Italie	297
8 —	Proclamation aux Italiens.	298
25 —	Ordre du jour à l'armée d'Italie.	300
10 juillet.	Ordre du jour à l'armée d'Italie.	301
12 —	Proclamation à l'armée d'Italie	301
19 —	Réponse aux grands Corps de l'État.	303
14 août.	Toast porté au banquet donné aux chefs de l'armée	305
11 octobre.	Réponse au cardinal-archevêque de Bordeaux.	307
20 —	Lettre au roi du Piémont.	308
31 décembre.	Lettre au Pape	312

ANNÉE 1860.

5 janvier.	Lettre au ministre d'État.	317
1er mars.	Ouverture de la session législative	322
21 —	Réponse à la députation de la Savoie. . . .	328
7 août.	Allocution aux troupes partant pour la Syrie .	330
25 —	Réponse au président de la chambre de commerce de Lyon.	331
11 septembre.	Discours prononcé au banquet offert par le commerce de Marseille.	332
19 —	Discours prononcé au banquet offert par la ville d'Alger	334

ANNÉE 1861.

4 février.	Ouverture de la session législative	339
23 mars.	Réponse à l'Adresse du Corps législatif. . . .	345
1er juillet.	Lettre au ministre de la marine et des colonies.	346
13 août.	Inauguration du boulevard Malesherbes. . . .	348
18 —	Lettre au ministre de l'intérieur	350
12 novembre.	Lettre au ministre d'État.	352

ANNÉE 1862.

27 janvier.	Ouverture de la session législative	357
22 février.	Lettre au général comte de Palikao	362
4 mars.	Lettre au président du Corps législatif	364
6 —	Réponse à l'Adresse du Sénat	365
23 —	Réponse à l'Adresse du Corps législatif	366
20 mai.	Lettre au ministre des affaires étrangères	367
13 août.	Réponse à l'ambassadeur d'Espagne	373
7 décembre.	Inauguration du boulevard du Prince-Eugène.	374

ANNÉE 1863.

12 janvier.	Ouverture de la session législative	381
25 —	Discours aux exposants français admis à l'Exposition universelle de Londres	387
6 février.	Lettre au gouverneur de l'Algérie	390
14 —	Réponse à l'Adresse du Corps législatif	395
12 juin.	Lettre au général Forey, commandant en chef l'expédition du Mexique	396
24 —	Lettre au ministre présidant le conseil d'Etat.	397
4 novembre.	Lettre aux souverains de l'Europe	399
5 —	Ouverture de la session législative (1864)	401
21 décembre.	Réponse à l'Adresse du Sénat	410

ANNÉE 1864.

14 janvier.	Réponse au cardinal de Bonnechose, archevêque de Rouen	415
1er février.	Réponse à l'Adresse du Corps législatif	417
31 juillet.	Lettre au ministre de la maison de l'Empereur et des Beaux-Arts	418

ANNÉE 1865.

15 février.	Ouverture de la session législative	423
20 —	Lettre au ministre de l'intérieur	430
20 mars.	Réponse à l'Adresse du Sénat	433
16 avril.	Réponse à l'Adresse du Corps législatif	435
3 mai.	Proclamation aux habitants de l'Algérie	436
5 —	Proclamation au peuple arabe	437
23 —	Lettre à S. A. I. le prince Napoléon	439
7 juin.	Proclamation à l'armée d'Afrique	441

ANNÉE 1866.

22 janvier.	Discours de l'Empereur à l'ouverture de la session législative.	445
18 février.	Discours de l'Empereur en réponse à l'Adresse du Sénat.	453
22 mars.	Discours de l'Empereur en réponse à l'Adresse du Corps législatif.	454
6 mai.	Discours de l'Empereur à Auxerre.	455
11 juin	Lettre de l'Empereur à M. Drouyn de Lhuys sur les affaires d'Allemagne.	456
28 juillet.	Lettre de l'Empereur au ministre d'État sur l'organisation de la caisse des Invalides du travail.	460
11 août.	Lettre de l'Empereur au roi d'Italie sur la cession de la Vénétie.	462

ANNÉE 1867.

19 janvier.	Lettre de l'Empereur au ministre d'État.	467
14 février.	Discours d'ouverture de la session de 1867.	469
1er juillet.	Discours de l'Empereur à la distribution des récompenses de l'Exposition.	476
4 août.	Réponse de l'Empereur à l'Adresse des commissaires étrangers à l'Exposition.	480
15 août.	Lettre de l'Empereur au ministre de l'intérieur sur l'achèvement des voies de communication.	481
26 août.	Discours de l'Empereur au maire d'Arras.	483
27 —	Discours de l'Empereur au maire de Lille.	484
30 —	Discours de l'Empereur au maire d'Amiens.	485
18 novembre.	Discours d'ouverture de la session législative de 1868.	487

ANNÉE 1868.

5 janvier.	Discours de l'Empereur à la distribution des récompenses à l'agriculture et l'horticulture de l'Exposition universelle.	495

www.ingramcontent.com/pod-product-compliance
Lightning Source LLC
Chambersburg PA
CBHW051128230426
43670CB00007B/717